受国家社会科学基金青年项目资助（项目编号：12CFX085）

知识产权默示许可

制度比较与司法实践

袁真富　著

知识产权出版社
全国百佳图书出版单位

图书在版编目（CIP）数据

知识产权默示许可制度比较与司法实践/袁真富著. —北京：知识产权出版社，2018.10

ISBN 978 - 7 - 5130 - 5877 - 3

Ⅰ.①知… Ⅱ.①袁… Ⅲ.①知识产权法—研究—中国 Ⅳ.①D923.404

中国版本图书馆 CIP 数据核字（2018）第 223790 号

内容提要

本书在界定知识产权默示许可内涵之后，结合国内外大量的典型案例，对知识产权默示许可的理论基础、法律性质、发生情形、许可内容等方面进行了比较细致的探讨，尤其是总结了知识产权默示许可的构成要件和具体内容，提出了其适用的一般规则和特定判断方法。

责任编辑：可　为	责任校对：潘凤越
封面设计：麒麟轩设计	责任印制：刘译文

知识产权默示许可制度比较与司法实践

袁真富　著

出版发行：	知识产权出版社 有限责任公司	网　　址：	http：//www.ipph.cn
社　　址：	北京市海淀区气象路 50 号院	邮　　编：	100081
责编电话：	010 - 82000860 转 8335	责编邮箱：	kewei@cnipr.com
发行电话：	010 - 82000860 转 8101/8102	发行传真：	010 - 82000893/82005070/82000270
印　　刷：	北京嘉恒彩色印刷有限责任公司	经　　销：	各大网上书店、新华书店及相关专业书店
开　　本：	720mm×1000mm　1/16	印　　张：	14.5
版　　次：	2018 年 10 月第 1 版	印　　次：	2018 年 10 月第 1 次印刷
字　　数：	260 千字	定　　价：	60.00 元

ISBN 978-7-5130-5877-3

作者简介

袁真富，博士，上海大学知识产权学院副院长、副教授，兼任深圳大学知识产权学院特聘教授，复旦大学知识产权研究中心特邀研究员，上海知识产权研究所高级研究员，北京君策知识产权发展研究中心监事，上海市创意产业协会知识产权委员会秘书长，《中国知识产权》杂志专栏作家，东方知识产权俱乐部（OIPC）创始成员兼秘书长，上海市商标协会专家委员会委员。入选国家知识产权局首批百名知识产权高层次人才和"全国知识产权领军人才"，入选英国《智力资产管理》"IAM Strategy 300"（2017—2018 年），当选第三届上海保护知识产权新闻人物。主持有国家社科基金项目、各类政府或企业委托项目 30 余项，独著或合著有《知识产权法总论》《专利经营管理》《商标战略管理》等著作多部。

内容摘要

知识产权默示许可（Implied License）是指在一定情形之下，基于政策、惯例或交易目的等因素，从权利人的行为、言语或沉默等默示行为中，推定其允许他人使用其知识产权。知识产权默示许可在法律性质上，首先是一种合同关系，其次可归属于一种侵权抗辩事由，但不是一项权利限制制度。知识产权默示许可的理论基础来自信赖利益的保护、诚实信用的要求、利益平衡的需要、合理对价的存在以及机会主义的防范。

在国外，专利默示许可可以追溯到 19 世纪的英国普通法，并可在德国、日本等国司法实践中找到专利默示许可理论的运用。但美国的司法实践进一步发展了知识产权默示许可理论，1984 年美国联邦巡回上诉法院判决的 Bandag Inc. v. Al Bolser's Tire stores, Inc. 一案，还建立了著名的判断专利默示许可的"Bandag 测试框架"。从总体上看，美国知识产权司法实践已经深入知识产权默示许可的理论来源、法律性质、成立条件、举证责任、限制适用条件、许可内容等方面，更覆盖专利、版权和商标等权利类型，涉及产品销售、产品修理、技术标准、委托制造、委托创作等广泛的领域。

在我国，知识产权默示许可的适用目前并无明确的法律根据，相关规则主要散落在零星的司法解释和不多的案例实践中。最高法院在 2008 年的复函和北京市高级人民法院发布的《专利侵权判定指南》中分别涉及标准专利的默示许可和基于产品销售而产生的专利默示许可。检索发现，我国法院最终认定知识产权默示许可成立的案例共有 14 件，覆盖了专利、商标和著作权三种权利类型。

通过探析当前国内外知识产权默示许可的各种发生情形，可以将知识产权默示许可的构成要件概括为四个方面：一是存在知识产权权利人的默示行为，此为形式要件；二是被控侵权人（使用人）基于权利人的默示行为产生了被允许使用知识产权的合理信赖，此为实质要件；三是不存在排除默示许可适用以及限制默示许可效力的情形，此为限制条件；四是在被控侵权人提出默示许可抗辩的主张后，法院才能适用默示许可规则，此为程序条件。

在不同情形下，知识产权默示许可的具体内容难以存在统一的标准。知识产权默示许可的对象有时是不特定的，有时是特定的；在不能推断出确定的许可方式时，知识产权默示许可的方式应当是普通许可；知识产权默示许可的使用范围受到其据以产生的条件的制约或限制。有的默示许可可以延及整个权利内容，进行广泛的利用；有的默示许可则受制于特定的知识产权产品，只能实施与特定产品相关的行为。知识产权默示许可的期限有的存在于知识产权有效期间；有的则依附于知识产权产品的寿命或受制于另一个协议的有效期间。知识产权默示许可的成立并不意味着免费，是否需要支付许可费，主要根据权利人是否已经从中获得相应的对价来衡量。

关键词： 知识产权　默示许可　制度比较　司法实践　构成要件　许可内容

目　录

绪　论　问题的提出

2015年4月最高人民法院发布的《知识产权案件年度报告（2014年）》明确指出，"专利与标准结合、默示许可的认定等新类型法律问题开始出现"。事实上，在我国知识产权案件的司法实践中，尤其是在专利权、著作权和商标权侵权诉讼中，默示许可业已发展成为一种新型的侵权抗辩制度。在2007年广西壮族自治区高级人民法院终审判决的一起专利侵权案件中，已经涉及实施国家药品标准中的专利是否构成专利默示许可的问题。❶ 在2009年江苏省高级人民法院终审判决的一起专利侵权案件中，则涉及实施科技推广项目中的专利是否构成专利默示许可的问题。❷

事实上，在我国知识产权侵权诉讼的司法实践中适用"默示许可"的案例并不罕见。❸ 2008年7月8日，《最高人民法院关于朝阳兴诺公司按照建设部颁发的行业标准〈复合载体夯扩桩设计规程〉设计、施工而实施标准中专利的行为是否构成侵犯专利权问题的函》［（2008）民三他字第4号，以下简称"第4号复函"］第一次明文确认了专利默示许可的存在及其合法性，尽管它仅仅针对标准中的专利默示许可。在北京北大方正电子有限公司与广州宝洁有限公司、北京家乐福商业有限公司侵犯著作权纠纷案（以下简称"方正公司与宝洁公司著作权案"）中，2011年7月二审法院以默示许可为由判决宝洁公司不侵犯"飘柔"倩体字的著作权，❹ 这是继最高人民法院第4号复函确认

---

❶ 河南省天工药业有限公司与广西南宁邕江药业有限公司、一审被告南宁神州医药有限责任公司侵犯发明专利权纠纷一案民事判决书［广西壮族自治区高级人民法院（2007）桂民三终字第46号］。

❷ 刘仁．"挡土块"专利挡不住"擅自使用"——法院认定涉案两被告实施国家科技推广项目中的专利视为实施标准中的专利［N］. 中国知识产权报，2009-11-19.

❸ 北京市高级人民法院民三庭. 知识产权诉讼研究［M］. 北京：知识产权出版社，2004：44.

❹ 北京北大方正电子有限公司与广州宝洁有限公司、北京家乐福商业有限公司侵犯著作权纠纷上诉案民事判决书［北京市第一中级人民法院（2011）一中民终字第5969号］。

技术标准的专利默示许可以来，国内法院知识产权裁判文书首次全面阐释和适用"默示许可"规则（但并不是首次出现"默示许可"字样），学术界、司法界和产业界不仅高度关注，更是争议不断。❶

默示许可在美国知识产权司法实践中可追溯至 1843 年的 McClurg v. Kingsland❷ 一案❸；在我国，尽管主张甚至确认知识产权默示许可的案件不断增多，但目前对于知识产权默示许可，我国《专利法》等知识产权法上并无明文规定，司法实践也无成熟的审判经验，而学界的专门探讨也才刚刚开启。

从国内外的研究现状来看，默示许可的现有研究主要集中在专利和网络版权领域，尚未涉足商标领域。现有研究深入探讨了专利产品销售、修理、重造和网络作品传播中的默示许可问题，但很少关注基于技术标准、母子公司、先前同意行为等而产生的默示许可问题。现有研究较少提出知识产权默示许可司法适用的普适标准和规则体系。现有研究对于知识产权默示许可的类型、范围、期限、对价等问题，相对缺乏比较系统的分析。随着我国知识产权交易尤其是许可活动的增多，知识产权默示许可显然也会与日俱增。有鉴于此，系统研究知识产权默示许可，既是理论研究的需要，也是司法实践的期许。

本书将全面探讨专利、版权和商标领域的知识产权默示许可，并努力归纳各种可能的默示许可情形，并提出知识产权默示许可适用的一般规则和特定判断方法。系统研究知识产权默示许可，将具有较大的研究意义。

1. 有助于完善我国知识产权侵权诉讼的抗辩体系

作为侵权抗辩事由，知识产权默示许可在国内理论研究和司法实践中尚未获得全面承认，但目前主张默示许可的案件又不断增多。本书通过对国内外相关案例进行深入解读和类型化分析，对知识产权默示许可进行理论梳理和经验总结，将有助于知识产权默示许可成为成熟的侵权抗辩事由。

2. 有助于澄清知识产权默示许可在司法实践中的困惑

我国法律上并无知识产权默示许可的明文规定，司法实践也无成熟的审判经验，各地法院对于是否采用、如何适用默示许可，仍然心存疑虑，不敢贸然尝试。本书通过深入探讨知识产权默示许可的理论基础、法律依据和构成要件等问题，将有助于澄清司法适用的困惑，指导案件审判

---

❶ 截至 2016 年 8 月，在我们目力所及范围内的有关默示许可的中国知识产权案例，将在本研究附录中专门汇编整理。

❷ McClurg v. Kingsland, 42 U. S. 202（1843）.

❸ 陈健. 知识产权默示许可理论研究［J］. 暨南学报（哲学社会科学版），2016（10）：82－93.

实践。

3. 有助于促进正在进行中的《专利法》第四次修订

2015 年 12 月公布的《专利法修订草案（送审稿）》第 85 条规定了涉及标准必要专利的默示许可问题，并引发了巨大争议。本书将在各章节触及标准中的专利默示许可问题，并提出相应的立法建议，从而为《专利法》第四次修订中有关标准专利的默示许可条款，作出微薄的学术贡献。

第一章 知识产权默示许可的内涵界定

简言之，许可是在不转让财产所有权的条件下让渡财产中的权利。[1] 而所谓知识产权许可，是指在保留权利人所有权的前提下，在一定范围内将知识产权中的某些权利让渡给他人行使。我国《专利法》第 12 条规定有"专利实施许可"，《商标法》第 43 条规定有"商标使用许可合同"，《著作权法》第三章规定有"著作权许可使用合同"，《合同法》第十八章第三节规定的"技术转让合同"包括有"专利实施许可"，可见，在我国知识产权法上，知识产权许可有"实施许可""使用许可"和"许可使用"等用语，但究其实质，都是知识产权许可的不同表现形式和不同文字称谓。

知识产权许可可以划分为若干类型，如果按照许可人发放许可的意愿自由，可以将知识产权许可分为自愿许可与非自愿许可。所谓非自愿许可，是指不论权利人是否愿意，法律规定使用人可以不经权利人的许可而直接利用其知识产权。法定许可、强制许可为非自愿意许可之典型。所谓自愿许可，是指权利人可以根据自己的意愿自由发放知识产权许可，包括自由决定是否发放许可、向谁发放许可、发放的权利内容等。[2] 在考察知识产权自愿许可时，通常以权利人的明示许可为对象，且以书面合同为常态。不过，近年来，实际上，在知识产权领域还存在一种明显有别于明示许可的默示许可（Implied License）。

相对而言，知识产权默示许可在中国还属于新生事物，也导致不少现有研究对于知识产权默示许可的内涵与外延把握不准，甚至把属于法定许可、权利用尽或者属于默示侵权的情形，都纳入到默示许可的范畴进行讨论。因此，有必要首先澄清知识产权默示许可的内涵。

---

[1] 德雷特勒. 知识产权许可（上）［M］. 王春燕，等，译. 北京：清华大学出版社，2003：1.
[2] 陶鑫良，袁真富. 知识产权法总论［M］. 北京：知识产权出版社，2005：173.

第一节　知识产权默示许可的含义

一、知识产权默示许可的定义梳理

谈到"默示许可"，其实并非知识产权领域的"专利"，而是与民事法律领域早有存在的"默示"形式有着密切的关联。作为民法上的核心概念，民事法律行为❶由意思表示和其他事实要素这两部分组成。其中所谓的"意思表示"，在形式上又包括明示形式和默示形式两种类型。

民事法律行为的默示形式是指民事主体不用语言、文字等方式直接表达其内在意思，而是以实施某种行为或不实施某种行为间接地依法律规定、约定、习惯或常理推知其意思的表示形式。换言之，在一定情形之下，行为人可以不通过语言、文字、录音、信函等明示方法，而以作为或不作为的事实行为成就意思表示。

最高人民法院《关于贯彻执行民法通则若干问题的意见》第 66 条规定，一方当事人向对方当事人提出民事权利的要求，对方未用语言或者文字明确表示意见，但其行为表明其已接受的，可以认定为默示。此为民法意义上的默示行为。

默示许可即为默示形式的表现形式之一。在知识产权领域，我国现行法律上还没有关于默示许可的明文规定。对于知识产权默示许可，包括在专利权、著作权等领域的默示许可，学界已经提出了各种定义。比较典型的定义有：

（一）关于专利默示许可的定义

杨崇森教授认为，专利默示授权是指"在一定情形，当事人虽无口头或书面授权契约，但可自专利权人一定之行为，认为默示专利授权之成立。此种默示授权乃基于法律上禁反言原理（doctrine of estoppel）而来。即由专利权人之行为，使行为人相信他自己有权在专利下操作或可以实施，不虞被诉侵害专利权，且该人因信赖此引诱（Inducement），进而实施时，此后专利权人不能对该人主张专利权之侵害"❷。

---

❶ 民事法律行为是指民事主体设立、变更、终止民事权利和民事义务，以意思表示为根本要素的合法行为。

❷ 杨崇森.专利法理论与应用 [M].台北：三民书局，2008：438 - 439.

袁真富博士认为，专利默示许可，也称隐含许可（implied license），有别于以书面合同等方式确立的明示许可，它是指在一定情形之下，专利权人以其非明确许可的默示行为，让被控侵权人（专利使用人）产生了允许使用其专利的合理信赖从而成立的一种专利许可形态。❶

邓丽星认为，如果他人根据专利权人或被许可人的语言或行为能够正当地推定专利权人或被许可人同意他实施该专利而进行制造、使用、销售的行为，并且也确实实施了这种行为，则构成专利默示许可（implied patent licenses）。❷

李江，王津晶等指出，不同于以书面方式确立的明示许可，专利默示许可是专利权人以非明示的行为使专利实施人产生了允许使用其专利的合理信赖，从而成立的专利许可形态。❸

李文江博士认为，专利默示许可是相对于专利明示许可的一种专利许可形态，即专利权人针对实施专利技术表现出来的一种默示，使实施者产生信赖，使他人从专利权人的行为中推出了默示。这种许可方式虽然不同于签订书面合同等明示行为，但依然是一种合法的许可形态。❹

（二）关于著作权默示许可的定义

赵莉认为，所谓默示许可，也可称默认许可或者推定许可。其含义在于即便版权人没有明说许可某人使用其作品，但是从版权人的行为可以推定版权人对某人使用其作品不会表示反对。❺

陈倩婷认为，著作权默示许可是指在著作权授权许可使用的过程中，被许可人并未获得著作权人的明确授权，而是通过著作权人的行为或沉默推定该授权成立的著作权许可方式。❻

苗雨认为，版权默示许可是指版权人未明确授权他人使用其作品，但通过版权人的行为可推定其对授权许可使用不表示反对，进而推定授权成立的许可使用方式。❼

---

❶ 袁真富. 基于侵权抗辩之专利默示许可探究 [J]. 法学，2010（12）：108－119.

❷ 邓丽星. 专利默示许可制度研究 [D]. 武汉：华中科技大学，2012：9.

❸ 李江，王津晶，等. 中国专利默示许可实践探究 [J]. 中国专利与商标，2014（4）：67－78.

❹ 李文江. 我国专利默示许可制度探析——兼论《专利法》修订草案（送审稿）第85条 [J]. 知识产权，2015（12）：78－82.

❺ 赵莉. 网络环境下默示许可与版权之权利限制分析 [J]. 信息网络安全，2009（2）：44－46.

❻ 陈倩婷. 著作权默示许可制度研究 [D]. 北京：中国政法大学，2012：3.

❼ 苗雨. 论版权默示许可 [D]. 重庆：西南政法大学，2013：13.

冯晓青，邓永泽认为，著作权默示许可制度是指作品使用人虽然没有得到著作权人的明示授权，但是通过著作权人的行为可以推定著作权人不排斥他人对其作品进行利用，作为一种补偿，使用人应当向著作权人支付报酬的一种著作权许可使用方式。❶

李香清认为，著作权默示许可指的是虽然著作权人未作出明确授权，但是他人可从著作权人的行为或者沉默中推定其获得了著作权人授权许可的著作权许可方式。❷

张伟华认为，在不与著作权人的明示意思表示相违背的情况下，作品使用者可根据著作权人的行为或者特定情况下的沉默推定著作权人已经进行了许可，从而成立的著作权许可形态。❸

马德帅，刘强指出，著作权默示许可是民法默示法律行为在著作权交易中的体现，是在权利人并未颁发明示许可的情况下，根据其积极作为或者消极沉默的行为，对于作品使用者已经实施的使用行为，推定获得著作权人颁发的允许使用作品的许可。❹

李捷博士认为，著作权默示许可指的是虽然著作权人未作出明确授权，但是他人可从著作权人的行为或者沉默中推定其获得了著作权人授权许可的著作权许可方式。❺

梅术文教授将信息网络传播权默示许可界定为："在一定情形下，权利人虽未明示许可在网络空间传播作品，但是从权利人的行为或者依照法律规定可以推定其对该使用不表示反对，从而认定经由许可而利用作品的许可样态。"❻

（三）关于知识产权默示许可的定义

在知识产权领域，对于默示许可的较早研究基本上都是指向特定的专利或著作权领域，因此，在整体上为知识产权默示许可进行定义的并不多见，最近才出现以"知识产权默示许可"为研究对象的文献，并同时出现了关于知识产权默示许可的定义。代表性的定义是王国柱博士的观点，他将知识产权默示

---

❶ 冯晓青，邓永泽．数字网络环境下著作权默示许可制度研究［J］．南都学坛（南阳师范学院人文社会科学学报），2014（5）：64－69.

❷ 李香清．著作权默示许可制度研究［D］．厦门：厦门大学，2014：3.

❸ 张伟华．著作权默示许可问题研究［D］．长沙：湖南师范大学，2014：3－4.

❹ 马德帅，刘强．网络著作权默示许可研究［J］．中国出版，2015（17）：29－31.

❺ 李捷．论网络环境下的著作权默示许可制度［J］．知识产权，2015（5）：67－71，108.

❻ 梅术文．信息网络传播权默示许可制度的不足与完善［J］．法学，2009（6）：50－58.

许可界定为："知识产权权利人虽然没有以书面或者口头的方式明确作出许可的意思表示，但其行为或者特定情形下的沉默足以使相对人认为权利人已经进行了许可，从而成立的知识产权许可形态。"❶

尹卫民认为，知识产权默示许可是指知识产权权利人未以书面形式或者口头约定明确表示许可，但是权利人的行为或者不行为足以使相对人相信权利人已经进行了许可，即允许相对人行使知识产权权利人相应的权利。❷

需要说明的是，由于商标领域的默示许可并不受关注，虽然有学者在研究中也发现存在商标默示许可的现象或案例❸，但目前还没有看到有文献专门针对商标默示许可进行定义。

总体上看，学界对于默示许可的定义并没有过于显著的差异，表面上似乎表达各有不同，但实质上异曲同工，基本上比较有共识。当然，有部分学者对于知识产权默示许可的定义或理解，在我看来已经超出了默示许可的范畴，在后面关于默示许可与相关概念区别的讨论中，我们再作澄清。

二、知识产权默示许可的定义总结

综合前述定义，本研究认为，知识产权默示许可（implied license）是指在一定情形之下，基于政策、惯例或交易目的等因素，从权利人的行为、言语或沉默等默示行为中，推定其允许他人使用其知识产权。知识产权默示许可的内涵主要包含两个要件：

1. 默示许可的来源是存在默示行为

在不同的情形之下，默示行为的表现有多种可能性。比如，在专利默示许可领域，专利权人以其专利参与标准制定的行为，专利权人将其专利纳入国家科技推广项目的行为，专利权人销售专用于组装其专利产品的零部件的行为等所谓的"默示行为"，都可能引发默示许可的发生。但是，默示形式的表示行为无论多么复杂丰富，都应当排除任何明示的书面、口头或其他形式的许可行为。❹

---

❶ 王国柱. 知识产权默示许可制度研究 ［D］. 长春：吉林大学，2013：24.

❷ 尹卫民. 著作权默示许可的法律性质分析 ［J］. 西南石油大学学报（社会科学版），2014，16（1）：73 - 76.

❸ 王国柱. 知识产权默示许可制度研究 ［D］. 长春：吉林大学，2013：21 - 23.

❹ 袁真富. 基于侵权抗辩之专利默示许可探究［J］. 法学，2010（12）：108 - 119.

2. 默示许可的依据系基于政策、惯例或交易目的等外部因素

与其他默示合同一样，默示许可产生自当事人的客观行为，一个理性人可以据此认为已经达成了一个合意。这个理性人可以依据许多种情况而作出上述推断，例如当事人的行为、明示条款、当时的情形、当事人的合理预期、公平正义原则以及知识产权制度的相关政策等。❶

需要澄清的是，在我们看来，基于立法规定而直接推定出行为人存在许可的意思表示，不宜列入所谓"默示许可"的范围。我们更愿意将此种情形称之为法定许可。只有在没有明确法律规定的情形下，仅仅依据行为、逻辑或习惯等确定的许可关系，才是本研究中所讨论的默示许可。

第二节　知识产权默示许可的法律性质

知识产权默示许可的法律性质在学理上是一个不能回避的问题。前面已经阐述到默示许可发源于民法尤其是合同法，因此，从本质上讲，默示许可只是默示合同的一种形式。❷ 王国柱博士认为，知识产权默示许可制度已经发展成为一种不可忽视的知识产权权利限制制度、利益平衡制度和侵权抗辩制度。❸将知识产权默示许可归属于一种侵权抗辩，可能争议不大；但是，默示许可是否属于权利限制制度，则在学界争议较多。

一、默示许可是一种合同关系

美国联邦最高法院在 1927 年 De Forest Radio Telephone & Telegraph Co. v. United States 一案❹的判决中，对默示许可的性质进行了阐明："并非只有正式授权许可才能达到许可使用的目的。对于专利权人使用的任何语言或采取的任何行为，如果他人可以由此正当地推定专利权人已经同意他实施这些行为，则构成一种许可，可以在专利侵权诉讼中以此进行抗辩。至于所构成的许可是否免费，应当取决于当时的具体情况。但是无论如何，此后就当事人之间的关系

---

❶ 朱海娇. 规范默示许可能否解海量作品授权之困？[N]. 中国知识产权报, 2012 - 01 - 13.

❷ 袁真富. 基于侵权抗辩之专利默示许可探究 [J]. 法学, 2010（12）：108 - 119.

❸ 王国柱. 知识产权默示许可制度研究 [D]. 长春：吉林大学, 2013：7.

❹ De Forest Radio Telephone & Telegraph Co. v. United States, 273 U. S. 236, 47 S. Ct. 366, 71 L. Ed. 625（1927）.

以及就由此而产生的任何诉讼而言，都必须认定为合同关系，而不是侵权关系。"❶ 美国纽约南区地方法院在 Medeco Security Locks，Inc. v. Lock Technology Corp. 一案中，同样明确地指出："与任何其他的默认许可一样，专利默认许可属于当事人的合同行为。"❷

由此可见，对于知识产权默示许可作为一种合同关系的性质认识，已经存在比较悠久的历史。并且这种认识在我国学术界得到广泛的认同，比如，袁真富认为，专利默示许可只是默示合同的一种形式；❸ 石磊进一步认为，其具有与明示许可相似的合同性质。❹ 陈倩婷认为，著作权默示许可属于著作权授权许可的一种形式，因此也就是实体法上的一种合同行为。❺

不过，虽然知识产权默示许可是一种合同关系，进一步说，是一种许可合同关系，但是，知识产权默示许可并不依赖于双方合同关系（比如货物买卖等其他合同关系）的存在，或以合同存在作为其成立的前提。也即，知识产权默示许可不是从权利人与使用人之间已签订的合同中推定出一种许可的成立，而是完全可以独立存在的许可合同关系，这种许可合同关系既可能来源于从现有合同的推定，也可能来源于因权利人非合同行为或者外部政策、习惯等的推定。

近年来，在版权领域出现了一种让默示许可超越合同范畴的声音。有学者提出，应该将默示许可原则转变成一个开放性的概念和原则，摆脱探寻当事人隐藏合意的局限，就必须脱离合同法的范畴，突破对合同关系进行解释的模式。因为，无论合同的解释如何具有创造性，仍然局限在合同关系的范围之内，一定是由合同双方具体意思表示和合同环境所决定的，❻ 这样，一些公共的、宏观的价值判断和政策考量就难以引入到默示许可原则当中，必须会影响到默示许可原则的开放程度，减弱默示许可对新环境的适应能力。❼

---

❶ 康添雄. 美国专利间接侵权研究 [D]. 重庆：西南政法大学，2006：40 – 41.

❷ Medeco Security Locks，Inc. v. Lock Technology Corp.，199 U. S. P. Q. （BNA）519，524（S. D. N. Y. 1976）.

❸ 袁真富. 基于侵权抗辩之专利默示许可探究 [J]. 法学，2010（12）：108 – 119.

❹ 石磊. 论专利默示许可的适用 [D]. 北京：北京化工大学，2013：4.

❺ 陈倩婷. 著作权默示许可制度研究 [D]. 北京：中国政法大学，2012：5.

❻ AFORI O F. Copyright Infringement without Copying – Reflections on the Théberge Case [EB/OL]. （2007 – 09 – 19）. http：//ssrn. com/abstract = 1015453.

❼ 郭威. 默示许可在版权法中的演进与趋势 [J]. 东方法学，2012（3）：83 – 84.

Kozinski 法官在 Foad Consulting Group, Inc. v. Musil Govan Azzalino 一案（以下简称 Foad 案）中的判决意见，是这一声音的强烈支持者，得到较多的援引。在 Foad 案中，原告 Foad Consulting Group 在 1995 年受 GenCom 的委托，为一个购物中心工程设计工程蓝图，完成后该设计蓝图被 GenCom 采纳并获得市政府通过。此后，GenCom 将工程相关权利转让给 Claire Enterprises。1996 年 Claire Enterprises 雇用了 Hawkeye Investments 作为工程的开发人，而 Hawkeye Investments 则雇用了 Musil Govan Azzalino 进行设计施工。在设计施工中，Musil Govan Azzalino 复制和使用了 Foad Consulting Group 的设计图纸和相关文件。

Foad Consulting Group 认为，委托合同是和 GenCom 公司签订的，所以设计图纸只能由 GenCom 使用，该合同中没有授权其他人使用，包括 Musil Govan Azzalino，于是对 Musil Govan Azzalino 提起了版权侵权诉讼。本案的关键之处在于，没有事实上合同关系的人之间是否可能存在着默示许可。第九巡回法院认定当事人之间存在默示许可。对此，Kozinski 法官作了这样的评述：并非所有的默示许可合同都是合同法意义上的真正的合同。虽然有些默示许可属于合同法的范畴，这些默示许可完全是由当事人的合意而成立的，尽管这些合意的表达或表达方式不是很明确。但是，另一种类型的默示许可却不是建立在合意之上，也不能通过合同中的词语或是相关的行为来表示合意的成立。按照合同法的理论，这种类型的默示许可不能构成合同法意义上的合同，不属于合同法的范畴。这种许可的成立是由法律附加在当事人之间的，尽管他们之间没有任何实质性的关于这些义务的协定，但依照法律许可依然成立。这样的默示许可完全是版权法意义上的产物，属于版权法的领域，而不是合同法的领域。[1]

郭威认为，Kozinski 法官为默示许可原则理解提供了一个完全脱离合同制度范畴的崭新视角。以这种视角为基础，默示许可原则就发展成为了一个开放性的原则，为法院的裁定提供宏观的价值判断和政策。[2]

但是，本研究认为，Foad 案的观点并未否定版权默示许可是一种合同关系，该案判决真正的意思是，版权默示许可的成立并不依赖于 Foad Consulting Group, Inc. 与 Musil Govan Azzalino 之间是否存在合同法上的合意，而是依照版权法等法律附加于双方之上的义务来判断是否成立许可。

---

[1] Foad Consulting Group, Inc. v. Musil Govan Azzalino, 270 F. 3d 821 (9th Cir. 2001). 转引自王琳泷. 我国著作权默示许可适用研究 [D]. 上海：华东政法大学，2013：11.

[2] 郭威. 默示许可在版权法中的演进与趋势 [J]. 东方法学，2012 (3)：83 - 84.

简言之，成立知识产权默示许可的依据不是从合同法领域寻找，而是从知识产权法领域寻找，但所成立的默示许可仍然是一种合同关系，默示许可"已演化为法律推定的合同"。❶ 只不过，这种合同关系不一定是当事人合意的结果或推论，正如前面所述，知识产权默示许可的成立不以双方存在合同关系（指除知识产权默示许可以外的其他合同关系）作为前提，因此，两个完全没有合同往来的人（正如 Foad Consulting Group, Inc. 与 Musil Govan Azzalino）之间也同样可以成立默示许可的合同关系。

二、默示许可是侵权抗辩事由

既然知识产权默示许可的成立并不是根据合同等明示行为而成立的，而是根据权利人的行为或者政策、惯例等推定出来的，那么这种默示的许可合同关系自然是隐性的，甚至都不为权利人和使用人所注意，通常只会在双方就是否能够使用或者是否应该付费使用的问题发生争议时，才会显露出来。不过，当知识产权默示许可的问题显露出来时，大多数情形下不是发生在合同纠纷中，而是发生在侵权诉讼中。

事实上，目前在诉讼中观察到的默示许可主张，主要出现在侵权诉讼中，并作为被控侵权人的抗辩理由而出现。也正是如此，知识产权默示许可已然成为一种侵权抗辩事由。虽然默示许可与明示许可（尤其是书面许可）取得许可的方式不同，但在对抗专利权人方面是相同的：被控侵权人以取得默示许可为由进行抗辩，从而免除侵权责任。❷ 无论是在专利领域，还是在著作权领域，学者普遍承认知识产权默示许可的侵权抗辩性质。❸

默示许可的抗辩思路在于证明被告人的行为获得了原告的许可，具备合法性和正当性。当然，这种默示许可不是原告明示的告知或授权，而是从权利人行为的具体情形和相应产生的法律效果推论而得的。因此，默示许可的举证着重在于对权利人行为的法律性质和法律效果进行分析。❹

---

❶ 董美根. 论专利默示许可——以对专利产品合理期待使用为目标［C］//国家知识产权局条法司. 专利法研究（2010）. 北京：知识产权出版社，2011：479.

❷ 同上.

❸ 陈倩婷. 著作权默示许可制度研究［D］. 北京：中国政法大学，2012：6. 转引自石磊. 论专利默示许可的适用［D］. 北京：北京化工大学，2013：4.

❹ 康添雄，田晓玲. 美国专利间接侵权的判定与抗辩［J］. 知识产权，2006（6）：88. 转引自王凤. 专利产品修理和再造法律问题研究［D］. 长沙：湖南大学，2009：12.

值得注意的是，我国知识产权法律上并无"抗辩"一词的使用，但在司法解释及学理中，"抗辩"一词频频亮相。常见的知识产权侵权抗辩主要有现有技术抗辩、合法来源抗辩、在先使用抗辩等，这些知识产权侵权抗辩可以归纳为四类：（1）不侵权抗辩；（2）停止侵害请求权不成立抗辩；（3）损害赔偿请求权不成立抗辩；（4）请求权受妨碍抗辩。知识产权默示许可应当归属于不侵权抗辩的范围。

将知识产权默示许可界定为合同关系，并以许可合同成立而进行侵权抗辩，对于使用人的意义较为重要。如果在诉讼中，认定当事人的争议事实乃是默示许可行为，那么剩下的就是许可的范围大小，以及是否支付许可使用费等问题了，权利人并无权提起诸如要求停止侵权、损害赔偿等侵权的诉讼请求。所以，在实践中，当事人的争议是构成知识产权侵权行为还是默示许可，差别非常巨大，对于被控侵权的使用人的利益影响甚巨。❶

美国联邦最高法院早在 20 世纪 20 年代的 De Forest Radio Telephone & Telegraph Co. v. United States 案❷中明确阐明，"并非只有正式的授权许可才能达到许可使用的效果。对于专利权人使用的任何语言或采取的任何行为，只要它能够让他人正当地推定专利权人已经同意其从事制造、使用或销售等实施专利的行为，则可以构成一种许可，并可以在专利侵权诉讼中以此作为抗辩"。在 1997 年美国联邦巡回上诉法院审结的 Wang Labs. , Inc. v. Mitsubishi Electronics of America, Inc. and Mitsubishi Electric Corporation. 一案❸中，法官同样认为，默示与明示的许可在侵权案件中所产生的对抗作用都是相同的。被控侵权人可以基于专利默示许可理论对专利侵权进行抗辩，证明自己行为的合法性与合理性，从而免除侵权责任。

知识产权默示许可作为一种侵权抗辩事由，在中国已经获得了法院的明确承认。北京市高级人民法院 2013 年发布并于 2017 年修订的《专利侵权判定指南》倒是直接将专利默示许可作为"不视为侵权的抗辩"，其第 131 条规定："专利产品或者依照专利方法直接获得的产品，由专利权人或者经其许可的单位、个人售出后，使用、许诺销售、销售、进口该产品的，不视为侵犯专利

---

❶ 袁真富. 基于侵权抗辩之专利默示许可探究［J］. 法学，2010（12）：108 – 119.

❷ De Forest Radio Telephone & Telegraph Co. v. United States, 273 U. S. 236, 47 S. Ct. 366, 71 L. Ed. 625（1927）.

❸ Wang Labs. , Inc. v. Mitsubishi Electronics of America, Inc. and Mitsubishi Electric Corporation, 103 F. 3d 1571, 41 U. S. P. Q. 2d 1263.（Fed. Cir. 1997）.

权，包括：……（3）专利权人或者其被许可人售出其专利产品的专用部件后，使用、许诺销售、销售该部件或将其组装制造专利产品；（4）方法专利的专利权人或者其被许可人售出专门用于实施其专利方法的设备后，使用该设备实施该方法专利。"前述第（3）种和第（4）种情形，正是典型的专利默示许可行为，对此种情形我们在后面将有详细的介绍和讨论。

三、默示许可是否属于权利限制

在国内，关于默示许可是否为权利限制，首先是从著作权领域开始引发争议的。吕炳斌认为，鉴于网络环境下版权保护的实际需要，默示许可制度不但将成为一种重要的版权许可模式，而且还必将成为侵犯版权的抗辩理由，所以默示许可应被法律确立为与合理使用并列的版权权利限制。[1] 王晓蓓也认为，由版权法明文规定的法定许可和强制许可制度对版权人和版权的限制可以发现，默示许可在一定程度上增加了版权人的负担，它要求版权人对自己创作的作品在特定环境下的使用、传播及其产生的后果有足够的了解和把握，承担一些权利行使的义务如注意义务，在一定情况下使权利人的权利行使和收益受到社会众利益的影响，从而构成对权利行使的限制。[2]

但是，一些学者并不认同，他们认为著作权的默示许可与法定许可、合理使用等权利限制制度有着很大的区别：

（1）默示许可从本质上看是一种合同行为，法律推定当事人双方存在着许可的合意，在一定程度上考察权利人的主观意志。而法定许可、合理使用是法律直接规定，并不顾及权利人的主观意愿。[3] 法定许可与合理使用是法定的不经权利人许可的使用，权利人失去了许可权，但默示许可并非如此。[4]

（2）法定许可与合理使用一定程度上剥夺了权利人对作品的控制权，而默示许可并没有。从理论上看，默示许可是从行为或者沉默中推定权利人的意图，权利人完全可以通过自己的明示行为来认定或者推翻默示许可。[5] 虽然从表面上来看，权利人对作品许可使用的自由似乎受到了削弱，但是实质上，权

❶ 吕炳斌. 网络时代的版权默示许可制度——两起 Google 案的分析 [J]. 电子知识产权，2009（7）：76.
❷ 王晓蓓. 版权法中默示许可适用案例研究 [D]. 上海：华东政法大学，2012：7.
❸ 李香清. 著作权默示许可制度研究 [D]. 厦门：厦门大学，2014：16－17.
❹ 李捷. 论网络环境下的著作权默示许可制度 [J]. 知识产权，2015（5）：67－71，108.
❺ 李香清. 著作权默示许可制度研究 [D]. 厦门：厦门大学，2014：16－17.

利人对作品享有的控制权并未发生变化，默示许可只不过是以另外的一种授权模式来督促权利人更积极地行使权利而已。❶

（3）从权利限制的性质本身上看，著作权上的权利限制是主要出于公共政策考量，为了更好促进作品传播，促进社会利益、公共利益的增长，通过法律规定限制权利人对特定作品的控制，达到权利人利益与社会公众利益的平衡，促进社会科学文化的发展。❷ 显然，承认著作权上的默示许可更多的是解决特定使用人的侵权问题，而不涉及促进公共利益的问题。因此，著作权的默示许可不应该归属于对著作权的权利限制。

本研究认为，默示许可是否属于权利限制的关键不在于是否有法律规定，而在于许可的成立是不是直接由法律规定，否则如果将来中国知识产权法中增加一个条款，笼统地承认在特定情形可以认定以默示行为成立的知识产权许可，岂不是默示许可也成了"法定"的权利限制？显然，与法定许可或强制许可相比，知识产权默示许可的成立，仍然需要考察或者推定权利人的意愿，因此，本研究认为，默示许可不属于权利限制制度，至少不是与合理使用、法定许可等量齐观的权利限制制度。当然，虽然默示许可不是一项权利限制制度，但客观上它可以起到权利限制的作用，特别当一些默示许可是基于政策或者惯例而推定出来的时候，更是如此。

第三节　知识产权默示许可与相关概念之关系

一、知识产权默示许可与权利用尽

权利用尽原则最早是由德国法学家柯拉（Kohler）提出来的。❸ 所谓权利用尽，也称权利穷竭，是指享有某种知识产权保护的产品，由知识产权人或其所许可的人首次销售或通过其他方式转移给他人以后，知识产权人即无权干涉该产品的使用和流通。最典型的权利用尽就是，合法制造的专利产品销售以后，购买人使用或再次销售，不再受权利人的专利权控制。权利用尽原则可以促进和便利商品的自由贸易。

---

❶ 陈倩婷. 著作权默示许可制度研究［D］. 北京：中国政法大学，2012：7.

❷ 苗雨. 论版权默示许可［D］. 重庆：西南政法大学，2013：15. 转引自尹卫民. 著作权默示许可的法律性质分析［J］. 西南石油大学学报（社会科学版），2014，16（1）：73 – 76.

❸ 刘春茂. 知识产权原理［M］. 北京：知识产权出版社，2002：504.

权利用尽原则也是知识产权侵权抗辩的事由之一，我国专利法也明确地规定，《专利法》第69条规定："有下列情形之一的，不视为侵犯专利权：（一）专利产品或者依照专利方法直接获得的产品，由专利权人或者经其许可的单位、个人售出后，使用、许诺销售、销售、进口该产品的。"

从权利用尽原则的发源来看，它与默示许可似乎有较为紧密的联系，甚至是在默示许可的基础上独立出来的。尹新天先生认为，默认许可制度起源于英国，是指专利产品第一次合法售出时，如果专利权人或者其被许可人没有明确提出限制性条件，则意味着购买者获得了任意使用或转售该专利产品的默认许可，专利权人不得对合法售出的专利产品再行使权利。● 相反，如果专利权人销售时作出明确限制的、适用合同法的规则，专利权有限穷竭，在限制范围之外并不穷竭。● 此时所谓的默示许可，与现今的权利用尽在外表上十分接近，更像是"附条件"的权利用尽。

从我国关于权利用尽的现行制度设计来看，知识产权默示许可与权利用尽的差异主要体现在以下几方面。

1. 法律性质不同

默示许可本质上属于合同行为，体现了诚实信用和禁止反悔原则。而权利用尽属于权利限制制度，是基于知识产权与社会公众之间的利益平衡原则。John W. Osborne 指出，默示许可和专利穷竭（权利用尽）的适用经常会产生相同的结果，例如产品的购买包括默示的使用与再销售的权利。然而，专利穷竭是对专利权的内在限制，默示许可是基于交易双方信任与期望的合同准则。●

2. 适用情形不同

权利用尽仅仅适用于知识产权产品出售后的利用情形，而默示许可的适用范围更有广泛性，比如基于技术标准、产品推广、先前合同等都可以引发默示许可问题，涉及产品销售的默示许可只是其中一个方面，这在后面的介绍可以更清楚地看到。值得指出的是，直到目前，一些学者所讨论的默示许可，还是仅仅局

● 尹新天. 专利权的保护 [M]. 北京：知识产权出版社，2005：65.
● 董美根. 论专利产品销售所附条件的法律效力 [J]. 华东政法大学学报，2009（3）：54.
● OSBORNE J W. A Coherent View of Patent Exhaustion：A Standard Based on Patentable Distinctiveness [J]. Santa Clara Computer and High Technology Law Journal，2004（3）：643－693.

限于产品出售后的默示许可情形，❶ 这对默示许可还停留在狭义理解的阶段。

3. 适用对象不同

通常权利用尽只针对权利人及其被许可人售出的产品本身，而不涉及方法专利本身。比如，在 Bandag, Inc. v. Al Bolser's Tire Stores, Inc. 一案中，美国联邦巡回法院判决权利用尽原则不适用于涉案的方法专利，因为权利要求没有覆盖所销售的产品：能够体现发明的产品一经专利权人销售就穷尽了该物品上的专利这一原则在此处不适用，因为 Cavern 专利的权利要求是一种"轮胎翻新方法"，该专利的权利要求不能覆盖 Bolser 用来进行冷加工翻新的设备。❷ 在联邦巡回法院 Glass Equipment Development 一案中，Rich 法官重新确认了权利用尽的此种限制。在该案中，法庭考虑了"非专利产品的销售是否授予购买者实施单个专利中一个或多个方法的默示许可"这一问题。因为许可问题涉及方法专利并非设备专利，联邦巡回法院认为"此案不适用权利用尽"。❸

依我国《专利法》第 69 条的规定，适用对象仅限于"专利产品""依照专利方法直接获得的产品"，对于售出用以实施方法专利的产品后，方法专利权是否用尽没有具体规定，因此，至少在我国专利法上，对方法专利也无法适用《专利法》第 69 条的关于权利用尽的规定。❹ 相对而言，"默示许可"的适用范围更广，不仅适用于有关被售出产品本身的知识产权，还可能影响同一权利人所拥有的其他权利，❺ 特别是在版权领域表现得更加明显，版权法中的首次销售穷竭原则只是用尽了著作权法上的发行权；而复制权、作品演绎权

---

❶ 比如，有人认为，默示许可理论是指"知识产权权利人在将产品投放市场时，如果没有明确提出限制性条件，则意味着购买者获得了任意处置产品的默示许可，购买方可以在全世界任何地方以任何方式使用或转售该产品"。（储敏. 平行进口的法律性质分析［J］. 现代法学，2001（6）：80.）还有人认为，专利制度中的默示许可（Implied License）是指："如果专利权人或其被许可人在专利产品第一次出售时没有明确地提出限制条件，则推定他以默示的方式许可买受人以任何合法的方式处理该专利产品，专利权人不能对出售后的专利产品进行任何控制。"（张冬. 专利权滥用认定专论［M］. 北京：知识产权出版社，2009：63. 于洪涛在商标领域也持这种观点，参见洪涛. 商标平行进口法律问题研究［D］. 北京：中国政法大学，2007：13.）显然，这像附条件的权利用尽，即使承认它是默示许可，但也不能代表默示认可的全部，更准确地说，这类情形已经独立成权利用尽的表现形式，都未必需要以默示许可理论来解决其中的问题。

❷ HATFIELD A L. Patent Exhaustion, Implied Licenses, and Have – Made Rights: Gold Mines or Mine Fields?［J］. Computer Law Review and Technology Journal, 2000, 4 (1).

❸ 同上。

❹ 孔燕. 专利法上默示许可与权利穷竭理论研究［D］. 上海：华东政法大学，2013：7.

❺ 曲三强. 平行进口与我国知识产权保护［J］. 法学，2002（8）：72 – 75.

和公共表演权等则完全保留。版权产品的销售并不必然意味着在其他的作品中使用版权作品的许可。❶ 但是，默示许可则可能适用于发行权，也可能适用于复制权等其他权利。默示许可不仅能用来实现适用权利用尽原则所能达到的结果，还能用来实现适用权利用尽原则难以达到的其他结果。❷

此外，如果专利所有人或者被许可者仅出售专利产品的一个零部件，这种情况同样不适用权利用尽原则，因为涉案专利的权利要求并没有覆盖出售的产品。❸ 但这种情形有可能适用默示许可的规则。如果购买者能够证明权利人销售的专利产品的部件没有非侵权性的用途，此时权利人的销售行为本身已经"明显地指明可以产生（组装专利产品的）默示许可"。❹ 关于此点，后文有专门论述。❺

4. 适用限制不同

权利用尽原则作为权利限制制度，权利人通常不能对其适用与否作出限制或排除，因为权利用尽是保障公共利益，"其适用是无条件的"。❻ 但是，默示许可偏向于维护权利人的利益，权利人原则上可以通过合同条款排斥其适用。显而易见，相比于权利用尽，默示许可具有适用更为灵活、更遵循双方意思自治等优势。❼

尽管默示许可与权利用尽存在较大差异，但这两个规则并不是互相排斥的。相反，两者在特定情形下还可以互为补充。❽ 在我国，由于没有默示许可的明确依据，有的学者认为，《专利法》第 69 条也可能解读出默示许可的理论依据，因为《专利法》第 69 条中使用了"不视为侵权"的用语，并未明确其理论依据是"权利穷竭"还是"默示许可"。❾

事实上，如前所述，在北京市高级人民法院 2013 年发布并于 2017 年修订的《专利侵权判定指南》中，其第 131 条的规定就是直接将属于专利默示许可的两种情形解释为《专利法》第 69 条第 1 款第 1 项所规定的权利用尽的具

---

❶ 苗雨. 论版权默示许可 [D]. 重庆：西南政法大学，2013：11.

❷ 钱琼. 专利平行进口权利限制问题研究 [D]. 上海：华东政法大学，2011：20.

❸ HATFIELD A L. Patent Exhaustion, Implied Licenses, and Have – Made Rights: Gold Mines or Mine Fields? [J]. Computer Law Review and Technology Journal, 2000, 4 (1).

❹ 同上.

❺ 参见本书第七章第二节.

❻ 邓丽星. 专利默示许可制度研究 [D]. 武汉：华中科技大学，2012：13 – 14.

❼ 孔燕. 专利法上默示许可与权利穷竭理论研究 [D]. 上海：华东政法大学，2013：31.

❽ 闫宏. 专利默示许可规则探析 [D]. 北京：清华大学，2007：10.

❾ 孔燕. 专利法上默示许可与权利穷竭理论研究 [D]. 上海：华东政法大学，2013：7.

体情形之一。❶ 而在大班面包西饼有限公司与北京恒瑞泰丰科技发展有限公司商标权权属、侵权纠纷案（以下简称"大班公司与恒瑞泰丰商标权案"）中，二审法院北京市高级人民法院指出："大班公司对于其出品的商品，在符合基本市场营销方式的情况下，无权禁止他人进行合理性宣传、推广，同时该市场营销手段应视为商标注册人的许可，即关于权利用尽的默示许可。"❷ 可见，此处商标权的权利用尽即与默示许可相提并论，似将默示许可作为权利用尽的一种表现情形。

在美国司法实践中，一般认同美国采用的"首次销售穷竭原则"和"默认许可制度"的结合。❸ 1873 年美国最高法院 Adams v. Burke 一案的判决，被公认为确立了"首次销售穷竭原则"。法院的判决认为，"如果专利权人或者其他合法权利人销售一个机器或者设备的价值是在于该机器或者该设备的使用，他得承认对方有权使用这个机器或者设备，由此他也必须放弃限制使用这个机器或者设备的权利"。❹

2008 年 6 月，美国最高法院在 Quanta Computer, Inc v. LG Electronics, Inc 一案的判决中，进一步发展了专利默示许可制度。一方面，该判决采用了默认许可制度来解读权利穷竭原则，明确了附条件销售产生专利权穷竭的例外；另一方面，该判决把专利权穷竭的范围从出售的专利产品本身，延伸到与所出售专利产品相关的方法专利或组合专利。❺ McCarthy 教授在总结了美国的相关判例后认为商标权穷竭原则的含义为："商标权在某一特定商品首次合法销售时即告'穷竭'。一个在不改变商品状况的情况下再行销售该附牌商品的经销商

---

❶ 北京市高级人民法院 2017 年修订的《专利侵权判定指南》第 131 条规定："专利产品或者依照专利方法直接获得的产品，由专利权人或者经其许可的单位、个人售出后，使用、许诺销售、销售、进口该产品的，不视为侵犯专利权，包括：……（3）专利权人或者其被许可人售出其专利产品的专用部件后，使用、许诺销售、销售该部件或将其组装制造专利产品；（4）方法专利的专利权人或者其被许可人售出专门用于实施其专利方法的设备后，使用该设备实施该方法专利。"

❷ 大班面包西饼有限公司与北京恒瑞泰丰科技发展有限公司商标权权属、侵权纠纷二审民事判决书［北京市高级人民法院（2013）高民终字第 3998 号］。

❸ 韦晓云. 专利的默认许可——从一起药品发明专利侵权案谈起［J］. 人民司法，2007（17）：93–97.

❹ 同上。

❺ 专利权穷竭的范围延伸到方法专利或组合专利的条件是：（a）已售产品包括了方法专利或组合专利的已授予专利的实质性技术特征；（b）已售产品除用来实施方法专利或组合专利外不存在合理的非侵权使用。一旦满足上述（a）、（b）两个条件，则无论专利权人在产品售出过程中是否试图控制产品的使用，将导致与专利产品相关的方法专利或组合专利的再销售和使用权的穷竭。显然，对第二方面，其实质上仍然是坚持在诚实信用原则下的默认许可，为了保护相对人的信赖利益，默认推定甚至可以在一定情况下可以排除明示的限制。参见董美根. 美国专利使用权穷竭对我国的借鉴［J］，知识产权，2008（6）：94–99.

不是'商标侵权者'，无须获得许可。对于该批被购买并再销售的商品而言，商标权已经穷竭，或换言之，购买者取得了再销售的'默示许可'（Implied license）"。❶从这段论述中，可以发现，McCarthy教授同样在用默示许可来解释权利用尽（即穷竭）。

在我们看来，美国所谓的权利用尽原则似乎还没有完全从默示许可中脱胎出来，两者有时会混杂。不过，在本研究中，为了更好地区分默示许可与权利用尽，通常我们把我国《专利法》第69条第1款第1项所规定的情形归属于权利用尽，而不再归属于默示许可。

二、知识产权默示许可与法定许可

法定许可通常是在著作权法领域中讨论。所谓著作权的法定许可，是指他人根据法律的规定，可以不经著作权人的同意而使用其已经发表的作品，但是必须向著作权人支付报酬的制度。法定许可的实质在于将著作权中的一些绝对权降格成为一种获得合理使用费的权利。严格地讲，即使在著作权领域，默示许可与法定许可也是泾渭分明的概念和内涵。

《著作权法》第23条规定："为实施九年制义务教育和国家教育规划而编写出版教科书，除作者事先声明不许使用的外，可以不经著作权人许可，在教科书中汇编已经发表的作品片段或者短小的文字作品、音乐作品或者单幅的美术作品、摄影作品，但应当按照规定支付报酬，指明作者姓名、作品名称，并且不得侵犯著作权人依照本法享有的其他权利。

前款规定适用于对出版者、表演者、录音录像制作者、广播电台、电视台的权利的限制。"

《著作权法》第33条第2款规定："作品刊登后，除著作权人声明不得转载、摘编的外，其他报刊可以转载或者作为文摘、资料刊登，但应当按照规定向著作权人支付报酬。"

《著作权法》第40条第3款规定："录音制作者使用他人已经合法录制为录音制品的音乐作品制作录音制品，可以不经著作权人许可，但应当按照规定支付报酬；著作权人声明不许使用的不得使用。"

《著作权法》第43条第2款规定："广播电台、电视台播放他人已发表的

---

❶ MCCARTHY J T. McCarthy's Desk Encyclopedia of Intellectual Property ［M］. Arlington：Bna Books，1991：119. 转引自马强. 商标权国际穷竭原则研究 ［J］. 知识产权，2003（5）：19.

作品，可以不经著作权人许可，但应当支付报酬。"

《著作权法》第 44 条规定："广播电台、电视台播放已经出版的录音制品，可以不经著作权人许可，但应当支付报酬。当事人另有约定的除外。具体办法由国务院规定。"

由上可见，根据我国《著作权法》，在多数情形下，著作权人可以通过声明保留权利❶，排除法定许可的适用，因此有学者称我国著作权的法定许可为"准法定许可"。❷ 黄汇博士认为，这些制度（指我国《著作权法》第 23 条、第 33 条等规定——作者注）在传统著作权法理论上都被视为是法定许可，但其本质乃一种默示许可。默示许可和法定许可之区别主要在于默示许可是一种推定而来的许可，作者可以事前保留或事后拒绝对作品的使用；而法定许可则是基于法律的明确限定，作者没有保留和拒绝使用的余地。

于是，黄汇博士进一步将著作权默示许可界定为："作品一经创作完成且公之于众后，只要作者事先未申明拒绝对作品的利用或者是经合理的公示催告后，作者未明确表示不允许对作品进行利用，就推定作者认可了他人的使用，作为一种补偿，使用人应向作者支付报酬的制度。"❸

更早以前，已有学者提出过这种观点：默示许可使用在著作权人可以作出"不得转载、摘编"的声明以阻止他人对其作品的有偿使用而有意识地不作为，或者在著作权人明知其不作"不得转载、摘编"的声明其他人就可以、可能对其版权作品进行有偿使用的情况下有意识地不作这样的声明，等于是默示了他人对其版权作品的有偿使用，称之为"默示许可使用"。❹

如果说前述《著作权法》第 23 条、第 33 条第 2 款、第 40 条第 3 款的规定，还被学界的主流观点冠以"法定许可"或"准法定许可"帽子的话，那么，国务院 2006 年公布、2013 年修订的《信息网络传播权保护条例》第 9 条第 1 款则直接被学界归纳为"默示许可"条款了。

《信息网络传播权保护条例》第 9 条第 1 款规定："为扶助贫困，通过信息网络向农村地区的公众免费提供中国公民、法人或者其他组织已经发表的种

---

❶ 《著作权法》第 43 条第 2 款、《著作权法》第 44 条所规定的法定许可，没有明确附加"著作权人声明不许使用的不得使用"之类的限制。

❷ 韦之. 著作权法原理 [M]. 北京：北京大学出版社，1998：79.

❸ 黄汇. 版权法上公共领域的衰落与兴起 [J]. 现代法学，2010（4）：37.

❹ 陈继华，张永平，汪玲. 网络时代著作权法定许可与默示许可的思考 [J]. 科技与出版，2004（6）：32. 转引自凌洪斌. 知识产权非自愿许可制度研究 [D]. 广州：暨南大学，2006.

植养殖、防病治病、防灾减灾等与扶助贫困有关的作品和适应基本文化需求的作品，网络服务提供者应当在提供前公告拟提供的作品及其作者、拟支付报酬的标准。自公告之日起 30 日内，著作权人不同意提供的，网络服务提供者不得提供其作品；自公告之日起满 30 日，著作权人没有异议的，网络服务提供者可以提供其作品，并按照公告的标准向著作权人支付报酬。网络服务提供者提供著作权人的作品后，著作权人不同意提供的，网络服务提供者应当立即删除著作权人的作品，并按照公告的标准向著作权人支付提供作品期间的报酬。"一些学者把该条规定界定为"基于扶助贫困的默示许可"，并归属于法律明确规定的默示许可情形。●

在我们看来，前述我国《著作权法》和《信息网络传播权保护条例》的相关规定，仍然属于传统的法定许可，而不是所谓的"默示许可"。法定许可的关键是著作权许可的成立是直接由法律规定的，包括通过法律设定一个法定程序，然后取得著作权的许可。而默示许可的成立并不完全基于法律的直接规定，而不是由当事人的行为或者基于制度、政策、惯例等外部因素而推定成立的。最关键的是，默示许可来源于权利人的某种行为，是主要基于权利人的行为而引发了许可的成立；而前述《信息网络传播权保护条例》第 9 条第 1 款则是基于法律规定，由使用人（网络服务提供）履行相关行为以后才引发许可的成立，它还是基于法律的直接规定或授权，而不是基于著作权人的某种行为。

当然，知识产权默示许可能否完全归属于所谓"自愿许可"的范畴，恐怕不能简单地作出结论●，从其内涵上可以看出，知识产权默示许可似乎既有推定"自愿许可"的意味，也有依照客观事实"强制"得出许可成立的成分，有些游走于"自愿许可"与"非自愿许可"的灰色地带，但无论如何，本研究认为，只要依照法律规定而直接确定是否成立的许可，都不属于默示许可，否则将会混淆或模糊法定许可与默示许可的界限。当然，但这不排斥未来法律有可能规定哪种情形下可以构成默示许可。

三、知识产权默示许可与权利懈怠

多数权利人发现涉嫌侵权行为后，会尽快采取侵权警告、提起诉讼等措

● 梅术文. 著作权法上的传播权研究［M］. 北京：法律出版社，2012：154. 转引自苗雨. 论版权默示许可［D］. 重庆：西南政法大学，2013：13.

● 有学者认为，"默示许可"应该是属于自愿许可的范畴，只不过是自愿许可的特例罢了。参见凌洪斌. 知识产权非自愿许可制度研究［D］. 广州：暨南大学，2006.

施，向侵权人主张其权利。但是，有的权利人，出于自身的疏忽或懈怠，在较长时间内并未积极主张其权利，此即所谓的懈怠（laches）。

作为美国衡平法上发展起来的一项侵权抗辩制度，根据韦伯斯特词典（第三版），懈怠是指权利人，由于忽视或者基于时间上以及其他因素造成的，迟延对侵权行为提起诉讼的行为，并且这一行为造成了对另一方的实质性损害。❶ 懈怠制度同样适用于知识产权侵权抗辩。当然，构成懈怠要满足一定的条件，首先，是权利人提出诉讼的时间存在不合理的迟延。其次，由于权利人延迟诉讼的行为导致侵权人实质上的损害，比如，侵权人在投资和产业扩张方面造成了很大的经济损失。当然，适用懈怠制度进行抗辩的前提是被诉侵权人不存在恶意行为。

当懈怠抗辩成立后，侵权人不用对其在侵权诉讼前的侵权行为承担损害赔偿责任，从知识产权的角度来看，这相当于权利人给予了被控侵权人在懈怠期间售出的产品免费的许可。不过，懈怠的效力并不延及禁令的颁布和针对诉讼后的侵权行为的损害赔偿。❷

在我国司法实践中，有的被告在侵权抗辩时，会将权利懈怠和默示许可混在一起使用。比如，中国嘉陵工业股份有限公司（集团）与重庆市沙坪坝区嘉陵摩托车配件有限责任公司侵害商标权纠纷案中，针对原告中国嘉陵工业股份有限公司（集团）主张被告企业名称"重庆市沙坪坝区嘉陵摩托车配件有限责任公司"中的"嘉陵"字样明显侵犯了原告的注册商标权等指控，被告认为"原告二十多年的默认行为构成理论上的'权利失效'或者默示许可"。❸ 此处所谓"权利失效"即是主张"权利懈怠"。但是，即使

---

❶ 雷敏敏. 论美国专利侵权中的懈怠抗辩及其借鉴［D］. 北京：北京化工大学，2011：7.

❷ 雷敏敏. 论美国专利侵权中的懈怠抗辩及其借鉴［D］. 北京：北京化工大学，2011：12.

❸ 中国嘉陵工业股份有限公司（集团）与重庆市沙坪坝区嘉陵摩托车配件有限责任公司侵害商标权纠纷二审民事判决书［重庆市高级人民法院二审（2015）渝高法民终字第00421号］。二审法院认为："首先，从时间来看，本案被告举示的成立登记资料、荣誉证书、报关单位注册登记证书、交易文件等证据能够证明被告自1994年起使用其企业名称进行稳定、持续经营已二十余年。其次，从空间来看，被告的注册地址、实际经营地址均在重庆市沙坪坝区，而原告在庭审中亦认可2013年前其经营地址亦位于重庆市沙坪坝区。最后，从经营范围来看，原、被告双方都包括制造摩托车、销售摩托车、制造摩托车零部件、销售摩托车零部件等经营项目。在原、被告空间距离近、被告使用企业名称时间长的情形下，原告作为被告的同行业经营者，知道或应当知道被告使用企业名称的行为，但是原告并未就此向被告主张过权利。原告怠于行使权利的行为以及被告长期、稳定的经营行为使得被告的企业名称已与被告形成了稳定的联系。因此，在经过双方各自长期使用后，双方的商标、企业名称能够与原、被告分别对应联系，相关公众不易产生混淆误认。"由此可见，我国法律上虽无"权利懈怠"的明确规定，但本案判决实际在某种程度上认可了"权利懈怠"的效果。

抛开成立要件不论，仅从性质上看，知识产权默示许可与权利懈怠仍然较大的差别：

（1）懈怠的成立并不否定侵权行为的存在，只是表明权利人怠于主张权利，从而不承担赔偿责任。而默示许可则是否认了侵权行为的存在，把侵权指控转变为许可合同关系。虽然懈怠在效果上相当于在懈怠期间给了侵权人一个免费的许可，但毕竟不是许可。

（2）懈怠成立可以免除侵权人在权利人懈怠期间的赔偿责任，但默示许可并不当然是免费许可，在较多的情形下，默示许可都有可能是收费的许可，当然也的确有为数不少的免费的默示许可。

（3）懈怠成立并不代表侵权人可以长期免费地使用权利人的知识产权，而默示许可一旦认定，如果该项默示许可是免费的话，免费可以伴随整个默示许可存续的期间，甚至可以延续到专利等知识产权到期或无效。

值得注意的是，国内个别案例中，被告以原告（权利人）未在诉前提出侵权警告来主张已获得默示许可，此种情形甚至连权利懈怠都谈不上，自然不可能获得法院支持。在上海法博投资咨询有限公司与东莞市蓝海网苑网络有限公司一案二审民事判决书中，被告蓝海公司宣称原告法博公司"在诉讼前并未对其提出过侵权警告，实质上是默认其传播行为"，二审法院指出："因蓝海公司是在未经合法权利人法博公司许可的情况下，通过内部信息网络直接向其网吧用户传播涉案作品《终极一班》，对于此类直接故意侵权行为，法律并未规定著作权人在诉讼前有必须提出警告的义务，蓝海公司认为法博公司不警告即默认许可其被控侵权行为的上诉理由没有法律依据，本院不予支持。"❶

在中和泉润（北京）商贸有限公司与广东骆驼服饰有限公司等商标权权属、侵权纠纷二审民事判决书中，二审法院指出，"中和泉润公司（被告/销售商——作者注）主张广东骆驼公司（权利人）知道福建骆驼公司（被告涉案商品供货商）在腰包商品上使用第4919880号商标标识，但并未主张权利。对此本院认为，广东骆驼公司作为权利人，有权决定何时行使其诉权，不能以此认定其已默认许可福建骆驼公司使用该商标标识，更不能以此认定涉案腰包上使用的骆驼文字及标识获得了第3470904号及第

---

❶ 上海法博投资咨询有限公司与东莞市蓝海网苑网络有限公司一案二审民事判决书［广东省高级人民法院（2009）粤高法民三终字第250号］。

3655852 号商标权人的授权，中和泉润公司的该项主张缺乏依据，本院不予支持。"❶ 可见，在我国司法实践中，权利人是否主张权利，并不是获得默示许可的依据。

四、知识产权默示许可与默示条款

除了行为上的默示形式，在一定条件下合同的内容也可通过默示的形式确认，这种内容称为默示条款（implied terms）。所谓默示条款，又称隐含条款或暗含条款，默示条款指合同本身未明文规定，但根据合同其他的明示条款，或根据法律或者习惯等方面能够推断出理应存在于合同中的条款。❷ 我国在合同法中虽然没有默示条款的概念，但规定了一些在实质上体现了默示条款的制度，比如《合同法》第 61 条❸和第 62 条❹。

显然，默示条款和默示许可十分相似，两者都没有明确的合同条款加以规定，又都是通过当事人或者一些外在因素推定出来。以至有的学者认为，默示许可是指将当事人在订立合同时可能隐含的意图加入到许可合同之中。默示许可的确立使当事人不仅需要遵守合同明示条款所规定的义务，而且还需遵守法院认为应当加插进合同中的默示条款所要求的义务。❺ 本研究认为，这种理解混淆了默示许可与默示条款，甚至有些把"默示许可"解释为许可合同的默

---

❶ 中和泉润（北京）商贸有限公司与广东骆驼服饰有限公司等商标权权属、侵权纠纷二审民事判决书［北京知识产权法院（2015）京知民终字第 622 号］。

❷ 杨圣坤. 合同法上的默示条款制度研究［J］. 北方法学，2010（2）. 转引自胡林龙. 合同条款初探［J］. 河北法学，2004（2）：23 – 28.

❸ 《合同法》第 61 条："合同生效后，当事人就质量、价款或者报酬、履行地点等内容没有约定或者约定不明确的，可以协议补充；不能达成补充协议的，按照合同有关条款或者交易习惯确定。"

❹ 《合同法》第 62 条："当事人就有关合同内容约定不明确，依照本法第六十一条的规定仍不能确定的，适用下列规定：

（一）质量要求不明确的，按照国家标准、行业标准履行；没有国家标准、行业标准的，按照通常标准或者符合合同目的的特定标准履行。

（二）价款或者报酬不明确的，按照订立合同时履行地的市场价格履行；依法应当执行政府定价或者政府指导价的，按照规定履行。

（三）履行地点不明确，给付货币的，在接受货币一方所在地履行；交付不动产的，在不动产所在地履行；其他标的，在履行义务一方所在地履行。

（四）履行期限不明确的，债务人可以随时履行，债权人也可以随时要求履行，但应当给对方必要的准备时间。

（五）履行方式不明确的，按照有利于实现合同目的的方式履行。

（六）履行费用的负担不明确的，由履行义务一方负担。"

❺ 王玮婧. 网络著作权侵权认定中的默示许可研究［D］. 上海：华东政法大学，2012：3.

示条款。

仔细考察可以发现，默示条款和默示许可存在明显的区别：

（1）从默示条款的基本内涵来看，默示条款作为合同的一部分，其意义在于解决合同当事人的纠纷。❶ 显然这里的纠纷是合同纠纷，一般不是侵权纠纷。而默示许可通常不是解决合同争议，而是解决侵权争议。

（2）默示条款主要填补现有合同的条款缺失，它的主要功能不是确立一个合同关系；而默示许可恰恰是在确立一个合同关系，而不是填补现有合同的不完善或遗漏之处。

（3）默示条款主要是根据一个已有的合同关系，再结合当事人的行为、法律规定或者交易习惯而推定出来的，作为一个"条款"，它显然无法脱离一个具体的特定的合同关系，并且它本身也是该合同的一部分。而默示许可可能是根据一个先前的合同行为而产生，也可能是基于一个非合同行为而产生，并且，默示许可的推定是为了成立一个独立的合同关系，而不是为某一特定合同填补一个"许可条款"。

举例而言，一个"A专利"产品的销售合同，可能会引发出相关方法专利B的默示许可。即使承认该B专利默示许可的存在，该默示许可也是独立于产品销售合同的新的合同关系——显而易见，产品销售合同与专利许可合同是完全不同的合同关系。如果根据法律或交易习惯，"A专利"产品销售合同还可以推定出一个默示条款的话，比如确定该批A专利产品交货地点的默示条款，那么，这个默示条款显然是对产品销售合同的内容补充，而不是确立了一个独立于销售合同以外的新的合同关系。

---

❶ 汤锋. 论合同的默示条款［D］. 长沙：湖南师范大学，2013：6.

第二章 知识产权默示许可的理论基础

第一节 知识产权默示许可的法理基础

一、信赖利益的保护

卡尔·拉伦茨曾言："只有当人与人之间的信赖至少普遍能够得到维持，信赖能够作为人与人之间关系基础的时候，人们才能和平地生活在那一个哪怕是关系很宽松的共同体中。"❶ 信赖保护原则是一项重要的私法原则，现代私法的基本价值之一就是保护合理信赖。与尊重个人自主选择的意思自治原则不同，信赖保护原则旨在强调将交易相对人的合理信赖纳入私法规范的构造之中，以维护民商事交往中的信赖投入并确保交易的可期待性。❷ 可以说，民法对信赖利益的保护体现了民法重视交易安全保护的价值理念。交易安全体现了法律的秩序价值，旨在保护相信具有交易性质的法律行为成立并生效的交易主体的信赖。❸

信赖利益的界定有多种学说或角度，简言之，可以概括为因当事人合理信赖法律行为（尤其是契约）有效成立而带来的利益。由于默示许可中许可人没有明确表达出许可的意思，而是要根据许可人的默示行为进行推定，因此在这种情形下，如果不注重保护被许可人的合理信赖，则其合理期待很可能落空，就很难实现交易公平。

---

❶ 卡尔·拉伦茨. 德国民法通论［M］. 王晓晔，邵建东，程建英，等，译. 北京：法律出版社，2003：58.

❷ 朱广新. 信赖保护理论及其研究述评［J］. 法商研究，2007（6）：71.

❸ 丁南. 信赖保护与法律行为的强制有效——兼论信赖利益赔偿与权利表见责任之比较［J］. 现代法学，2004，26（1）：70－74.

在美国，成立以禁止反言原则为基础的专利默示许可，需要满足以下三个条件：（1）专利权人通过误导性言语或行为使被控侵权人合理地认为专利权人允许其实施有关专利；（2）被控侵权人信赖该言语或行为；（3）如果支持专利权人的诉求对被控侵权人明显不公平。❶从中可见，默示许可制度对被控侵权人（亦即权利的使用人）的保护，正是对其合理信赖的保护。

如果使用人从知识产权权利人的任何行为中，能够合理地推定权利人已经同意他实施或利用其权利，包括进行制造、使用、销售等行为，那么，使用人就获得了一种被许可实施或利用其权利的信赖，并基于此种信赖而受到合同的保护，否则将会对使用人造成不公平的后果，也不利于建立稳定的可预期的市场秩序。

信赖保护原则无论是在英美法系还是大陆法系，都发挥着重要的作用。英美法系中的"禁反言"（the doctrine of estopple）是信赖保护原则的重要理论。所谓"禁止反言原则"是指，禁止一个人试图否认司法或者立法机关已经认定的事实，或者试图否认通过他自己的行为以明示或者默示方式所承认的事实。❷"禁止反言原则"可以防止其逃避对不良后果的承担，根本目的是保护相对方的信赖利益。

默示许可理论正是来源于衡平法上的禁止反言，禁止反言还经判例被确立为一般的法律原则。❸具体到默示许可中，禁止反言保护权利使用人的信赖利益体现为当权利人的默示行为基于特定的情形能够清楚地表明使相对方获得了某种权利，那么权利人就不得以侵犯其此种权利为由禁止相对方对权利的使用。比如，专利产品的购买者已经考虑到了在该笔专利产品的交易中所能获得的隐含权利，才支付了相应的对价。如果权利人在事后企图收回之前向购买者承诺的权利或禁止其使用，那就损害了购买者的权益，进而打乱了正常的交易

---

❶ 朱雪忠，李闯豪. 论默示许可原则对标准必要专利的规制［J］. 科技进步与对策，2016，33（23）：98-104.

❷ CIFIS S H. Law Dictionary［M］. V. S. 3th ed. Nen York：Barron's Educational Series Inc，1984. 转引自尹新天. 专利权的保护［M］. 北京：知识产权出版社，2005：76. 在专利法上，禁止反言原则已经有所体现。例如专利侵权判定中的禁止反悔原则，就体现了禁止反言的实质内涵。在再审申请人孙俊义与被申请人任丘市博成水暖器材有限公司、张泽辉、乔泰达侵害实用新型专利权纠纷案［（2015）民申字第740号再审民事裁定书］中，最高人民法院指出："2009年12月28日发布的《最高人民法院关于审理侵犯专利权纠纷案件应用法律若干问题的解释》通过对捐献原则、禁止反悔原则以及全面覆盖原则的明确，结合等同原则的适用对专利权人的权利进行了一定程度的限制，使之与社会公众的利益之间形成了更好的平衡关系。"

❸ 康添雄. 美国专利间接侵权研究［D］. 重庆：西南政法大学，2006：41.

期待和经济秩序。在 Wang Labs. , Inc. v. Mitsubishi Electronics of America, Inc. and Mitsubishi Electric Corporation❶ 一案中，法官即根据衡平法上的禁止反言原则认定默示许可的成立。

信赖利益的产生可以是多方面的，比如当事人的行为、已存在的书面协议、当事人的合理期待、公平公正的价值观念及知识产权制度赖以建立的公共政策等。从一个理性人的角度分析，他人可以在这些特定条件下预测出权利人的默示行为所能产生默示许可的效果，可以依照常识、惯例或可以预见的结果，因此产生信赖利益，从诚实信用原则出发，应予以保护这种信赖利益，默示许可也就有了合理性。❷

二、诚实信用的要求

前述的"禁止反言"原则与大家所熟知的"诚实信用"原则很接近，其根本目的都是维护正常的社会秩序。❸ 有学者即指出，专利默示许可的理论基础，在英美法上主要基于禁止反言理论，在大陆法上则是基于诚实信用原则。❹

诚实信用原则，被奉为现代民法的最高指导原则，甚至被学者谓之以"帝王条款"。作为法律术语，"诚实信用"一词起源于西方立法。诚实信用在罗马法中的相应表述是"bona fide"或"aequum et bonum"，法国民法典称之为"bonne foi"，英美法中也有"good faith"这一用语，这些外文单词之直译都有"善意"含义。德国民法典及瑞士民法典中，有"treu und glauben"一词，其译义为"忠诚（忠实）和相信（信任）"。日本民法中的"信义诚实"，即由此迻译而来。中国近代民事立法和民法理论在仿效德国、日本的过程中，

---

❶ Wang Labs. , Inc. v. Mitsubishi Electronics of America, Inc. and Mitsubishi Electric Corporation, 103 F. 3d 1571, 41 U. S. P, Q. . 2d 1263. （Fed. Cir. 1997）. 转引自邓丽星. 专利默示许可制度研究［D］. 武汉：华中科技大学，2012：12. 本案中，原告发明的技术后来成为行业标准，原告在没有告知标准化委员会的情况下，将其技术申请了专利并获得授权。随后，原告向被告提起专利侵权诉讼，联邦上诉巡回法院以被告已获得原告无须付使用费的默示许可为由维持了地区法院的判决，因为当事人双方前期已经合作了六年，使得被告合理地相信原告同意被告使用该技术，且原告的前行为使被告确信不会受到侵权指控。尽管原告是从被告或其他厂商处购买专利产品，自己并不生产，但原告已经从被告的使用和开发市场中获益。

❷ 苗雨. 论版权默示许可［D］. 重庆：西南政法大学，2013：4.

❸ 闫宏. 专利默示许可规则探析［D］. 北京：清华大学，2007：7.

❹ 杨德桥. 合同视角下的专利默示许可研究——以美中两国的司法实践为考察对象［J］. 北方法学，2017，11（1）：56 - 70.

也继受了这一术语，称为"诚实及信用"（旧中国民法典第 148 条、第 219 条），简称"诚实信用"。❶ 我国 1986 年颁布的《民法通则》第 4 条也承认，诚实信用为民法之基本原则。

诚实信用是一个弹性极大的语词，其意义比较模糊，外延难以确定，但它既已为法律所采用，必然存在着明确的中心含义。史尚宽先生在评说各种观点的基础上，指出诚实信用具有以下几层含义：（1）含有"信"的因素，即法律关系的一方应顾及他方利益，衡量对方对自己一方有何期待，并使其正当期待不致落空。（2）含有"诚"的因素。史氏认为，"诚"即"成"，包括成己、成人和成其事物。（3）含有遵从交易习惯之意，但不包括不利于当事人正当期待之保护的交易习惯。❷ 可见，诚实信用之意义并非不可捉摸。

根据国内民法学者的总结研究，诚实信用原则可以作如下理解：（1）诚实信用原则是对民事主体的要求，即要求他们在民事活动中诚实不欺、恪守承诺，不负对方的信赖。（2）诚实信用原则的目的是实现当事人双方及社会三者利益的平衡。（3）诚实信用原则是模糊的社会公平正义观念在民法领域的体现，或者说是社会公平正义观念与具体民法规范之间的连接纽带。❸ 可见，在市场活动中，行为人要谨慎维护对方的利益和合理期待，不使对方的正当期待落空。

知识产权法作为民法之一部，诚实信用当然也得为知识产权法之基本原则，因为诚实信用原则也贯穿了整个知识产权法。❹ 诚实信用原则赋予了法官自由裁量权，到目前为止，司法实践中还没有一个完全能适用于所有情况下知识产权默示许可的判断标准。即使在专利领域后来被采用为通常标准的"Bandag 测试框架"，具体到个案，法官往往依据不同的案情，权衡当事人双方的利益关系，最后的判决结果可能截然不同。但在诚实信用原则的庇护下，法律允许当事人对合同漏洞进行补救，进一步解释、补充某些法律行为。法官基于诚实信用原则将默示许可界定为实体法上的合同行为，以此来保护双方当事人的正当权益。

---

❶ 李双元，温世扬. 比较民法学 ［M］. 武汉：武汉大学出版社，1998：54.
❷ 史尚宽. 债法总论 ［M］. 台北：台湾荣泰印书馆，1978：320.
❸ 李双元，温世扬. 比较民法学 ［M］. 武汉：武汉大学出版社，1998：60.
❹ 陶鑫良，袁真富. 知识产权法总论 ［M］. 北京：知识产权出版社，2005：15.

三、利益平衡的需要

冯晓青教授指出，自知识产权制度建立以来，利益平衡一直是其追求的价值目标，知识产权法中的诸多原则和具体规则背后，都影射了协调和解决知识产权人与社会公众之间利益冲突的思路。❶ 所谓利益平衡，就是通过法律的权威来协调各方面冲突因素，使相关各方的利益在共存和相容的基础上达到合理的优化状态。利益平衡原则在知识产权法上无处不在，以协调各方面的利益冲突。❷ 冯教授认为，知识产权法是以利益平衡为基础的法，利益平衡构成知识产权法的基石。利益平衡堪称现代知识产权法的基本理念，是知识产权法追求的重要目标，它贯彻于知识产权法的产生、发展的全过程。❸

知识产权默示许可的理论基础，也是利益平衡的需要，亦即在保护权利人利益的同时，也要求顾及社会公共利益。本文提到的众多案例，根据最后的判决结果，要么在力求平衡当事人之间的利益，要么在寻求平衡当事人与社会公众之间的利益。如 Anton/Bauer 案❹，如果购买者没有获得将所购负极接头与其他匹配正极接头连接的默示许可，那么这种购买行为将变得毫无价值，在 Anton/Bauer 公司出售负极接头已经获利的情况下，不应该剥夺消费者的正当利益，因此认定消费者基于购买行为产生合理信赖是合乎情理的。又如 McCoy v. Mitsuboshi Cutlery, Inc. 案，在 McCoy 已经违约给对方造成损失的情况下，如果 Mitsuboshi 得不到销售积压在仓库中的虾刀的默示许可，显然会遭受更大的损失，这样对 Mitsuboshi 是极为不公的，因此可以认定 Mitsuboshi 基于专利权人的违约行为产生了可以销售虾刀的合理信赖。而著作权领域的默示许可，多是平衡当事人与社会公众之间的利益。

目前，在国内屈指可数的默示许可案例中，已经将利益平衡原则纳入了裁判的考量因素。在方正公司与宝洁公司著作权案❺中，二审法院之所以认定被告对原告作品的使用行为构成默示许可，就明确考虑到了利益平衡的需要。二审判决指出："利益平衡是知识产权保护的基本原则之一。知识产权法在保护

---

❶ 冯晓青. 知识产权法的价值构造：知识产权法利益平衡机制研究 [J]. 中国法学，2007（1）.

❷ 陶鑫良，袁真富. 知识产权法总论 [M]. 北京：知识产权出版社，2005：17－18.

❸ 冯晓青. 知识产权法的价值构造：知识产权法利益平衡机制研究 [J]. 中国法学，2007（1）.

❹ Anton/Bauer, Inc. &. Alex Desorbo v. PAG, Ltd., 329 F. 3d 1343（Fed. Cir. 2003）.

❺ 北京北大方正电子有限公司与广州宝洁有限公司、北京家乐福商业有限公司侵犯著作权纠纷上诉案民事判决书 [北京市第一中级人民法院（2011）一中民终字第 5969 号].

权利人利益的同时，还要兼顾社会公众及其他当事人的利益，而不能对权利人的保护绝对化……"

从某种意义上讲，默示许可的实质也体现了知识产权法最终应促进社会公共利益的立法初衷，它从诚信原则出发对权利人的知识产权行使作出了一定的限制，通过推定成立许可的方式，来实现对权利人不断膨胀的控制欲的限制。

四、合理对价的存在

"对价"（consideration）是英美合同法和商业惯例上确立的一项基本制度，其本意是"为换取另一个人做某事的允诺，某人付出的不一定是金钱的代价"，或"购买某种'允诺'的代价"。[1] 对大多数合同而言，没有对价的合同不具有法律约束力。美国的法庭在20世纪早期接受了交易理论，并采纳了对价可以使承诺可强制履行的法律原则。[2] 在根据禁止反言原则认定专利默示许可的成立条件时，有学者就提出，成立条件之一即包括专利权人获得了对价。[3] 其合理性在于，必须禁止许可人"在其已经获得对价的任何范围内收回允诺"，[4] 这是保障交易安全的需要。否则，如果允许权利人在获得对价后改变使用人的使用预期，会大大增加交易的不确定性和商业风险。[5]

这一观点在经济学上也能找到根据。Oliver E. Williamson 教授在其1979年的论文《交易成本经济学：契约关系的规制》中指出，资产"专用性"是指耐用性实物资本或者人力资本投入某一特定交易关系当中而被锁定的特性及其程度；一旦交易关系无法建立或者维系，投资于专用性资产的当事人所花费的转化成本或者退出成本就是巨大的。他还认为，"市场交易费用是一条随着资产专用性程度的增加较快上升的曲线"。[6] 显然，对于专用性的资产，如何考

---

[1] BEALE H. Chitty on Contracts [M]. 27th ed. London：Sweet&Maxwell，1994：168.

[2] 罗伯特·考特，托马斯·尤伦. 法和经济学 [M]. 上海：上海三联书店，上海人民出版社，1994：310.

[3] HUGHEY R C. Implied Licenses by Legal Estoppel [J]. Albany Law Journal of Science & Technology，2003（14）：53－80.

[4] 德雷特勒. 知识产权许可（上）[M]. 王春燕，等，译，北京：清华大学出版社，2003：205.

[5] 闫宏. 专利默示许可规则探析 [D]. 北京：清华大学，2007：22.

[6] WILLIAMSON O E. Transaction－Cost Economics：The Governance of Contractual Relations [J]. Journal of Law and Economics，1979，22（2）：233－261. 转引自刘强，金陈力. 机会主义行为与知识产权默示许可研究 [J]. 知识产权，2014（7）：54－60.

量购买者的合理期待，是一个需要谨慎考虑的问题，如果购买者已经支付了专用性资产的合理对价，那么应当享受专用性资产所内在专属利用的价值，否则购买者购买该专用性资产就失去了意义。

在知识产权的司法实践中，法官也明确援引对价原则来确认知识产权侵权问题。在 1997 年 B. Braun Medical, Inc. v. Abbott Laboratories and NP Medical, Inc. 案中，美国联邦第三巡回法院将 Mallinckrodt 案的意见总结为："专利产品一旦无条件销售，就穷竭了专利权人进一步控制购买者随后使用的权利。这一理论背后的规则是，在这一交易中，专利权人所指望并且实际收取了与这一产品价值吻合的价格。"❶ 虽然这里表面上是在讨论专利权利用尽的问题，但如前文所述，在美国权利用尽与默示许可存在千丝万缕的联系，用于解释权利用尽原则的对价理论，同样可以适用于知识产权的默示许可问题分析。

在 United States v. Univis Lens Co. 一案中，美国联邦最高法院指出："当专利权人自己建造了机器并销售它，或授权他人建造并销售它，或者建造、使用、经营它，并以此得到报酬，则在该范围内放弃其垄断地位，并不再拥有在该机器出售或授权作出的建造和运营中的任何权益。"这里其实也暗含了对价原则。❷ 在 Hewlett - packard Co. v. Repeat - 0 - Type Stencil Manufacturing Corp., Inc. 一案❸中，法院也认为，通常来说，当卖家在没有附加限制的情况下出售产品，实际上就是承诺买家：买家为商品付了钱，便拥有了充分享受产品的权利，卖家不再对这种权利进行干涉。在涉及卖家产品的专利范围内，或者对产品的使用（这种使用是大家可以合理设想到的），买家享有默示许可。❹

在我国前述方正公司与宝洁公司著作权案❺中，二审法院认定被告的使用行为系默示许可使用行为，即明确采用了"对价原则"："……依据正常的市场交换规律，任何购买者之所以会支付对价购买某一产品，通常是因为这一对

---

❶ B. Braun Medical, Inc. v. Abbott Laboratories and NP Medical, Inc., 124 F. 3d 1419 (Fed. Cir. 1997). 转引自董美根. 论专利产品销售所附条件的法律效力 [J]. 华东政法大学学报, 2009 (3): 56.

❷ United States v. Univis Lens Co., 316 U. S. 251, 62 S. Ct. 1093. (1942).

❸ Hewlett - packard Co. v. Repeat - 0 - Type Stencil Manufacturing Corp., Inc., 123 F. 3d 1445, 43 U. S. P. Q. 2d 1650 (Fed. Cir. 1997).

❹ Mitchell v. Hawley, 83 U. S. (16 Wall.) 544, 548, 21 L. Ed. 322 (1872). （"对购得的工具或机器享有完整所有权是购买者通过购买取得的既得利益……售出并用于日常生活的专利工具和机器是购买者的私人财产，不再受专利法特别保护……"）.

❺ 北京北大方正电子有限公司与广州宝洁有限公司、北京家乐福商业有限公司侵犯著作权纠纷上诉案民事判决书［北京市第一中级人民法院（2011）一中民终字第 5969 号］.

价会为其换取其购买时所合理期待的该产品的使用价值。如果要求购买者对该产品实施合理期待的使用行为亦要经产品权利人的许可，并另行支付对价，则购买者对这一产品的购买行为将不具有实质意义，这既不符合市场基本规则，亦不符合公平原则。"

由此可见，在司法实践中，对价原则并不是纸面上的理论语言，而是已经进入国内外的司法判决，成为评价包括默示许可在内的法律关系成立与否的重要理论工具。本质上讲，"对价"反映的或表现的是一种等价有偿的、相互允诺的法律关系，将它运用于知识产权默示许可———一种许可合同关系———的评价上，最为恰当不过。❶

五、机会主义的防范

机会主义行为是新制度经济学上的概念，是指当事人在信息不对称的情况下从事的追求利益最大化并且不顾及或者损害他人利益的行为。根据刘强等人的研究，在知识产权默示许可领域，可以将机会主义行为区分为事前机会主义行为和事后机会主义行为。事前机会主义行为是指知识产权许可双方在达成许可协议时利用签约之前的信息不对称或隐蔽信息，交易的一方掌握着交易的某些特性，并利用对方的无知为自己谋取利益，这被称为"逆向选择"。❷ 比如，权利人自愿将其专利技术列入国家技术推广项目，但并未披露其专利信息，让使用人误以为可以不需要专利许可而能自由使用该技术方案。

而事后机会主义则是指交易各方在签约之后利用信息优势，通过减少自己的要素投入等机会主义行为，以隐蔽方式达到自我效用最大化且不顾及对方利益，而对方因成本过高等原因难以对此监督，这通常被称作"道德风险"。❸ 比如，使用人下载软件免费试用，但直至试用期截止，权利人并未关闭试用软件的功能，却径直对软件使用人主张许可费甚至主张侵权责任。

Timothy J. Muris 教授认为，合同履行上的机会主义是"履行合同义务的一方当事人的行为，虽然没有必然违反明示的合同条款，但是违背了另一方当

---

❶ 徐瑄教授长期致力于建构"知识产权对价论的理论框架"，她还撰有专著并提出，知识产权的对价理论是用对价原理、方法和实践分析知识经济和知识行为，为知识产权的分配正义而提出的一种方法论，是对价法律思维和法律方法在知识产权制度中的一个应用。参见徐瑄. 知识产权的对价理论[M]. 北京：法律出版社，2013.

❷ 刘强，金陈力. 机会主义行为与知识产权默示许可研究[J]. 知识产权，2014（7）：54－60.

❸ 同上。

事人对于合同的预期，从而导致财富从另一方当事人（单方面）转移到履行合同义务的当事人"❶。机会主义行为的根源是交易主体的逐利本性，在信息不对称的情形下，机会主义行为更有生存的空间或土壤，信息不对称也是引发机会主义行为倾向的经济学基础。比如，权利人在参与技术标准制定或修改，并提交技术进入标准的过程中，故意向标准化组织隐瞒其拥有的专利信息，导致标准实施者在利用标准时，未能识别出该标准中包含有权利人的专利技术，如果此时该标准专利的权利人还可以向标准实施者提出侵权指控，显然这是充分利用了信息不对称而实施的机会主义行为，如果不加以限制，自然会鼓励权利人的道德冒险和专利埋伏。

显而易见，使用人出于担忧对方实施机会主义行为的考虑，将会耗费更多资源用于防范机会主义行为，比如，更为谨慎地选择交易对象、增加交易与合作的谈判次数、增加合同条款、严格检查、监督合同的履行等，如此一来，将提高交易费用，从而不利于当事人为社会提供更好的产品或者服务，反而可能使得部分知识产权许可交易无法达成，这不利于促进社会公共利益。因此，法律有必要寻求一种较低成本的方式阻止机会主义行为，而知识产权默示许可制度则突出反映了这种需求，利用默示许可可以克服或者缓解机会主义行为对许可交易带来的损害。❷

事实上，在知识产权许可交易中引入默示许可的规则，恰恰是限制机会主义行为的发生或蔓延，通过综合考虑使用人的预期、当时的交易背景和通常的商业惯例等因素，推定成立默示许可，防止权利人借其信息优势地位或交易优势地位，滥用知识产权，损害对方的合法权益。Mark A. Lemley 即认为，在标准专利中确立默示许可，可以减少知识产权所有人的投机主义。❸ 如果在技术标准中引入默示许可规则，只要标准化组织对标准参与者有专利信息披露的要求，而标准参与者在其专利技术进入标准时，仍然不告知甚至隐瞒其拥有的专利信息，即可施以专利默示许可的"不利后果"，这样反过来会刺激和强化标准参与者的专利信息披露动机。

❶ MURIS T J. MURIS. Opportunistic Behavior and the Law of Contracts ［J］. Minnesota Law Review, 1981 (65): 521-591.

❷ 刘强，金陈力. 机会主义行为与知识产权默示许可研究 ［J］. 知识产权, 2014 (7): 54-60.

❸ LEMLEY M A. Intellectual Property Rights and Standard-Setting Organizations ［J］. California Law Review, 2002, 90 (6): 1889-1980.

第二节 我国知识产权默示许可适用的法律根据

一、民法上的法律根据

1986 年《民法通则》第 56 条规定："民事法律行为可以采取书面形式、口头形式或者其他形式。"1997 年《合同法》第 10 条第 1 款也规定："当事人订立合同，有书面形式、口头形式和其他形式。"2017 年 3 月发布的《民法总则》第 135 条同样规定："民事法律行为可以采用书面形式、口头形式或者其他形式；法律、行政法规规定或者当事人约定采用特定形式的，应当采用特定形式。"可以认为上述条款中的"其他形式"包括默示形式，并能够为当事人采取默示形式实施民事法律行为——包括知识产权许可——提供了依据。

1988 年 1 月，最高人民法院《关于贯彻执行〈中华人民共和国民法通则〉若干问题的意见（试行）》第 66 条规定："一方当事人向对方当事人提出民事权利的要求，对方未用语言或者文字明确表示意见，但其行为表明已接受的，可以认定为默示。不作为的默示只有在法律有规定或者当事人双方有约定的情况下，才可以视为意思表示。"该条规定对当事人采取默示形式实施的民事法律行为明确给予了认可，但却存在较大的缺陷，比如，它只能适用于其中由一方当事人通过明示而对方当事人通过默示所实施的行为，而不能适用于双方当事人均系通过默示实施的行为。❶

事实上，在知识产权默示许可的实践中，许多使用人（被控侵权人）并未向权利人"提出民事权利的要求"，因此，前述意见第 66 条的规定对于知识产权默示许可的直接适用仍然存在较大的困难，并不能直接有效地解决知识产权默示许可的法律依据。不过，我国司法实践中，确有援引前述《合同法》第 10 条第 1 款来支持默示许可的。在浙江伦特机电有限公司与乐清市伦特电子仪表有限公司侵犯商标专用权纠纷、商标专用权权属纠纷案（以下简称"浙江伦特与乐清伦特商标权案"）中，二审法院温州市中级人民法院认为：

> 原审法院以《分书》❷上"（刻有'特星 + TX + 图形'注册商标的）模具

---

❶ 张淳，吴强军. 关于贯彻执行《中华人民共和国民法通则》若干问题的意见（试行）中的若干瑕疵及其补救［J］. 南京大学法律评论，1998（2）：138－144.

❷ 该《分书》适用于乐清伦特和浙江伦特。

公用"之积极约定与乐清伦特明知浙江伦特在使用刻有"特星＋TX＋图形"注册商标的模具而长期没有予以制止之消极行为为基础，得出乐清伦特默示许可浙江伦特使用其"特星＋TX＋图形"注册商标的结论也并无不妥。《中华人民共和国合同法》规定合同可以书面形式、口头形式和其他形式订立，当然包括得以默示方式订立。商标法属于民法的特别法，而我国与商标相关的法律、行政法规并未规定商标许可使用合同非采用书面形式不生效力，故乐清伦特提出的我国商标法不允许注册商标使用权"默示许可"、其与浙江伦特之间不存在"特星＋TX＋图形"注册商标使用许可合同关系的上诉理由不成立。❶

二、知识产权法上的法律根据

（一）现行知识产权法上的规定

目前，包括美国、德国、英国、日本在内的发达国家均未将默示许可制度规定在知识产权的成文法中，我国法律也同样如此，但在我国法律制度上仍然可以捕捉到知识产权默示许可，尤其是专利默示许可的踪迹。

2008年12月第三次修改的《专利法》第12条规定："任何单位或者个人实施他人专利的，应当与专利权人订立实施许可合同，向专利权人支付专利使用费。被许可人无权允许合同规定以外的任何单位或者个人实施该专利。"此次《专利法》修改删除了专利实施许可合同的"书面形式"要件，国家知识产权局条法司认为，此举即是结合专利制度的特点，为在实践中认定专利默示许可奠定法律基础，从而确保专利制度的正常运作，防止滥用专利权的行为。❷

值得注意的是，2012年12月，最高人民法院在江苏省微生物研究所有限责任公司与福州海王福药制药有限公司、辽宁省知识产权局、辽宁民生中一药业有限公司、常州方圆制药有限公司专利侵权纠纷处理决定再审审查一案（以下简称"微生物研究所与海王公司专利侵权案"）的行政裁定书中，就2000年修正的《专利法》对许可合同还保留有"书面"字样时，仍然解释出非书面表示的"默示许可"方式：

---

❶ 浙江伦特机电有限公司与乐清市伦特电子仪表有限公司侵犯商标专用权纠纷、商标专用权权属纠纷二审民事判决书［温州市中级人民法院（2010）浙温知终字第3号］。
❷ 国家知识产权局条法司.《专利法》第三次修改导读［M］. 北京：知识产权出版社，2009：41.

根据专利法（2000年修正）第十二条的规定，任何单位或者个人实施他人专利的，应当与专利权人订立书面实施许可合同，向专利权人支付专利使用费。该规定并非效力性强制性规定，未订立书面实施许可合同并不意味着必然不存在专利实施许可合同关系。因此，专利实施许可并不只有书面许可一种方式，默示许可亦是专利实施许可的方式之一。❶

如前所述，不少学者将我国《著作权法》第23条、第33条第2款规定、第40条第3款和《信息网络传播权保护条例》第9条规定的教科书使用许可、报刊转载或者摘编许可、录音制作者使用许可和农村地区提供作品许可等关于法定许可的规定，也解释为默示许可的规定，因为在这些情形下权利人可以声明不允许他人使用其作品或者可以对作品的征用提出异议，从而排除"不经许可即可使用"规定的适用，因而实质上属于默示许可，至少是法定默示许可❷。但是，本研究认为，著作权法上的这些所谓"法定默示许可"的规定，是直接由法律或者经由法律直接规定的程序所确立的许可，不宜作为默示许可加以对待，即使是"法定"的默示许可，仍然归属于"法定许可"更符合法律的本旨。

（二）专利法修改草案的规定

2015年4月公布的《中华人民共和国专利法修改草案（征求意见稿）》第82条规定："参与国家标准制定的专利权人在标准制定过程中不披露其拥有的标准必要专利的，视为其许可该标准的实施者使用其专利技术。许可使用费由双方协商；双方不能达成协议的，由地方人民政府专利行政部门裁决。当事人对裁决不服的，可以自收到通知之日起三个月内向人民法院起诉。"此即专利的默示许可。

国家知识产权局在《关于〈中华人民共和国专利法修改草案（征求意见稿）〉的说明》中指出："为了防止参与标准制定的专利权人在标准制定过程中不披露其拥有的标准必要专利，将其拥有的专利技术纳入标准中，在标准实施后又通过专利'挟持'标准实施者，损害标准实施者和消费者利益，专利法有必要对此种行为进行规制。"

---

❶　江苏省微生物研究所有限责任公司与福州海王福药制药有限公司、辽宁省知识产权局、辽宁民生中一药业有限公司、常州方圆制药有限公司专利侵权纠纷处理决定再审审查行政裁定书［最高人民法院（2011）知行字第99号］。

❷　刘强，金陈力. 机会主义行为与知识产权默示许可研究［J］. 知识产权，2014（7）：54-60.

2015 年 12 月，国务院法制办公室公布的《中华人民共和国专利法修订草案（送审稿）》第 85 条延续了前述"征求意见稿"第 82 条的规定，但有所修改："参与国家标准制定的专利权人在标准制定过程中不披露其拥有的标准必要专利的，视为其许可该标准的实施者使用其专利技术。许可使用费由双方协商；双方不能达成协议的，可以请求国务院专利行政部门裁决。当事人对裁决不服的，可以自收到通知之日起十五日内向人民法院起诉。"

在《专利法》第四次修改未完成的情形下，我国知识产权默示许可的适用主要依靠零星的司法解释和散乱的案例实践。关于司法实践中的具体适用规则，将在第三章加以详细讨论，本章仅提示知识产权默示许可在我国法律上的根据而已，并不作具体的展开。

第三章　知识产权默示许可适用的国际考察

考虑到关于知识产权默示许可的规则在国内外都较少有立法规定，因此，关于知识产权默示许可的适用问题，主要是从既有的判例中寻找法院考虑是否适用，以及如何适用默示许可的规则。

第一节　国外知识产权默示许可适用的考察

一、国外知识产权默示许可制度的历史发展

（一）英　国

默示许可理论可以追溯到 19 世纪的英国普通法。英国是世界上最早建立专利制度的国家之一，国际上一般认同英国 1623 年的《垄断法规》是近代专利保护制度的起点。❶ 这无疑为英国率先将默示许可这一民法中普遍适用的规则运用到专利领域创造了有利条件。专利默示许可的第一个相关判例同样产生于英国，1871 年的 Betts v. Wilmott 案❷即是一个标志性的案例。通说认为，该案确立了默示许可理论学说，并被运用于平行进口问题的处理。在 1999 年的 Davidoff 商标案中，英国法院即援引 Betts v. Wilmott 案，以解决因商标平行进口而产生的商标默示许可的相关问题。❸

在 Betts v. Willmott 案中，原告分别在英国和法国拥有内容相同的专利。原告自己在英国制造并销售该专利产品，并通过代理人在法国制造和销售产品，同时要求代理人不得将专利产品出口到英国。被告 Willmott 在英国使用的

---

❶ 郑成思. 知识产权论［M］. 北京：法律出版社，2007：4.

❷ Betts v. Willmott, 6 Ch. App. 239（1871）.

❸ 沈艳. 基于产品销售的专利默示许可［D］. 上海：上海大学，2014：5.

专利产品并非来源于英国的经销商，故原告诉被告侵权。法院认为：在买受人购买了其预期能够支配的物品的情形下，就必须存在与这种预期相反的清楚而明确的约定，以证明出卖者关于并未授予购买者出售该物品或者任何以购买者愿意的方式使用物品许可的主张具有合理性。也即，权利人在出售专利产品时必须明示售后限制，否则法院视其为默示许可。因此这一案例被解读为默示许可学说在英国的起源。❶

英国默示许可理论认为，专利权人所拥有的专用权除了体现为专利产品的首次投放外，还可以延伸到之后对专利产品的使用和转售中，即专利权人可以通过对专利产品的使用或转售提出限制性条件以排除专利权的穷竭。这种权利延伸的基础在于，当专利销售合同中没有关于权利保留的任何条款时，那就可以推定，包括对专利产品使用及转售在内的该专利产品所包含的所有权利都一并转移了。反之，专利权人可通过附加限制条件的方式对专利权中的部分权利作出保留。❷

（二）德　国

作为大陆法系的代表，德国在 1877 年颁布了自己的第一部专利法，但其专利的理论和制度均追随当时专利制度较为发达的英国。❸ 在英国法院于 1871 年作出有关"默示许可"的判例后不久，德国著名法学家、现代知识产权学者科勒将英国的"默示许可"理论引入德国，❹ 德国便开始普遍采用专利默示许可理论。

不过，默示许可理论所允许的专利权人专用权的延伸，却在一定程度上扩大了权利人的专用权，仅仅依靠默示许可理论并不能充分保证购买者的权利，还可能有悖于专利制度建立的初衷。德国遂在专利默示许可理论的基础之上建立了权利用尽原则（狭义上的权利用尽原则）以更好地维护个人利益和社会利益的平衡。

权利用尽原则最初由德国法学家 Joseph Kohler 提出，并于 1902 年由德国最高法院的 Guajokol Karbonat 案判决确立下来。❺ 如果购买者违反了专利权人

---

❶ 陈瑜. 专利默示许可与权利穷竭的比较分析——以社会政策背景为视角［J］. 西南政法大学学报，2016，18（2）：92 – 99.

❷ 沈艳. 基于产品销售的专利默示许可［D］. 上海：上海大学，2014：5.

❸ 陈瑜. 专利默示许可与权利穷竭的比较分析——以社会政策背景为视角［J］. 西南政法大学学报，2016，18（2）：92 – 99.

❹ 邓丽星. 专利默示许可制度研究［D］. 武汉：华中科技大学，2012.

❺ 51 RGZ 139，140 – 141 30 IIC 495，497（1999）. 转引自王春燕. 贸易中知识产权与物权冲突之解决原则——权利穷竭的含义、理论基础及效力范围［J］. 中国人民大学学报，2003（1）：120 – 127.

的附加限制条款，构成违约，而不是侵权；但如果专利权人的附加限制条款超越了专利权的权利范围，则这一限制本身不具有法律效力。德国法院在1902年的"Duotal 再审案"中明确指出，如果专利权人已经在合法销售出其专利产品时获得了专利权给予他的利益，那么他的此项权利也同时被消耗掉了。因此，权利穷竭学说就从以合同为视角的默示许可中独立出来，成为处理专利产品售后问题的重要原则。❶

我国《专利法》第69条第1款第1项关于专利权用尽的规定主要借鉴了德国的权利用尽原则。但在德国的司法实践中还是经常通过将权利用尽理论的保护范围延伸到方法专利的手段来解决具体专利纠纷案件。德国的这种权利"延伸"做法与美国的默示许可理论在本质上并没有太大差别。❷

（三）美　国

虽然专利默示许可理论起源于英国，但该理论却是通过美国的司法实践得以进一步发展。目前美国采用的是广义上的权利用尽原则，由"首次销售原则"（first sale doctrine）、"默示许可"和"指示制造权"（have made right）这三种理论构成。❸"首次销售原则"与德国法上的权利用尽原则十分类似，强调专利产品购买者在购买专利产品之后可以自由地使用或再销售该专利产品。与德国的权利用尽原则相同的是，美国的首次销售原则也只适用于产品专利。"指示制造权"指的是，专利权被许可人获得了可以委托他人为其制造专利产品的权利。

1843年，在 McClurg v. Kingsland 一案❹中，美国最高法院第一次明确了默示许可，这就是所谓的"商店权利"。特定产品在授权销售之后，专利权丧失。这就是在首次销售原则下发展出来的专利默示许可理论。❺ 美国最高法院在1873年 Adams v. Burke 一案中认为，不论是否存在地理范围的限制，在产

---

❶ 陈瑜. 专利默示许可与权利穷竭的比较分析——以社会政策背景为视角 [J]. 西南政法大学学报，2016，18（2）：92-99.

❷ 沈艳. 基于产品销售的专利默示许可 [D]. 上海：上海大学，2014：6.

❸ 尹新天. 专利权的保护 [M]. 北京：知识产权出版社，2005：68.

❹ McClurg v. Kingsland, 42 U. S. 202 (1843).

❺ 陈健. 知识产权默示许可理论研究 [J]. 暨南学报（哲学社会科学版），2016（10）：82-93. 在该案中，美国联邦最高法院认为："从案件事实可以推出被告获得了一项使用专利权人专利发明的许可，因而被告行为不构成专利侵权。"参见朱雪忠，李闯豪. 论默示许可原则对标准必要专利的规制 [J]. 科技进步与对策，2016，33（23）：98-104.

品被销售之后，买方 Adams 获得了使用该发明的默示许可。❶

　　美国联邦最高法院在 1927 年 De Forest Radio Telephone & Telegraph Co. v. United States 一案❷的判决中，进一步确立了专利默示许可的存在，并且脱离了专利穷竭（权利用尽）问题。在本案中，权利人不仅对被告美国政府的专利使用行为未提出异议，而且还协助美国政府委托第三方公司生产和使用涉案的专利产品。因此，法院指出：不需要正式的许可就能产生效力。专利拥有者的任何语言或任何行为，只要能以此推断出所有者同意让其以制造、使用或出售等方式利用其专利，则构成了许可和对侵权行为的抗辩。当然，是无偿还是有偿许可必须视情况而定；但此后就此提出任何诉讼的当事人之间的关系应当被认为是合同关系，而不是非法的侵权行为。

　　根据美国目前关于默示许可的学说，专利权人的行为可能基于不同的理论被认定产生了默示许可，这些理论包括默许（Acquiescence）、行为（Conduct）、衡平法上的禁止反言（Equitable estoppel）、普通法上的禁止反言（Legal estoppel）。❸ 不论根据哪种理论认定默示许可，其根本目的都是为了保护使用人的信赖利益。❹ 当然，美国联邦巡回法院明确指出："司法审判中默示许可认定并不依赖于任何理论"。❺ 法院在是否适用默示许可抗辩方面拥有自由裁量权，并且在行使自由裁量权时通常要考虑公平问题。❻

　　在 Wang Labs., Inc. v. Mitsubishi Electronics 一案中，上诉法院对初审法院默示许可判决的法律根据进行了审查，并指出，自 De Forest 案（1927）以来，各级法院已经确认了多种情形下的默示许可，包括默许、行为、衡平法上的禁止反言、普通法上的禁止反言。情形虽然不同，却都指向了相同的结果，也即

---

❶　在该案中专利权人给予 Adams 一个许可，但这一许可有限制，只许可自波士顿周边十公里之内使用其专利。后来，Adams 起诉 Burke，因为他发现 Burke 在从波士顿起算的十七公里的城镇内使用该发明。Burke 则主张他在波士顿从 Adams 处购买了专利产品，即使超出许可限制而使用专利产品也并不构成侵权。Adams v. Burke, 84 U. S. 17 Wall. 453 453（1873）. 转引自陈健. 知识产权默示许可理论研究［J］. 暨南学报（哲学社会科学版），2016（10）：82－93.

❷　De Forest Radio Telephone & Telegraph Co. v. United States, 273 U. S. 236, 47 S. Ct. 366, 71 L. Ed. 625（1927）.

❸　HUGHEY R C. Implied Licenses by Legal Estoppel［J］. Albany Law Journal of Science & Technology, 2003（14）：53－80.

❹　袁真富. 基于侵权抗辩之专利默示许可探究［J］. 法学，2010（12）：109.

❺　Wang Labs., Inc. v. Mitsubishi Electronics of America, Inc. and Mitsubishi Electric Corporation, 103 F. 3d 1571, 41 U. S. P. Q. 2d 1263（Fed. Cir. 1997）.

❻　朱雪忠，李闯豪. 论默示许可原则对标准必要专利的规制［J］. 科技进步与对策，2016，33（23）：98－104.

默示许可。法院进一步指出了衡平法上的禁止反言和普通法上的禁止反言的区别。衡平法上的禁止反言集中于权利人的"误导性"行为，使得侵权人认为其将不再主张权利。在 Aukerman 案（1992）中，法院即描述了一种典型的衡平法上的禁止反言情形：（1）侵权人知道存在专利权；（2）专利权人反对侵权人的行为；（3）但是专利权人直到很晚才主张权利；（4）因此误导侵权人相信专利权人将不会采取行动。相较而言，普通法上的禁止反言则在于专利权人许可或转让了权利，也获得了回报，但随后试图减损上述权利。❶

早期的专利默示许可案例与专利产品或其专利产品的部件销售有密切的联系。1942 年的 United States v. Univis Lens Co. 一案❷确立了销售未完成产品情形下获得实施该产品所涉专利的默示许可的认定原则：（1）未完成产品的唯一合理目的（only reasonable and intended use）在于实施专利，即"无合理的非侵权用途"（no reasonable noninfringing use）；（2）未完成产品虽未完全由专利权范围涵盖，但已实施了专利发明的"实质技术特征"（essential features）。

1984 年美国联邦巡回上诉法院判决的 Bandag Inc. v. Al Bolser's Tire stores, Inc. 案❸，建立了著名的"Bandag 测试框架"，成为基于产品销售而产生的专利默示许可的判断依据。该案判决阐述的默示许可成立条件是：第一，专利权人销售的产品除了用于实施专利权人的专利技术之外，没有其他"非侵权用途"；❹ 第二，销售的具体情况清楚表明能够推断出默示许可的存在。相较于

---

❶ Wang Labs., Inc. v. Mitsubishi Electronics of America, Inc. and Mitsubishi Electric Corporation, 103 F. 3d 1571, 41 U. S. P. Q. 2d 1263.（Fed. Cir. 1997）.

❷ United States v. Univis Lens Co., 316 U. S. 241, 53 U. S. P. Q. 404（1942）.

❸ Bandag, Inc. v. Al Bolser's Tire Stores, Inc., 750 F. 2d 903, 223 U. S. P. Q. 982（Fed. Cir. 1984）. Bandag 公司成立于 1957 年，是一家主要生产制造预硫化轮胎用胎面橡胶和用于翻新轮胎的材料和设备的大型厂商。Bandag 公司在全球总共拥有超过 800 家特许经销商，这些经销商有权从 Bandag 公司那里购买其生产的橡胶原料，其他生产原材料及相应的生产设备用以实施 Bandag 公司拥有的低温翻新工艺方法专利。在该方法专利所保护的工艺条件下翻新轮胎，可以确保胎外壳在翻新的过程中不会发生变形。被告 Bolser 公司是一家始创于 1951 年的家族企业，主要经营范围包括在华盛顿州批发零售新制或翻新的轮胎胎面。起初，Bolser 公司在其自有的轮胎翻新加工地点用热处理的方法翻新轮胎，该加工厂关闭后，公司随即通过其他各种途径采购轮胎翻新胎面。最终，Bolser 公司从当地的一家 Bandag 公司最下游的经销商处购得了 Bandag 公司制造的用来实施低温翻新工艺方法专利的生产设备。Bandag 公司以 Bolser 公司侵犯其方法专利（美国专利号 3236709，"一种轮胎翻新方法"）为由向美国联邦巡回法院提起诉讼。参见沈艳. 基于产品销售的专利默示许可［D］. 上海：上海大学，2014：18 - 19.

❹ 所谓"非侵权用途"是指所售产品除了用于实施专利技术而导致专利侵权外，再没有其他用途。

Univis 案的认定规则，Bandag 测试框架更关注购买者在消费的同时是否产生了合理信赖。[1]

美国的默示许可制度与英国的默示许可制度存在本质上的差异，具体体现在两种制度的适用范围上。以产品销售涉及的专利默示许可为例，在美国，默示许可的适用与否与所售产品本身是否取得专利权没有关系。英国的默示许可制度适用于产品专利，而美国的默示许可制度的适用范围包括但不仅限于专利产品，与英国的默示许可制度最主要的不同之处在于，美国的专利默示许可制度可以延伸至专利产品的组成部分，未取得专利权的专利产品的零部件，以及含有专利产品的设备组件等。[2]

直到 20 世纪 90 年代，美国才出现了首个有关版权的默示许可案例，即 Effects Assocs. , Inc. v. Cohen 一案[3]。原告 Effects Associates 是一家小型电影特效制作公司，被告 Cohen 是一个小成本恐怖电影的制作者，原告根据约定为被告制作一部电影的特效镜头片段。原告允诺完成七个片段，然而双方并未约定片段的著作权归属。后来被告对原告完成的片段效果不满，只支付给原告约定一半的价款，双方产生纠纷。尽管如此，被告最终还是在电影中使用了原告制作的片段，并将其交予第三方公司发行上市。原告便以侵犯著作权为由将被告与第三方公司告上法庭，称除非被告支付完全部合同价款，否则被告无权使用这些片段。地区法院经简易程序判决被告 Cohen 不构成侵权，认为原告默示许可被告使用了那些镜头片段。[4]

在该案中，法官引用权威著作《尼莫论版权》的观点来论证"默示许可"的成立："非独占性许可可以通过口头协议达成，甚至可以从合同中推断出来。"[5] 法院认为原告虽然没有明示许可给被告电影制作人使用他创作的电影特效镜头，但是原告在合作的过程中已经默示地许可给了电影制作人这一权利，因为如果原告不许可给被告的话，一旦电影投入发行，被告就会侵犯原告的版权，而这是原告所明知的。如果原告没有授权给被告的话，那么两者之间的这场合作就将毫无价值。这一判决为上诉法院所确认，成为美国版权法中最

---

[1] 沈艳. 基于产品销售的专利默示许可 [D]. 上海：上海大学，2014：24.

[2] 沈艳. 基于产品销售的专利默示许可 [D]. 上海：上海大学，2014：7.

[3] Effects Assocs. , Inc. v. Cohen, 908 F. 2d 555, 558 (9th Cir. 1990).

[4] 苗雨. 论版权默示许可 [D]. 重庆：西南政法大学，2013：17.

[5] NIMMER M B. , NIMMER D. Nimmer on Copyright [M]. Alban：Matthew Bender，1989：10 – 36.

早的关于默示许可的判例。❶

在此之后，"默示许可"成为版权侵权诉讼中被告的抗辩理由之一，许多版权侵权者都主张得到了版权人的"默示许可"。如在 I. A. E. , Inc. v. Shaver 一案中，建筑师为机场建筑设计绘制了工程某一阶段的设计图，并希望他的图纸能够被复制，以便在完整的工程中得到使用，并没考虑版权的问题。然而这样的行为产生了默示许可，客户可以使用为该项目其余部分而完成的图纸，因为通过合同中的报酬约定，客户产生了合理期待。❷

相较于英国的默示许可制度而言，美国默示许可的适用范围要广泛得多，也更符合司法实践中所遇到的实际情况。从本研究后面的阐述可以看到，美国知识产权司法实践已经深入到诸多方面，包括：（1）知识产权默示许可的理论来源；（2）知识产权默示许可的法律性质；（3）知识产权默示许可的构成要件、（4）知识产权默示许可的举证责任；（5）知识产权默示许可的限制适用条件；（6）知识产权默示许可的内容等。同时，美国知识产权默示许可的案例，覆盖到专利、版权和商标等众多领域，涉及产品销售、产品修理、技术标准、委托制造、委托创作等广泛的商业领域或合作领域。

由此可见，美国是目前世界上将知识产权默示许可理论运用最为成熟的国家之一，本研究关于国外默示许可的案例主要来自美国，因此，关于美国的知识产权默示许可制度可以从后面大量的案例介绍中获得更加深入的认识。

（四）日　本

日本与德国同为大陆法系国家，受德国法的影响深远，日本与德国一样在专利上遵循权利用尽原则。在日本，Kiyose 按照 1922 年专利法解释了购买者的使用权。合法从专利权人处购买专利产品的人在购买后有权使用、销售和允许他人使用，其基本原理是专利权人知道其出售产品并允许该产品被使用。Toyosaki 引入了专利默示许可理论和 Kohler 的用尽理论，并解释道"一旦达到了保护的目的，任何人可认为该权利终止，从而该保护目的被实现"。❸

BBS Kraftfahrzeugtechnik AG v. Racimex Japan Corp 一案（以下简称"BBS

---

❶　张今．陈倩婷．论著作权默示许可使用的立法实践［J］．法学杂志，2012（2）．

❷　苗雨．论版权默示许可［D］．重庆：西南政法大学，2013：19.

❸　MOHRI M. Patents, repair and recycling from a comparative perspective［J］. International Review of Intellectual Property and Competition Law, 2010, 41（7）：779 – 805.

案")是日本一个具有重要影响的判决，从中可以看出，日本在司法实践中，并不排除对专利默示许可理论的运用。在 BBS 案中，BBS 机动汽车股份公司（以下简称"BBS"）是一家德国的轮胎制造商，在日本和德国均拥有关于铝制轮毂的专利权。日本汽车制品有限公司进口 BBS 的轮胎到日本，销售给日本 Racimex，Racimex 随即在日本市场上销售该轮胎。本案中，BBS 指控进口商日本汽车制品有限公司和销售商 Racimex 侵犯其专利权，要求申请禁令和损害赔偿。被告认为原告已将产品合法投放到德国市场，故原告权利已经穷尽，进口、再销售行为不构成专利侵权。面对被告的抗辩，BBS 回应根据各国专利权独立和专利权地域性这两项著名的原则，专利权国际穷尽原则是不能得到支持的。

1994 年 7 月 22 日，东京地方法院判定被告侵权成立。法院认为，日本专利法没有预先假定专利权的国际穷尽，所以在现有专利法框架下平行进口专利产品到日本构成侵权。1995 年 3 月 23 日，上诉法院东京高等法院作了改判——允许平行进口，认可了权利穷尽的理论。根据该理论，无论专利产品是投放在国内还是国外市场，只要专利产品是由专利权人或者经其授权的人合法投放市场，专利权即告穷尽。这样的穷尽是公平的，因为专利权人享有一次公开发明技术的报酬机会，而这足以保护专利权人的利益。没有理由再给专利权人第二次从报酬中受益的机会。

1997 年 7 月 1 日，日本最高法院维持了东京高等法院的判决结果，但是判决理由不再是权利国际穷尽原则，而是默示许可原则。最高法院认为，专利权人 BBS 早已经在德国销售专利产品。并且，BBS 既没有和购买者达成排除日本作为销售区域的协议，也没有在产品上附上这种区域销售限制的指示。那么，它既没有要求发布禁令的权利，也不能依据日本专利法主张侵权损害赔偿。

日本最高法院认为，对于由专利权人在国外销售同时被进口到日本的专利产品的案子，情况就不同了。在本案中，即使是相同的专利权人依据在日本的专利权要求专利费，其也不可以立即被认为是获得了双重利润。但是，考虑到国际交易的普遍性，包括进口在内的产品自由流通需要得到保护。

根据这一考虑，一个专利权人如果：（1）在国外和日本同时拥有专利权；（2）在国外销售专利产品，除非他与购买者达成从购买者销售区域中排除日本的协议，他不得对他的购买者主张专利权。并且，专利权人不可以起诉从购买者购买产品的第三方，除非他与购买者达成了这样的区域销售限制协议，同时在专利产品上作出明确标明。

总之，如果专利权人销售专利产品时没有保留区域限制，那么可以推定其暗含地给了购买者和后续的购买者不受专利权限制而控制产品的权利。但是，对于专利权人的权利，其应该被允许在国外销售专利产品时保留在日本的专利权。据此，如果专利权人和他的购买者达成限制在日本销售的协议并且在产品上作出明确表示，那么随后的购买者都可以识别到区域销售限制的保留，并自主决定是否购买产品。● 由此可见，平行进口中的默示许可推定是可以被权利人明确排除的。

二、国外涉及默示许可的知识产权案例概览

对国外（尤其是美国）有关知识产权默示许可案例的介绍，在本书中将贯穿始终，无论是对于知识产权默示许可的法律性质、理论基础，及其与权利用尽之关系，还是有关知识产权默示许可的发生情形、构成要件，或者其具体内容（许可对象、许可方式、许可范围、许可期限、许可对价等），都会引征或涉及国外案例的裁判观点。

因此，这里对国外知识产权默示许可案例的内容，不再进行系统的阐述或评价，仅按判决时间罗列国外（主要是美国）部分典型案例的裁判要点（有时仅撷取其一个方面），如表3-1所示，以方便观察国外知识产权默示许可的司法实践。

表3-1　国外默示许可的代表案例

序号		案例
1	案例名称	De Forest Telephone Co. v. United States
	裁判观点	并非只有正式授权许可才能达到许可使用的目的。对于专利权人使用的任何语言或采取的任何行为，如果他人可以由此正当地推定专利权人已经同意他实施这些行为，则构成一种许可，可以在专利侵权诉讼中以此进行抗辩。至于所构成的许可是否免费，应当取决于当时的具体情况。但是无论如何，此后就当事人之间的关系以及就由此而产生的任何诉讼而言，都必须认定为合同关系，而不是侵权关系。（美国联邦最高法院1927年判决）
	来源	De Forest Telephone Co. v. United States, 273 U. S. 236（1927）.

● KOMURON. Japan's BBS Judgment On Parallet Imports〔J〕. International Trade Law & Regulation, 1998: 27-28.

续表

序号		案例
2	案例名称	United States v. Univis Lens Co.
	裁判观点	尽管专利权人出售的未完成产品并不是本案中专利权人的专利权所涵盖的专利产品，但由于该未完成产品除了采用专利方法被制造成最终产品外没有其他用途，所以专利权人出售该未完成产品的行为穷尽了其对抗未完成产品购买者的专利权。专利权人或被许可人出售镜头毛片的行为本身不仅转移了所售毛片的所有权，同时也授予了购买者实施专利方法最后一步的许可。本案确立了销售未完成产品情形下获得实施该产品所涉专利的默示许可的认定原则：（1）未完成产品的唯一合理目的（only reasonable and intended use）在于实施专利，即"无合理的非侵权用途"（no reasonable noninfringing use）；（2）未完成产品虽未完全由专利权范围涵盖，但已实施了专利发明的"实质技术特征"（essential features）。
	来源	United States v. Univis Lens Co. , 316 U. S. 241, 53 U. S. P. Q. 404（1942）.
3	案例名称	Amp Incorporated v. United States
	裁判观点	原告 AMP 对其剪接工具申请了专利（称为 Byrem 专利），美国政府被授予免费的 Byrem 专利实施许可。后来原告发现了一项更早申请的专利（Vinson 专利），覆盖了自己的 Byrem 专利，原告则经过协商获得了 Vinson 专利权。原告遂指控美国政府侵犯了其事后获得的 Vinson 专利。美国索赔法院（United States Court of Claims）认为，一个权利授予人不能以其后来的行为减损其已授予的权利，根据合同，AMP 实际授予了美国政府实施其电线剪接工具所体现的思想或创意，基于此，原告默示地授予了被告美国政府使用 Vinson 专利的许可。
	来源	Amp Incorporated v. United States, 389 F. 2d 448, 182 Ct. Cl. 86（C. C. , 1968）.
4	案例名称	Medeco Security Locks, Inc. v. Lock Technology Corp.
	裁判观点	与任何其他的默认许可一样，专利默认许可属于当事人的合同行为。（美国纽约南区地方法院）
	来源	Medeco Security Locks, Inc. v. Lock Technology Corp. , 199 U. S. P. Q. （BNA）519, 524（S. D. N. Y. 1976）.
5	案例名称	Stickle v. Heublein, Inc.
	裁判观点	美国最高法院指出：专利权人使用的任何语言或任何行为向他人表现出让其他人可以推断出权利人同意他人制造或使用，或销售该物及其他的行为，则构成一个许可行为。
	来源	Stickle v. Heublein, Inc. , 716 F. 2d 1550, 1559, 219 U. S. P. Q. 377, 383（Fed. Cir. 1983）.

续表

序号		案例
6	案例名称	Bandag Inc. v. Al Bolser's Tire stores, Inc.
	裁判观点	美国联邦巡回上诉法院在本案中建立了认定默示许可的判断规则——Bandag 测试框架。默示许可成立的条件是：第一，专利权人销售的产品除了用于实施专利权人的专利技术之外，没有其他非侵权用途；第二，销售的具体情况清楚表明能够推断出默示许可的存在。相较于 Univis 案的认定规则，Bandag 测试框架更关注购买者在消费的同时是否产生了合理信赖。上诉法院认为，在专利侵权案件中，证明默示许可存在的举证责任应当有被告承担。但被告 Bolser 并没有提供有效证据证明。首先，该案所涉设备存在其他非侵权用途。为了避免侵犯 Bandag 的专利权，Bolser 公司可以将设备转售出去，也可以对设备的某些部分作出改进等。但 Bolser 公司却没能证明上述替代方案是"不可行"（unavailable）或"不合理"（unreasonable）的，因此 Bolser 公司未能证明涉案新设备不具有非侵权用途。其次，被告未能证明根据销售的具体情况能够推断默示许可的存在。默示许可源于衡平法上的禁止反言原则，禁止反言原则产生的前提条件是一方的行为是另一方行为的直接行为结果，其中某一方的单方面期望并不能导致默示许可的产生。被告 Bolser 公司主张可以从 Bandag 公司未能阻止特许经销商将涉案设备出售给除许可方以外的其他人，并且经销许可协议中缺少关于产品返销（buy - back）的附加条款的事实中推定默示许可的存在。但上诉法院认为，并没有证据表明被告在购买或后续进一步使用涉案设备的同时已经意识到了上述抗辩理由所包含的事实，因此被告的主张不成立，不能依据现有证据推断默示许可的存在。
	来源	Bandag, Inc. v. Al Bolser's Tire Stores, Inc., 750 F. 2d 903, 223 U. S. P. Q. 982 (Fed. Cir. .1984).
7	案例名称	Met - Coil Systems Corporation v. Korners Unlimited, Inc. and Ductmate Industries, Inc.
	裁判观点	权利人 Met - Coil 公司主张不能从其销售轧辊成型机的行为中推断默示许可的存在。Met - Coil 认为自己已经用明示的方式排除了默示许可的适用。但是法院认为，Met - Coil 是在购买者购买了该轧辊成型机之后才发出通知的，因此并未采纳 Met - Coil 的主张。
	来源	Met - Coil Systems Corporation v. Korners Unlimited, Inc. and Ductmate Industries, Inc., 803 F. 2d 684, 231 U. S. P. Q. 474（1986）（Fed. Cir. 1986）.

序号		案例
8	案例名称	Effects Assocs. , Inc. v. Cohen
	裁判观点	这是美国首个有关版权默示许可的案例。原告 Effects Associates 是一家小型电影特效制作公司,被告 Cohen 是一个小成本恐怖电影的制作者,原告根据约定为被告制作一部电影的特效镜头片段。原告允诺完成七个片段,然而双方并未约定片段的著作权归属。后来被告对原告完成的片段效果不满,只支付给原告约定一半的价款,双方产生纠纷。尽管如此,被告最终还是在电影中使用了原告制作的片段,并将其交予第三方公司发行上市。原告便以侵犯著作权为由将被告与第三方公司告上法庭,称除非被告支付完全部合同价款,否则被告无权使用这些片段。地区法院经简易程序判决被告 Cohen 不构成侵权,认为原告默示许可被告使用了那些镜头片段。
	来源	Effects Assocs. , Inc. v. Cohen, 908 F. 2d 555, 558(9th Cir. 1990).
9	案例名称	LifeScan, Inc. v. Can – Am Care Corp.
	裁判观点	原告(权利人)刚开始销售的部分产品没有附随限制协议,但后来的销售附上限制协议,法院判决的结果是前面销售的部分产品不能排除默示许可,而后面销售的部分产品则可以排除默示许可。
	来源	LifeScan, Inc. v. Can – Am Care Corporation, 859 F. Supp. 392(N. D. Cal. 1994).
10	案例名称	McCoy v. Mitsuboshi Cutlery, Inc.
	裁判观点	联邦巡回上诉法院认为,Mitsuboshi 在 McCoy 违约后,有权利不经 McCoy 同意而转售其委托制造的虾刀,以补偿其受到的损失。为执行 McCoy 支付虾刀费用的合同义务,Mitsuboshi 在解决这一问题的商业努力中合理地获得了出售专利产品虾刀的默示许可。但这种默示许可的许可范围只限于销售或允诺销售,被控侵权人不能基于该默示许可在美国或其他专利权覆盖的地方制造或进口专利产品。
	来源	McCoy v. Mitsuboshi Cutlery, Inc. , 67 F. 3d 917, 922(Fed. Cir. 1995).
11	案例名称	Carborundum Co. v. Molten Metal Equipment Innovations, Inc.
	裁判观点	美国联邦巡回上诉法院指出,无论专利权利人出售的是整个提纯系统还是系统中的压力泵,都会导致默示许可的产生。但是,如果出售的是整个提纯系统的话,默示许可的期限是整个系统的寿命,如果出售的仅仅是体系中的压力泵,那许可期限就应该是压力泵的寿命。原因在于,消费者在购买压力泵时所产生的认为自己在整个专利权保护期内都能更换压力泵的预期是不合理的。
	来源	Carborundum Co. v. Molten Metal Equipment Innovations, Inc. , 72 F. 3d 872, 37 U. S. P. Q. 2d 1169(Fed. Cir. 1995).

序号		案例
12	案例名称	I. A. E. , Inc . v. Shaver
	裁判观点	1996 年，第七巡回法院引用 Effects 案，认为默示许可产生于：（1）被许可人对作品创作的要求；（2）许可人创作了作品，并将其交与被许可人；并且（3）许可人具有让被许可人复制和发行作品的意图。并认为，如果拒绝默示许可，将使 I. A. E. 所支付的费用只能为其带来"微乎其微的价值"。
	来源	I. A. E. , Inc. v. Shaver, 74F. 3d 768, 776（7th Cir. 1996）.
13	案例名称	Wang Labs. , Inc. v. Mitsubishi Electronics of America, Inc. and Mitsubishi Electric Corporation.
	裁判观点	联邦上诉巡回法院认为，被告已经获得了原告 Wang Labs. , Inc. 无须付使用费的默示许可，因为双方长达六年的合作，已经让被告合理地相信原告同意其制造和销售专利产品。事实表明，原告曾通过提供设计、建议和样品，诱使被告进入 SIMM 市场，而原告最终也向被告购买了 SIMMs 产品，因此，被告可以合理地推断其获得了使用原告专利的同意。
	来源	Wang Labs. , Inc. v. Mitsubishi Electronics of America, Inc. and Mitsubishi Electric Corporation, 103 F. 3d 1571, 41 U. S. P. Q. 2d 1263（Fed. Cir. 1997）.
14	案例名称	Hewlett – packard Co. v. Repeat – O – Type Stencil Manufacturing Corp. , Inc.
	裁判观点	通常来说，当卖家在没有附加限制的情况下出售产品，实际上就是承诺买家：买家为商品付了钱，便拥有了充分享受产品的权利，卖家不再对这种权利进行干涉。在涉及卖家产品的专利范围内，或者对产品的使用（这种使用是大家可以合理设想到的），买家享有默示许可。
	来源	Hewlett – packard Co. v. Repeat – O – Type Stencil Manufacturing Corp. , Inc. , 123 F. 3d 1445, 43 U. S. P. Q. 2d 1650（Fed. Cir. 1997）.
15	案例名称	BBS Kraftfahrzeugtechnik AG v. Racimex Japan Corp
	裁判观点	1997 年 7 月 1 日，日本最高法院依据默示许可原则维持了东京高等法院的判决结果。最高法院认为，专利权人 BBS 早已经在德国销售专利产品。并且，BBS 既没有和购买者达成排除日本作为销售区域的协议，也没有在产品上附上这种区域销售限制的指示。那么，其既没有要求发布禁令的权利，也不能依据日本专利法主张侵权损害赔偿。
	来源	KOMURO N. Japan's BBS Judgment On Parallel Imports ［J］. International Trade Law & Regulation, 1998：27 – 28.

序号		案例
16	案例名称	Foad Consulting Group, Inc. v. Musil Govan Azzalino
	裁判观点	并非所有的默示许可合同都是合同法意义上的真正的合同。虽然有些默示许可是属于合同法范畴的，这些默示许可完全是由当事人的合意而成立的，尽管这些合意的表达或表达方式不是很明确。但是，另一种类型的默示许可却不是建立在合意之上，也不能通过合同中的词语或是相关的行为来表示合意的成立。按照合同法的理论，这种类型的默示许可不能构成合同法意义上的合同，不属于合同法的范畴内。这种许可的成立是由法律附加在当事人之间的，尽管他们之间没有任何实质性的关于这些义务的协定，但依照法律许可却依然成立。
	来源	Foad Consulting Group, Inc. v. Musil Govan Azzalino, 270 F. 3d 821 (9th Cir. 2001).
17	案例名称	Anton/Bauer, Inc. &. Alex Desorbo v. PAG, Ltd.
	裁判观点	美国联邦巡回上诉法院援引了 United States v. Univis Lens Co. 的观点，认为AN-TON/BAUER 公司生产的电池负极部分除了与电池正极部分连接外不存在其他非侵权用途。此外，ANTON/BAUER 公司在销售专利产品时并没有对购买者的适用附加任何限制性条件。由此，被告 PAG 公司提出的默示许可抗辩成立，购买者不构成直接侵权，同时 PAG 公司也不构成间接侵权。
	来源	Anton/Bauer, Inc. &. Alex Desorbo v. PAG, Ltd., 329 F. 3d 1343 (Fed. Cir. 2003).
18	案例名称	Lexmark International, Inc. v. Static Control Components
	裁判观点	Lexmark 公司是一家打印机墨盒的生产商，其在销售的墨盒的价格上采取了差异定价，价格高的墨盒不限购买以后是用于翻新还是转售给竞争对手，而价格低的折扣墨盒只能使用一次后并回收给 Lexmark 公司。回收墨盒的竞争销售商们则主张，Lexmark 折扣墨盒的售后限制不可以强制履行，并且消费者被告知这样做很可能会被诱导。法庭认为 Lexmark 公司在墨盒外包装的指导手册上关于一次使用的限制没有不清楚的地方，消费者在打开外包装时便接受了限制协议，因此不能适用默示许可的抗辩。
	来源	Lexmark International, Inc. v. Static Control Components, 387F. 3d522 (6 th Cir. 2004).

续表

序号		案例
19	案例名称	Field v. Google，Inc.
	裁判观点	内华达州联邦地区法院认为，如果一个网站不希望 Google 对其网页提供缓存页面，则可以根据互联网业界广为人知的 Robots 协议，通过在网站中加入简单的指令，使得 Google 无法对其网页提供缓存页面。原告在知道这一事实的情况下，仍然不在其网站中加入禁止缓存的指令，并且清楚知道自己的不作为会被 Google 解读为允许对其网页进行缓存，那么即可认为原告的行为给了 Google 提供缓存页面的默示许可。在该案中，法院认可了 Google 默示许可的抗辩，并进一步发展了默示许可的认定标准：（1）知晓使用；（2）鼓励使用。
	来源	Field v. Google，Inc.，412 F. Supp. 2d 1106（D. Nev. 2006）.
20	案例名称	Paker v. Yahoo，Inc.
	裁判观点	法院认为，原告没有使用 Robots 协议设置禁止缓存的指令，应被认定给予了 Yahoo 进行缓存的默示许可。
	来源	Paker v. Yahoo，Inc.，2008 U. S. Dist. LEXIS 74512 at 13 – 14（2008）.

第二节　我国知识产权默示许可的规则分析

虽然国务院法制办公室 2015 年 12 月公布的《中华人民共和国专利法修订草案（送审稿）》第 85 条已经规定了标准涉及专利法的默示许可条款，但目前尚未生效，因此，目前我国知识产权默示许可的适用规则，只能从司法实践（包括司法解释或判例）中探寻，因此，本节主要梳理我国司法实践中的知识产权默示许可规则。

一、最高人民法院的意见

最高人民法院关于知识产权默示许可的态度，主要体现在标准与专利的关系上。如果回顾一下，可以发现最高人民法院的态度其实有些举棋不定。最高人民法院 2003 年公布的《关于审理专利侵权纠纷案件若干问题的规定》（会议讨论稿 2003. 10. 27 – 29）第 36 条第 2 款规定："专利权人参与了有关标准的制定，但在标准发布前未申明其中的有关内容落入其有效专利权的保护范围的，视为已经获得专利权人的免费实施的默认许可，标准管理组织、标准制定者和标准采用人的有关行为，不视为专利侵权。"这里是明确地认可了默示许可的成立，而且是免费实施，但该规定后来并未被正式采纳。

2008 年 7 月 8 日，《最高人民法院关于朝阳兴诺公司按照建设部颁发的行业标准〈复合载体夯扩桩设计规程〉设计、施工而实施标准中专利的行为是否构成侵犯专利权问题的函》[（2008）民三他字第 4 号，以下简称"第 4 号复函"]，则正式就标准制定中的专利信息披露与默示许可问题作出了回应。该复函全文如下：

辽宁省高级人民法院：

你院《关于季强、刘辉与朝阳市兴诺建筑工程有限公司专利侵权纠纷一案的请示》[（2007）辽民四知终字第 126 号] 收悉。经研究，答复如下：

鉴于目前我国标准制定机关尚未建立有关标准中专利信息的公开披露及使用制度的实际情况，专利权人参与了标准的制定或者经其同意，将专利纳入国家、行业或者地方标准的，视为专利权人许可他人在实施标准的同时实施该专利，他人的有关实施行为不属于专利法第十一条所规定的侵犯专利权的行为。专利权人可以要求实施人支付一定的使用费，但支付的数额应明显低于正常的许可使用费；专利权人承诺放弃专利使用费的，依其承诺处理。

对于你院所请示的案件，请你院在查明有关案件事实，特别是涉案专利是否已被纳入争议标准的基础上，按照上述原则依法作出处理。

此复。

二〇〇八年七月八日

据此，从专利权人参与标准制定或同意专利进入标准的行为本身，即可推断出专利默示许可的存在。前述复函明确阐述了基于技术标准的专利默示许可的构成要件，以及成立默示许可后的法律后果，尤其是澄清了默示许可并不代表免费许可。此后，我国法院根据该复函的精神，又判决了一些构成默示许可的案件。比如，在江苏优凝舒布洛克建材有限公司诉江苏河海科技工程集团有限公司、江苏神禹建设有限公司、扬州市勘测设计研究院有限公司侵犯专利权纠纷案（以下简称"优凝公司与河海公司专利侵权案"）中，一审和二审判决均将原告指控的侵权行为定性为专利默示许可。❶

但要注意的是，第 4 号复函设定了一个适用的前提，即"目前我国标准制

❶ 刘仁．"挡土块"专利挡不住"擅自使用"——法院认定涉案两被告实施国家科技推广项目中的专利视为实施标准中的专利 [N]．中国知识产权报，2009 - 11 - 19．

定机关尚未建立有关标准中专利信息的公开披露及使用制度"。如果标准制定相关的专利信息披露及使用制度建立后，该复函的精神是否继续适用，仍然值得观察。2008年11月29日，《最高人民法院民事审判第三庭庭长孔祥俊在全国法院知识产权审判工作座谈会暨知识产权审判工作先进集体和先进个人表彰会上的总结讲话》指出，"第4号复函""只是个案的答复，而且只是针对建筑行业的具体情况，在适用的时候也要根据案件的具体情况"，"要考虑各个行业的特点，不搞一刀切。"❶

而《最高人民法院关于审理侵犯专利权纠纷案件应用法律若干问题的解释（二）》（公开征求意见稿）（2014年7月31日）第27条第1款的规定就相对保守一些："非强制性国家、行业或者地方标准明示所涉专利的信息，被诉侵权人以其实施该标准而无须专利权人许可为由主张不构成专利侵权的，人民法院一般不予支持。"最高人民法院在2014年1月判决的张晶廷与子牙河公司等侵害发明专利权纠纷一案［（2012）民提字第125号］中，已经采用了"征求意见稿"中的观点："专利权人对纳入推荐性标准的专利技术履行了披露义务，他人在实施该标准时，应当取得专利权人的许可，并支付许可使用费。"否则，"构成侵害标准所含专利权的行为。"❷

自2016年4月1日起施行的《最高人民法院关于审理侵犯专利权纠纷案件应用法律若干问题的解释（二）》（法释〔2016〕1号）（以下简称"法释〔2016〕1号解释"）第24条第1款，基本上保留了"征求意见稿"第27条第1款的前半段表述（措辞稍有不同）："推荐性国家、行业或者地方标准明示所涉必要专利的信息，被诉侵权人以实施该标准无须专利权人许可为由抗辩不侵犯该专利权的，人民法院一般不予支持。"不过，这显然未正面回应标准必要专利的默示许可问题，但是，似乎可以反推出：如果推荐性国家、行业或者地方标准未能明示所涉必要专利的信息，被诉侵权人以实施该标准无须专利权人许可为由抗辩不侵犯该专利权的，人民法院可能会给予支持。

回顾一下最高人民法院2003年"会议讨论稿"、2008年"第4号复函"、2014年张晶廷案判决书及"征求意见稿""法释〔2016〕1号解释"，可以认

---

❶ 需说明的是，本节只讨论最高人民法院已经生效或正式公布的涉及默示许可的批复或司法解释等文件，对于未生效的"讨论稿"或"征求意见稿"，以及司法意见与2015年"专利法送审稿"的差异，因主要涉及标准必要专利的默示许可问题，故在第七章关于"标准涉及的专利默示许可问题分析"的专题讨论中详细介绍和研析。

❷ 最高人民法院知识产权案件年度报告（2014年）摘要［N］. 人民法院报，2015-04-22（3）。

为，最高人民法院对于涉及标准的专利默示许可，至少经历了三个重要的转变：（1）从正面规定默示许可的成立，到只能反推默示许可的成立；（2）从免费实施到应支付使用费（但低于正常许可费），再到不置可否；（3）从默示许可覆盖所有类型的标准，到只明确提及非强制性标准或推荐性标准（且只能反推出可能成立默示许可）。

将最高人民法院已生效的第 4 号复函（因前述会议讨论稿未生效，法释〔2016〕1 号解释未正面规定默示许可，故不作对比）与"专利法送审稿"进行比较，可以发现：

（1）制定背景发生了变化。第 4 号复函出来时，我国标准制定机关尚未建立标准中专利信息披露的制度。而"专利法送审稿"公布时，《国家标准涉及专利的管理规定（暂行）》已经发布且对专利信息披露作了明文规定。

（2）适用的标准类型不同。第 4 号复函适用于国家、行业或者地方标准，而"专利法送审稿"只适用于国家标准。

（3）标准涉及的专利不同。第 4 号复函未明确限定为标准必要专利，但"专利法送审稿"仅限于"标准必要专利"。

（4）使用费的支付标准不同。第 4 号复函和"专利法送审稿"均赞同标准实施人应向专利权人支付使用费，但第 4 号复函明文指出支付的数额应明显低于正常的许可使用费，而专利法送审稿对此未置可否。

（5）使用费争议解决机制不同。专利法送审稿在司法裁决之外还设置了行政裁决程序，即"可以请求国务院专利行政部门裁决"，但该行政裁决程序是否司法解决的必要前置程序，尚不明确。

由此可见，关于标准涉及的专利默示许可问题，不仅最高人民法院的态度在不断地转变，而且与"专利法送审稿"的规定也并不一致。

二、北京高级人民法院的意见

北京市高级人民法院在 2013 年发布并于 2017 年修订的《专利侵权判定指南》第 131 条，倒是直接将部分专利默示许可行为作为《专利法》第 69 条第 1 款第 1 项规定的"不视为侵犯专利权"的抗辩事由。《专利法》第 69 条第 1 款第 1 项的规定："有下列情形之一的，不视为侵犯专利权：（一）专利产品或者依照专利方法直接获得的产品，由专利权人或者经其许可的单位、个人售出后，使用、许诺销售、销售、进口该产品的。"本来，该款规定一般被认为是关于权利用尽的规定，不过，考虑到我国没有默示许可的法律依据，因此，前述《专利侵权判定指南》只能从这一款规定中寻找适用于专利默示许可的法律资源。

前述《专利侵权判定指南》第131条规定："专利产品或者依照专利方法直接获得的产品，由专利权人或者经其许可的单位、个人售出后，使用、许诺销售、销售、进口该产品的，不视为侵犯专利权，包括：……（3）专利权人或者其被许可人售出其专利产品的专用部件后，使用、许诺销售、销售该部件或将其组装制造专利产品；（4）方法专利的专利权人或者其被许可人售出专门用于实施其专利方法的设备后，使用该设备实施该方法专利。"其中的第（3）和第（4）种情形，正是典型的专利默示许可行为。显然，通过这条规定，在我国权利用尽原则似乎也从专利法上仅仅适用于"产品"本身的专利权用尽，发展到可以适用于"方法"本身的专利权用尽，只能说这只是司法实践的权宜之计。

事实上，北京市高级人民法院的《专利侵权判定指南》从专利法权利用尽的条款上去寻找默示许可行为成立的依据，有其重大的缺陷：

（1）如此规定只能承认基于产品销售而引发的专利默示许可，而无法从中引申出基于非产品销售活动而发生的默示许可行为。事实上，默示许可产生的来源具有多元化的特征，远远不止于基于产品销售的情形。

（2）如此规定主要是从侵权抗辩的角度承认了专利默示许可，而没有显现出默示许可的合同关系。如果前述《专利侵权判定指南》能够从《专利法》第12条的规定中寻找默示许可成立的依据——就像前述国家知识产权局条法司所期待的那样，显然让默示许可的适用更加具有开放性和包容性。

三、国内涉及默示许可的知识产权案例概览

截至2016年8月8日，我们在无讼（http：//www.itslaw.com）网站的案例数据库及相关网站中进行检索，共检索到30余件涉及知识产权默示许可（或默认许可）的国内案例。不过，如果以是否存在学术研究价值作为考量标准，则可以发现，有的判决书虽有提及知识产权的"默示许可"或"默认许可"字样，但并没有值得收录的案件事实或者值得研究的裁判要旨，甚至仅仅只是涉及"默示许可"或"默认许可"这个字词而已，对于此类案例，没有研究的必要。此外，部分同一原告诉同一被告或同一原告诉不同被告的系列案件，因其案情相似，裁判要旨相同，也不需重复研究。经此筛选，仅余26件国内案例勉强符合标准。

在这26件案例中，以权利类型来区分，专利案例共9件，著作权案例共

10 件, 商标案例共 7 件, 暂未发现涉及默示许可的商业秘密案例; 以纠纷类型来区分, 侵权纠纷案占据 22 件的绝对优势, 许可合同纠纷和行政诉讼纠纷各占 2 例; 以审级来看, 有 11 个案件只经历了一审法院的判决, 而有 11 个案件经过了二审法院的裁判, 还有 4 个案件经过了最高人民法院再审判决 (或裁定) (不含最高人民法院二审裁判) 。值得注意的是, 这 26 件案例中, 竟有 5 件是经过最高人民法院再审 (4 件) 或二审 (1 件) 裁判的, 占比为 19.2%, 这在某种程度上显示了知识产权默示许可案件的复杂性。

经过逐一浏览这 26 件涉及默示许可的知识产权案例的案件事实及裁判要旨, 可以发现, 法院最终认定知识产权默示许可成立的案例共有 14 件, 认定知识产权默示许可不成立的有 10 件, 还有 2 件案例虽然在判决书中有阐述知识产权默示许可的认定标准, 但该案的判决结果最终与默示许可成立与否没有什么关系。

考虑到这些案例在后文中都会逐步展开甚至评述, 因此, 这里仅仅对成立默示许可的 14 个案件进行了一个简要的裁判要旨概述 (如表 3 - 2、表 3 - 3 和表 3 - 4 所示) , 更为详细或具体的案例摘要可以参见本研究的附录部分。

(一) 成立专利默示许可的案例

表 3 - 2 成立专利默示许可的案例

序号	案例名称	案号或来源	裁判要点
1	江苏优凝舒布洛克建材有限公司与江苏河海科技工程集团有限公司、江苏神禹建设有限公司、扬州市勘测设计研究院有限公司侵犯专利权纠纷案	2009 年江苏法院知识产权司法保护典型案例	二审判决认为, 优凝舒布洛克公司参与水利部 "948" 技术创新与转化项目及向扬州勘测院授权在设计中使用, 是推广其专利实施与应用而采取的手段, 且项目并未明确披露 "挡土块" 发明专利信息, 也未约定专利许可使用费。河海公司、神禹公司在项目推广期间, 实施专利的行为均是严格按照设计图纸施工的行为, 属于在合理信赖的情形下实施专利的行为, 与最高人民法院在 (2008) 民三他字第 4 号复函所体现的不认定侵权的条件完全吻合, 因此河海公司、神禹公司实施专利的行为不构成侵权。同时, 最高人民法院在 (2008) 民三他字第 4 号复函中指出, "专利权人可以要求实施人支付一定的使用费, 但支付的数额应明显低于正常的使用费", 江苏高院结合涉案工程中标金额及使用产品的总价额, 确定河海公司、神禹公司向优凝舒布洛克公司支付 3 万元专利许可使用费。

续表

序号	案例名称	案号或来源	裁判要点
2	江苏省微生物研究所有限责任公司与福州海王福药制药有限公司、辽宁省知识产权局、辽宁民生中一药业有限公司、常州方圆制药有限公司专利侵权纠纷处理决定再审案	最高人民法院（2011）知行字第99号再审行政裁定书	专利实施许可并不只有书面许可一种方式，默示许可亦是专利实施许可的方式之一。例如，如果某种物品的唯一合理的商业用途就是用于实施某项专利，专利权人或者经专利权人许可的第三人将该物品销售给他人的行为本身就意味着默示许可购买人实施该项专利。根据查明的事实，福药公司生产硫酸依替米星氯化钠注射液的原料药购自专利权人与他人合资设立的企业方圆公司或者得到专利权人许可的第三人山禾公司。虽然硫酸依替米星原料药本身不属于本案专利保护范围，但如果硫酸依替米星原料药唯一合理的商业用途就是用于制造本案专利产品，那么专利权人自己建立的企业或者经专利权人许可的第三人销售该原料药的行为本身就意味着默示许可他人实施专利。
3	季强、刘辉与朝阳市兴诺建筑工程有限公司专利侵权纠纷案	最高人民法院（2008）民三他字第4号复函等	2008年最高法院复函称："鉴于目前我国标准制定机关尚未建立有关标准中专利信息的公开披露及使用制度的实际情况，专利权人参与了标准的制定或者经其同意，将专利纳入国家、行业或者地方标准的，视为专利权人许可他人在实施标准的同时实施该专利，他人的有关实施行为不属于专利法第十一条所规定的侵犯专利权的行为。专利权人可以要求实施人支付一定的使用费，但支付的数额应明显低于正常的许可使用费；专利权人承诺放弃专利使用费的，依其承诺处理。"据此，辽宁高院判决朝阳兴诺公司不构成侵权，但应向原告季强、刘辉支付专利使用费4万元。

序号	案例名称	案号或来源	裁判要点
4	北京诚田恒业煤矿设备有限公司与北京蓝畅机械有限公司专利实施许可合同纠纷案	最高人民法院（2009）民申字第802号再审民事裁定书	该案中，涉及相同主题的发明和实用新型专利同日向国家知识产权局提出申请，实用新型专利权终止前，同日申请的相同主题的发明专利已经获得授权。高学敏、李信斌与蓝畅公司签订专利技术使用合同，即负有维持该合同所涉专利权处于有效状态的义务，蓝畅公司即取得合同所涉专利技术的使用权，并默示许可蓝畅公司使用其所拥有的与合同所涉专利技术属于相同技术的另一专利权，否则将无法实现合同的目的。

（二）成立著作权默示许可的案例

表3-3 成立著作权默示许可案例

序号	案例名称	案号或来源	裁判要点
1	王定芳与上海东方商厦有限公司侵害著作权纠纷案	上海市徐汇区人民法院（1993）徐民初字第1360号民事判决书	被告向社会公众公开征集广告语，其目的显然在于通过广告语，宣传企业形象，扩大企业影响。原告对被告的此项目的也是了解的。受诉法院认为，原告投稿参加评选并接受被告支付的中选费用，表明原告同意被告在合理的范围内使用该广告语。因此，被告在企业的广告业务范围内使用该广告语，并不构成对原告著作权的侵害。
2	北京北大方正电子有限公司与广州宝洁有限公司、北京家乐福商业有限公司侵犯著作权纠纷案	北京市第一中级人民法院（2011）一中民终字第5969号二审民事判决书	二审法院认为，当知识产权载体的购买者有权以合理期待的方式行使该载体上承载的知识产权时，上述使用行为应视为经过权利人的默示许可。如果购买者基于购买行为而对该知识产权客体的特定的权利行使方式产生合理期待，如不实施这一合理期待的行为，将会导致这一购买行为对于购买者不具有任何价值或不具有实质价值，则此种情况下，对该载体的购买行为即可视为购买者同时取得了以合理期待的方式行使该知识产权的默示许可，购买者不需在购买行为之外另行获得许可。具体到汉字字库产品这类知识产权载体，基于其具有的本质使用功能，二审法院合理认定调用其中具体单字在电脑屏幕中显示的行为属于购买者合理期待的使用行为，应视为经过权利人的默示许可。在产品权利人无明确、合理且有效限制的情况下，购买者对屏幕上显示的具体单字进行后续使用的行为属于购买者合理期待的使用行为，应视为经过权利人的默示许可。

续表

序号	案例名称	案号或来源	裁判要点
3	磊若软件公司与重庆华美整形美容医院有限公司著作权侵权纠纷案	重庆市第五中级人民法院（2013）渝五中法民终字第01886号二审民事判决书	至于华美整形医院在超过30天试用期后仍在其服务器上运行涉案软件是否构成侵权，一审法院认为，磊若公司作为涉案软件的研发者和权利人有能力控制涉案软件超过试用期后能否继续运行。但是，磊若公司并未采取有效措施控制涉案软件的运行。在一审庭审演示中，涉案软件过期后，其许可证信息显示为："测试期已过，该软件转成个人版。"该许可证信息显示的内容表明磊若公司对超过试用期的软件采取的措施只是让其转变为"个人版"，并未停止该软件的正常功能，即该软件过期后仍可以运行。磊若公司采取的该措施事实上是默许公众超过试用期后可以继续"运行"其"个人版"软件，即磊若公司默许华美整形医院在超过试用期后仍可以继续运行涉案软件。因此，华美整形医院在超过试用期后仍在其服务器上运行涉案软件不构成侵权。
4	博仕华（北京）教育科技有限公司与北京达润世纪国际教育科技股份有限公司计算机软件著作权许可使用合同纠纷案	北京市海淀区人民法院（2013）海民初字第16364号民事判决书	法院认为，关于达润世纪公司是否扩大"思维阅读"多媒体课件的使用范围一节，合作协议约定达润世纪公司在进行与"思维阅读"多媒体课件相关的在线教学、印刷物等开发前应当事先取得博仕华公司许可，结合博仕华公司提交的《关于请博仕华公司提供相关文件的函》，可以确认达润世纪公司已书面告知博仕华公司需向客户提供教学配套相关教材、字卡、指导书等，且不再额外收费，博仕华公司对此并未提出异议，现有证据亦不能证明博仕华公司就此已向达润世纪公司作出催告，可以视为博仕华公司已予以默示许可。

续表

序号	案例名称	案号或来源	裁判要点
5	陈文福与商标评审委员会等商标争议行政纠纷案	北京市高级人民法院（2011）高行终字第350号二审行政判决书	二审法院认为，陈文福与万县太白酒厂在事实上存在委托创作涉案书法作品的合同关系。虽然陈文福与万县太白酒厂未就涉案书法作品的使用范围作出明确约定，但是在案证据表明涉案书法作品的创作目的在于申请注册商标，且陈文福在创作时知晓上述目的，因此万县太白酒厂可以在前述目的范围内使用涉案书法作品。

（三）成立商标默示许可的案例

表3-4　成立商标默示许可的案例

序号	案例名称	案号或来源	裁判要点
1	贵州巨工电器有限责任公司与贵阳东巨电器厂商标使用权纠纷案	贵州省贵阳市中级人民法院（2007）筑民三初字第55号民事判决书	法院认为，根据联营协议的约定，东巨电器厂生产了原告巨工公司拥有专利权的产品，并在产品上使用了"JOGL"商标，巨工公司知晓此情况，并没有提出反对意见，故应当认定巨工公司默示同意东巨电器厂在专利产品上标注其注册商标。
2	上海能控自动化科技有限公司与徐瑞新商标侵权纠纷	上海市高级人民法院（2007）沪高民三（知）终字第4号二审民事判决书	二审法院认为，根据系争商标的注册申请受理通知书及注册证，被上诉人徐瑞新系系争"AEC"商标的合法注册人，其享有的商标专用权应依法受到保护。但被上诉人在上诉人公司任职期间，对于上诉人使用系争商标的相关行为从未提出异议，故应视为其对上诉人的上述商标使用行为的默示许可，因此上诉人在履行被上诉人在其公司任职期间签署的有关合同的过程中使用系争商标的行为，并未侵犯被上诉人系争商标专用权。

续表

序号	案例名称	案号或来源	裁判要点
3	浙江伦特机电有限公司与乐清市伦特电子仪表有限公司侵犯商标专用权纠纷、商标专用权权属纠纷案	温州市中级人民法院（2010）浙温知终字第3号二审民事判决书	一审认为，虽然《分书》对商标使用问题未明确提及，但《分书》中体现的财产平分，不宜分割则共用的原则，档案共用（各自业务除外），及《分书》中约定模具共用，修理费共担，由于模具上刻有商标模，压出来配件、产品就有商标，说明浙江伦特是按习惯在使用诉争商标。同时浙江伦特已实际使用诉争商标相当长时间，乐清伦特也是明知而没有异议。因此可以认定乐清伦特默许浙江伦特有使用该诉争商标的权利，其使用性质属于许可使用范围，作为许可人的乐清伦特有监督的权利。 二审法院认为，原审法院以《分书》上"（刻有'特星＋TX＋图形'注册商标的）模具公用"之积极约定与乐清伦特明知浙江伦特在使用刻有"特星＋TX＋图形"注册商标的模具而长期没有予以制止之消极行为为基础，得出乐清伦特默示许可浙江伦特使用其"特星＋TX＋图形"注册商标的结论也并无不妥。
4	成都锦尚贸易有限公司与昆明市五华区宏鑫日用百货经营部、施海明侵害商标权纠纷案	昆明市中级人民法院（2015）昆知初字第469号民事判决书	法院认为，原告虽然与被告没有签订书面的授权许可合同，但是原、被告双方以实际行为建立了一种授权许可使用的关系。装潢和道具不同于其他商品，原告在提供带有其注册商标标识的装潢和道具的时候，应当非常清楚地知道，被告购买使用这些道具等是用来展示销售商品的，所以原告对被告在其店铺内使用这些道具等进行展示销售鞋子的行为应当是一种默示许可，并且原、被告双方往来的电子邮件内容也表示，原告对被告在昆明经营的几家店铺内使用原告商标标识的行为是认可的。

序号	案例名称	案号或来源	裁判要点
5	大班面包西饼有限公司与北京恒瑞泰丰科技发展有限公司商标权权属、侵权纠纷案	北京市高级人民法院（2013）高民终字第 3998 号二审民事判决书	二审法院认为，恒瑞泰丰公司系基于对大班公司出品的月饼进行团购销售宣传而进行注册商标的引用，同时在网站记载内容中也明确说明了销售商品出自大班公司……由此恒瑞泰丰公司对其销售商品进行合理的商业宣传与推广，并未损害大班公司的合法权益，而且大班公司亦未举证证明恒瑞泰丰公司在网站上的宣传行为违背了基本市场运营规则，存在不正当性。由此大班公司对于其出品的商品，在符合基本市场营销方式的情况下，无权禁止他人进行合理性宣传、推广，同时该市场营销手段应视为商标注册人的许可，即关于权利用尽的默示许可。

第四章　知识产权默示许可的发生情形

　　作为一种非明示的许可行为，知识产权默示许可存在的范围显然难以界定，一切存在知识产权实施的领域，似乎都有允许知识产权默示许可存在的空间。因此，默示许可在知识产权侵权抗辩领域有着较宽的适用范围，以专利为例，比如基于专利权人和其被许可人销售产品的行为、基于委托代理、基于原许可协议、基于专利权人的违约行为等情形，都曾经被认定为存在默示许可。❶ 本章兹根据已有的文献和案例，归纳出一些知识产权默示许可常见的发生情形，以加深对知识产权默示许可的认识，为知识产权默示许可的类型化和规则化提供事实基础。

　　需要说明的是，从目前的研究和案例来看，默示许可主要集中在专利和著作权领域，商标及其他知识产权领域适用默示许可的案例极其罕见，即使有使用"默示许可"这个术语，大多数也并非本研究所讨论的所谓知识产权默示许可。

第一节　专利默示许可的发生情形

一、基于技术标准而产生的专利默示许可

（一）标准与专利结合带来的问题

　　根据 GB/T20000.1—2014《标准化和相关活动的通用术语》的规定，"标准是通过标准化活动，按照规定的程序经协商一致制定，为各种活动或其结果提供规则、指南或特性，供共同使用和重复使用的文件。"标准按照标准化对

---

❶　闫宏. 专利默示许可规则探析［D］. 北京：清华大学，2007：7.

象分类，通常分为技术标准、管理标准和工作标准三大类。显然，与专利相关的主要是技术标准。

标准具有开放性和公益性，代表着公共利益；而专利具有排他性和私权性，代表着私有利益。因此，从表面上看，标准与专利因其代表不同的利益取向，而具有不可调和的矛盾。但是，专利进入技术标准，已经成为不可逆转的趋势。由于以高新技术产业为代表的知识产业的崛起，推动了专利密集度和复杂性的增强，使得在移动通信、数字电视等领域，包含专利的技术构成了标准制定不可替代的技术方案，也即标准与专利的结合不可避免。❶

专利进入标准虽然提高了标准的技术水平，但其给标准的制定程序带来了额外的复杂性，如果处理不好专利问题，还可能导致产业垄断，抑制技术创新。标准化组织不得不正视这种事实，并主动完善自身政策规则以平衡各方利益，减少因专利许可问题而带来的纠纷和对标准制定与实施的阻碍。❷

（二）标准制定的专利信息披露政策概述

1. 国际上标准化组织的专利信息披露政策

国际标准组织（ISO）、国际电工委员会（IEC）、国际电信联盟（ITU）等标准化组织很早就制定有各自的知识产权政策，为了确保全球范围内技术和系统的兼容性，ISO、IEC 和 ITU 于 2005 年 2 月联合成立特别工作组，以 ITU 电信标准化部的专利政策为基础，制定适用于三个标准化组织的共同专利政策，并最终于 2006 年 3 月发布了国际标准化领域首个统一的专利政策——《ITU－T/ITU－R/ISO/IEC 共同专利政策》（以下简称"共同专利政策"）。为更好地理解并促进前述政策的实施，三大标准化组织又于 2007 年 3 月发布了《ITU－T/ITU－R/ISO/IEC 共同专利政策实施指南》（以下简称"实施指南"），并于 2012 年 4 月进行了修订。

---

❶ 王益谊，朱翔华，等．标准涉及专利的处置规则［M］．北京：中国标准出版社，2014：2－5.
❷ 通常，专利进入标准需要解决以下主要问题：（1）进入标准的专利范围问题，通常必须是标准不可缺少的必要专利；（2）专利信息的披露问题，即谁有义务在何时披露专利；（3）专利信息公布与标识问题，即已披露的专利信息如何公布及如何标识；（4）专利的承诺许可问题，即须作出许可的承诺，包括免费及收费的许可；（5）专利许可的合理无歧视问题，即进入标准的专利许可须遵循合理且无歧视的原则；（6）专利权转移后的约束问题，即应当采取措施使前述许可的承诺约束该专利的受让人或被许可人；（7）标准化组织的中立性问题，即标准化组织不负责专利识别、不介入许可谈判、不处理专利纠纷等。（王益谊，朱翔华，等．标准涉及专利的处置规则［M］．北京：中国标准出版社，2014：6－7，21－23.）囿于本研究的主题是与标准相关的专利默示许可，因此，主要聚焦于标准制定过程中专利信息的披露问题，以及由此带来的专利默示许可问题。

前述"共同专利政策"指出，参与 ISO、IEC 或 ITU 工作的有关各方，从一开始便应该分别提请前述标准化组织注意任何已知专利或专利申请，无论是他们自己组织的还是其他组织的，尽管 ISO、IEC 或 ITU 不能核实这些信息的有效性。前述"实施指南"进一步解释了"专利"的含义，并限定为"必要专利"（包括专利申请）❶，并指出"从一开始"意味着应在制定标准期间尽早披露这些专利信息，无论该专利是其自己的还是第三方的。这些专利信息应该在真诚和尽最大努力的基础上提供，但是不要求进行专利检索。任何未参与标准制定的机构，可以披露任何已知的必要专利。

欧洲标准化委员会（CEN）和欧洲电工标准化委员会（CENELEC）在 2008 年决定采用 ISO、IEC 和 ITU 制定的"共同专利政策"，并在 2009 年 11 月发布了修订并更名的《CEN/CENELEC 指南 8：CEN‐CENELEC 共同知识产权政策实施细则》，该细则在专利披露、承诺许可及合理无歧视原则等方面与 ISO、IEC 和 ITU 的"实施指南"保持了高度一致。

欧洲电信标准学会（ETSI）的《ETSI 知识产权政策》和《ETSI 知识产权指南》同样关注进入标准的专利信息披露问题，要求 ETSI 会员、准会员及其关联公司必须尽合理努力及时向 ETSI 披露必要专利，如果参与某项标准或技术规范的制定过程，则更应该履行上述义务。ETSI 会员、准会员及其关联公司同样无须进行专利检索。❷

美国国家标准学会（ANSI）的专利政策，同样鼓励参与标准制定的成员披露专利信息，并在合理非歧视原则的基础上进行许可。❸ 英国标准协会（BSI）的专利政策要求其技术委员会成员应该尽合理努力将其所知悉的、与正在制定的标准相关的任何第三方专利或第三方专利权利要求通知技术委员会。如果技术委员会成员所代表的第三方可能是正在制定的标准相关的专利（或专利权利要求）的专利持有人，则该技术委员会成员有义务尽合理努力识别由该第三方持有的专利（或专利权利要求），并通知技术委员会。❹

---

❶ 《ITU‐T/ITU‐R/ISO/IEC 共同专利政策实施指南》所称的"专利"，是指基于发明创造的发明专利、实用新型专利和其他类似法定权利（包括上述任何权利的申请）中所包含和确定的权利要求，且这些权利要求对于某项标准的实施是必要的。"必要专利"是实施某项特定标准所必需的专利。

❷ 王益谊，朱翔华，等. 标准涉及专利的处置规则［M］. 北京：中国标准出版社，2014：17.

❸ 赵启杉. 标准化组织专利政策反垄断审查要点剖析——IEEE 新专利政策及美国司法部反垄断审查意见介评［J］. 电子知识产权，2007（10）：19‐23.

❹ 王益谊，朱翔华，等. 标准涉及专利的处置规则［M］. 北京：中国标准出版社，2014：19.

日本工业标准调查会（JISC）在 2000 年提出了《制定使用受专利权保护的技术的日本工业标准的程序》，并于 2012 年 1 月发布了修订后的专利政策。JISC 的专利政策对日本工业标准（JIS）项目承包人、提交 JIS 草案的申请人的披露义务进行了规定，但有所不同的是，在向 JISC 提交 JIS 草案之前，JIS 项目承包人或提交 JIS 草案的申请人必须对 JIS 草案相关的专利技术进行检索，但没有要求将专利检索的范围扩散到 JIS 草案制定者所知悉的范围之外。❶

可见，国际上主流的国际标准组织、区域标准组织和国家标准机构都在不同程度上对"谁"有义务在"什么时候"披露"谁的"必要专利进行了规定。如此规定的目的在于提前扫除标准制定过程中的专利威胁。不过，基本没有标准化组织要求标准化制定的参与者、标准技术草案的提交者等主体进行专利检索，这也就意味着参与者只需要就自己所知的专利作披露即可。同时，几乎所有标准组织都没有对不披露的后果作任何规定，这从某种程度上降低了披露义务的要求。❷ 因此，大多数标准化组织对于标准涉及专利的信息披露，并不是强制性义务（因此，本研究称之为专利信息披露的"要求"）。

2. 我国标准化组织的专利信息披露政策

2013 年 12 月 19 日，国家标准委、国家知识产权局发布的《国家标准涉及专利的管理规定（暂行）》，首次明确了我国国家标准制定和修订（以下简称"标准制定"）中的专利信息披露问题，虽然未明确提出却暗含了成立专利默示许可的可能性。

《国家标准涉及专利的管理规定（暂行）》第 5 条规定："在国家标准制修订的任何阶段，参与标准制修订的组织或者个人应当尽早向相关全国专业标准化技术委员会或者归口单位披露其拥有和知悉的必要专利，同时提供有关专利信息及相应证明材料，并对所提供证明材料的真实性负责。参与标准制定的组织或者个人未按要求披露其拥有的专利，违反诚实信用原则的，应当承担相应的法律责任。"该规定第 6 条进一步规定："鼓励没有参与国家标准制修订的组织或者个人在标准制修订的任何阶段披露其拥有和知悉的必要专利，同时将有关专利信息及相应证明材料提交给相关全国专业标准化技术委员会或者归口单位，并对所提供证明材料的真实性负责。"

---

❶ 王益谊，朱翔华，等. 标准涉及专利的处置规则［M］. 北京：中国标准出版社，2014：19–20.

❷ 王益谊，朱翔华，等. 标准涉及专利的处置规则［M］. 北京：中国标准出版社，2014：21–22.

根据《国家标准涉及专利的管理规定（暂行）》第 21 条的规定："国家标准文本有关专利信息的编写要求按照《标准化工作导则》国家标准中有关规定执行。"通过标准文本的封面、前言、引言中会对涉及的必要专利进行标识。需要说明的是，根据《国家标准涉及专利的管理规定（暂行）》第 22 条，行业标准和地方标准中涉及专利的，可以参照适用该规定。

根据《国家标准涉及专利的管理规定（暂行）》和《标准制定的特殊程序第 1 部分：涉及专利的标准》（GB/T 20003.1 – 2014）的规定，参与标准制定的组织或个人进行专利信息披露时，应提交书面材料，通过填写必要专利信息披露表❶，并将相关证明材料（如专利证书复印件、专利申请号）等一起提交至所属的全国专业标准化技术委员会或归口单位。❷

由上可见，（1）专利信息披露的主体是参与国家标准制定（包括修订）的组织或个人。（2）专利信息披露时间是在国家标准制定或修订的任何阶段，原则上应该是标准发布前。（3）专利信息披露的内容是披露主体拥有或知悉的必要专利（包括专利申请），所谓"必要专利"是指"实施该项标准必不可少的专利"❸，这里排除了非必要专利。（4）未按要求披露其拥有的专利，违反诚信原则的，应当承担法律责任，这里暗含了成立专利默示许可的可能性。（5）对于参与国家标准制定的主体未披露所知悉的必要专利，以及没有参与国家标准制修订的主体未披露其拥有和知悉的必要专利（自然也包括非必要专利），则没有规定法律责任。（6）国家标准的参与者有义务披露其拥有的专利信息，而行业标准和地方标准中涉及专利的，可以参照国家标准的规定适用。

值得指出的是，在有专利信息披露要求的情形下，不得以专利系公开信息为由不进行披露。在广西南宁邕江药业有限公司与河南省天工药业有限公司侵犯发明专利权纠纷案［（2007）桂民三终字第 46 号］中，广西壮族自治区高级人民法院认为："由于专利授权情况已在国务院专利行政部门的专利公报中

---

❶ 《必要专利信息披露表》包括三部分内容：（1）标准信息，如国家标准号、国家标准名称等；（2）专利披露者信息，如单位名称、联系人及联系地址、电话、电子邮箱等；（3）标准中涉及的必要专利信息，如专利号/专利申请号、专利名称、专利权人/专利申请人、涉及专利的标准条款（章、条编号）、是否同意作了实施许可声明。

❷ 事实上，多数国际标准化组织对于专利信息的披露要求并不苛刻。比如，IEEE 要求标准参与者披露专利信息时不需要提供具体的专利信息，而 ITU 对专利权人免费或 FRAND 许可时不需要披露具体的专利信息，只是在拒绝许可时才需要披露具体的专利信息。

❸ 《国家标准涉及专利的管理规定（暂行）》第 4 条。

公布，权利状态已经由专利行政部门的行政行为予以确定，任何人想实施专利均可在专利公报中查询，法律没有规定专利权人还负有另行向公众告知的义务。"虽然本案判决在《国家标准涉及专利的管理规定（暂行）》发布之前，但判决认为"任何人想实施（标准中的）专利均可在专利公报中查询"的论断并不恰当，因为查询专利毕竟是一个专业的活动，如果专利权人不提供任何专利信息，让标准实施者依据标准内容而自行查找专利情况，既高估了实施者的专利检索能力，也不恰当地提高了实施者的专利注意义务，甚至提高了标准实施的交易成本。

（三）专利信息不披露的法律后果

虽然标准化组织鼓励专利信息披露，但是，如果专利权人参与标准制定时并未向标准化组织充分披露其专利，而该专利又被纳入了标准化组织发布的技术标准之中，此时应该如何处理？《国家标准涉及专利的管理规定（暂行）》第5条对于"参与标准制定的组织或者个人未按要求披露其拥有的专利，违反诚实信用原则的"，规定应当承担相应的"法律责任"，但是所谓的"法律责任"并不清晰，因为只能借助相关的法律法规进行确定。

1. 可能承担反垄断的法律责任

专利权人参加技术标准而不披露专利信息，至少在美国有可能涉嫌利用技术标准获取垄断地位，而应承担垄断的法律责任。[1] 我国2015年4月7日公布的《关于禁止滥用知识产权排除、限制竞争行为的规定》（国家工商行政管理总局令第74号，以下简称"工商总局74号令"）也初步确立了标准制定中专利权人的垄断责任。

工商总局74号令第13条第2款规定："具有市场支配地位的经营者没有正当理由，不得在标准的制定和实施过程中实施下列排除、限制竞争行为：（一）在参与标准制定的过程中，故意不向标准制定组织披露其权利信息，或者明确放弃其权利，但是在某项标准涉及该专利后却对该标准的实施者主张其专利权……"根据工商总局74号令第17条的规定，针对前述违法行为，"由工商行政管理机关责令停止违法行为，没收违法所得，并处上一年度销售额百分之一以上百分之十以下的罚款"。

由于工商总局74号令前述规定针对的是"经营者滥用知识产权排除、限

---

❶ 孙南申，徐曾沧. 美国对技术标准中专利信息不披露行为的反垄断措施［J］. 华东政法大学学报，2009（1）：55－63.

制竞争的行为构成滥用市场支配地位"的垄断行为，因此，即使专利权人在标准制定过程中不披露其专利信息而事后主张专利权，也不一定均会受到工商总局 74 号令的约束，因为专利权人未必是"具有市场支配地位的经营者"。事实上，工商总局 74 号令作为我国反垄断法体系的一部分，并不负有解决标准参与者未披露专利信息的许可问题，尤其是默示许可的问题，因此这里不作讨论。

2. 可能承担默示许可的法律后果

在美国，专利权人进入标准中的专利很可能受到默示许可的限制。❶ 在中国，目前情形似乎有些类似，即行政机关和司法机构似乎均支持给予其默示许可的法律后果。虽然根据我国《国家标准涉及专利的管理规定（暂行）》，专利信息披露的主体是参与国家标准制定（包括修订）的组织或个人，并不限于专利权人，但是，要承担默示许可义务的只能是专利权人，因此，下面讨论的主体限于专利权人。

2008 年 7 月，最高人民法院的第 4 号复函正式指出："专利权人参与了标准的制定或者经其同意，将专利纳入国家、行业或者地方标准的，视为专利权人许可他人在实施标准的同时实施该专利"，"专利权人可以要求实施人支付一定的使用费，但支付的数额应明显低于正常的许可使用费"。但要注意的是，"第 4 号复函"设定了一个适用的前提，即"目前我国标准制定机关尚未建立有关标准中专利信息的公开披露及使用制度"。如果标准制定相关的专利信息披露及使用制度建立后，该复函的精神是否继续适用，仍然值得观察。

2015 年 12 月，国务院法制办公室公布的《中华人民共和国专利法修订草案（送审稿）》第 85 条仍然支持在一定条件下成立标准必要专利的默示许可："参与国家标准制定的专利权人在标准制定过程中不披露其拥有的标准必要专利的，视为其许可该标准的实施者使用其专利技术。许可使用费由双方协商；双方不能达成协议的，可以请求国务院专利行政部门裁决。当事人对裁决不服的，可以自收到通知之日起十五日内向人民法院起诉。"

值得讨论的是，如果标准化组织没有要求也没有鼓励参与标准制定的主体披露其专利信息，而当地的法律法规也没有施以标准制定参与者披露专利信息的强制性义务，是否需要适用默示许可？有趣的是，最高人民法院"第 4 号复

---

❶ 马克·A. 莱姆利. 标准制定机构知识产权规则的反垄断法分析［M］//杨紫烜. 经济法研究（第三卷）. 北京：北京大学出版社，2003.

函"在相关案件答复中支持默示许可的前提，恰恰是"目前我国标准制定机关尚未建立有关标准中专利信息的公开披露及使用制度"。但我们认为，在法律法规和标准化组织均没有要求（包括鼓励）专利信息披露的情形下，不宜对专利权人的专利课以默示许可的负担。如果专利权人在参与标准制定时，标准化组织并未作出专利信息披露要求，在标准实施后又以专利进入标准而课以其专利默示许可的负担，显然不符合专利权人的预期，也有违公平的原则。

当然，如果专利权人向标准化组织披露了专利信息，但标准化组织并未在标准中公布该专利信息，如何处理？虽然标准化组织未予披露，实际效果是实施者并未获取相关专利信息，但鉴于该等情形并非专利权人的过错，因此，没有理由对专利权人施以默示许可的后果。

在标准专利适用默示许可的情形中，除了专利权人违反诚实信用原则未按要求披露其拥有的专利之外，还应当有一个限制条件，即其未在合理期间内披露专利信息。

大多数标准化组织的专利政策都鼓励参与标准的主体尽早披露其专利信息。比如，ISO、IEC 和 ITU 鼓励参与其标准制定工作的任何机构尽早披露任何已知的必要专利或必要专利申请，无论该必要专利或必要专利申请是自己的还是其他机构的。我国《标准制定的特殊程序　第 1 部分：涉及专利的标准》（GB/T 20003.1－2014）4.1.1 明确指出，参与标准制定的组织或个人应尽早披露自身及关联者拥有的必要专利。❶

可见，鼓励尽早披露专利信息是各标准化组织的共识。不过，在实践中，专利信息越早披露越不准确，因为该专利能否纳入标准之中尚不确定，甚至哪些技术是否存在专利权可能也不完全确定。因此，在技术提案竞争激烈的情况下，在标准提案阶段披露专利的情况不多见。

对专利权人而言，未披露专利信息的情形主要包括两种：

（1）专利权人在标准制定过程中，主动提交专利但未披露专利信息。所谓"未披露"包括不主动披露、隐瞒专利状况，或作出无专利的虚假保证。

（2）专利权人在标准制定过程中，明知其专利进入了标准，虽然不是其

---

❶　根据《标准制定的特殊程序　第 1 部分：涉及专利的标准》（GB/T 20003.1－2014）第 3.3 条的规定，所谓关联者是指"直接或间接控制法律实体 A，或受法律实体 A 控制，或与法律实体 B 控制的法律实体"。其中的"控制"是"描述一个法律实体直接或间接拥有另一个法律实体中超过 50% 表决权的股份，或者在未达到前述 50% 表决权股份的情况下，拥有决策权的状态。关联者不包括以国家作为关联者的法律实体"。

主动提交的，但未表示反对，甚至进行隐瞒或虚假保证。

根据《国家标准制定程序的阶段划分及代码》（GB/T16733－1997），目前我国国家标准的制定包括 9 个阶段：预阶段、立项阶段、起草阶段、征求意见阶段、审查阶段、批准阶段、出版阶段、复审阶段、废止阶段。通常而言，标准中涉及的专利信息，专利权人可以在以上任何阶段进行信息披露，但原则上应该在标准发布前或者修订发布前。

因此，反过来讲，如果标准参与者在标准制定过程中已充分披露了其拥有的专利信息，当然不再适用默示许可。事实上，我们认为，正是要通过对不披露的专利施以默示许可的限制，来促进或鼓励标准参与者积极披露其拥有的专利信息，并在公平、合理、无歧视基础上，许可其他组织或者个人在实施标准时实施其专利（此即"明示许可"）。❶

2013 年 2 月 28 日，日本东京地区法院驳回三星公司对苹果公司的起诉，理由是三星滥用 3G UMTS 专利 JP4642898，从而该专利不可实施（unenforceable）。滥用理由包括：三星没有满足披露义务，在标准被采纳后两年才披露该专利，即没有在标准制定过程中披露。但是三星公司认为，标准必要专利的声明过程需要遵守适当的内部程序，识别标准必要专利需要耗费大量的工作和时间，需要一到两年的时间。ETSI 标准组织要求的是尽合理努力（reasonable endeavors）及时披露（in a timely manner），三星并没有违法义务。2014 年 5 月 16 日，日本知识产权高等裁判所就上诉案作出判决，推翻一审法院裁决，认定三星没有在标准制定过程中披露专利并不影响实施。法官认为：三星毕竟还是作了专利声明，此案中有没有声明看来不会影响标准制定，而且三星还提供了其他公司的声明情况证明自己晚披露两年并不算特别延迟。

由此可见，虽然标准化组织鼓励尽早披露专利信息，但不一定是要在标准发布前必须披露，还必须结合专利权人识别标准必要专利的合理时间等因素，综合考量。

（四）标准涉及专利默示许可成立的逻辑

对于标准涉及的专利默示许可问题，一直以来均有反对之声。自从 2015 年 4 月国家知识产权局发布的"专利法征求意见稿"规定标准中的专利默示许可制度以来，国内反对的声音更加强烈。最具代表性的是华为技术有限公司

---

❶ 参见《国家标准涉及专利的管理规定（暂行）》第 9 条。

副总裁宋柳平博士的意见。❶

宋柳平博士认为："在世界范围内，到目前为止还没有任何一个国家，主动地去对国家标准的必要专利权利人用成文法的方式进行限制或约束。这种限制或约束对于国家利益而言是极其危险的。""国际标准权利人都是没有参与中国标准的制定……结果，中国的企业参与了国家标准的制定，作出了贡献，而中国企业在中国国家标准的必要专利被约束和限制掉了，这就等于只缴了中国企业的武器，而西方公司的武器还保留着，这就使得我国企业与西方公司在全球市场的竞争中处于一个十分不利的地位，因此这是非常危险的。"

"世界上几乎所有国家对于国家标准的制定权都非常重视，对国家标准必要专利的任何限制和约束都十分慎重。因为它是一个国家主权的重要体现，不能轻率地作出这种自废武功的决定。"

"到目前为止还没有任何一个中国的创新个人或组织因为中国国家标准必要专利而获得了经济利益，更别说像西方公司那样获得巨大的经济利益。所以根本没有需要约束和限制标准必要专利这种权利的现实社会需求。"

"中国现在还没有到达需要对国家标准专利进行强约束那样一个阶段。"❷

本研究认为，标准涉及的专利默示许可问题的确应当谨慎规范，充分论证，不宜操之过急，但也不需要视其为"洪水猛兽"，过度担心。理由如下：

1. 有利于保护标准实施者的信赖利益

加州大学伯克利分校的 Robert P. Merges 和 Jeffrey M. Kuhn 指出，有两种标准中的专利策略：（1）专利挟持（bait - and - switch），指专利权人通过免费许可鼓励标准采纳其专利，但在标准广泛应用后又对标准实施者主张专利权。（2）专利潜伏（snake - in - the - grass），指专利权人在标准制定时故意保持沉默，在专利进入标准后，又企图在标准普及时主张专利权。❸ 对于专利挟持可以通过禁止反言原则（the estoppel doctrine）来抗辩其收费许可；而对于专利潜伏这种承诺不享有专利或隐瞒专利的行为，则需要默示许可来处理，其理由在于标准实施者的合理信赖利益应当受到保护。

专利权人将其专利技术纳入标准化组织的技术标准（不包括企业凭借垄

---

❶ 宋柳平. 全面深刻准确地再认识标准必要专利［EB/OL］.［2015 - 11 - 20］. http：//www. powernation. cn/nshow. asp？nid = hzqdUL = =&ncid =36&c =3.

❷ 同上。

❸ MERGES R P. KOHN J M. An Estoppel Doctrine for Patented Standards［J］. California Law Review，2009，97（1）.

断地位等建立的事实标准），而标准作为共同遵守的准则和依据，通常是鼓励推广，甚至是强制推广的。因此，标准的实施者通过标准化组织发布的技术标准，可以合理地期待能够不被拒绝地使用标准中的技术，即使他知道存在某项专利，都可能合理地信赖专利权人愿意放弃标准涉及的专利权。❶

2015 年 4 月，国家知识产权局在《关于〈中华人民共和国专利法修改草案（征求意见稿）〉的说明》中指出："为了防止参与标准制定的专利权人在标准制定过程中不披露其拥有的标准必要专利，将其拥有的专利技术纳入标准中，在标准实施后又通过专利'挟持'标准实施者，损害标准实施者和消费者利益，专利法有必要对此种行为进行规制。"

2. 有利于鼓励专利权人的信息披露

根据《国家标准涉及专利的管理规定（暂行）》第 9 条的规定，标准参与者作为专利权人在披露标准必要专利信息后，全国专业标准化技术委员会或者归口单位应当及时要求其作出专利实施许可声明，声明应当在以下三项内容中选择一项：（1）同意在公平、合理、无歧视（Fair, Reasonable, And Non - Discriminatory Terms，以下简称"FRAND 原则"）基础上，免费许可任何组织或者个人在实施该国家标准时实施其专利；（2）在公平、合理、无歧视基础上，收费许可任何组织或者个人在实施该国家标准时实施其专利；（3）不同意按照以上两种方式进行专利实施许可。

如果标准参与者作出前述第（3）项选择，非强制性国家标准不得包括基于该专利的条款；❷ 强制性国家标准确有必要涉及专利，应当由国家标准化管理委员会、国家知识产权局及相关部门和专利权人或者专利申请人协商专利处置办法。❸ 显然，此时标准参与者的专利要么不能进入标准，要么经过协商后标准参与者重新回到前述第（1）或第（2）项选择。

如果标准参与者在标准制定过程中拒绝披露或隐瞒其专利信息，显然他不应该获得比主动披露专利信息的标准参与者更为自主的选择权，即有选择同意许可还是不同意许可的权利。因为当主动披露专利信息的标准参与者选择不同意许可时，很可能他的专利最终无法进入标准之中。如果不披露其专利信息的标准参与者在其专利进入标准后，还有权利拒绝专利实施许可，显然既对标准

---

❶ LEMLEY M A. Intellectual Property Rights and Standard - Setting Organizations [J]. California Law Review, 2002, 90 (2): 1889 - 1904.

❷ 《国家标准涉及专利的管理规定（暂行）》第 10 条。

❸ 《国家标准涉及专利的管理规定（暂行）》第 15 条。

实施者不公平，更对其他主动披露专利信息的标准参与者不公平，既然不披露专利信息还能获得更大的许可决定权，那么又有谁愿意主动披露专利信息呢？

因此，必须对违反专利信息披露要求的标准参与者直接适用专利默示许可，剥夺其专利实施许可与否的决定权，才能彰显对不披露其专利信息的标准参与者的惩戒，并鼓励更多的标准参与者在标准制定过程中积极披露其涉及标准的专利信息。否则，如果没有标准必要专利默示许可，将让恶意隐瞒专利信息的标准参与者获得更好的许可优势地位，显然，这并不是值得鼓励的制度设计。

3. 有利于减少标准制定或实施成本

根据《国家标准涉及专利的管理规定（暂行）》第 12 条和第 15 条的规定，国家标准发布后，发现标准涉及专利但没有专利实施许可声明的，标准化组织应当在规定时间内获得专利权人作出的专利实施许可声明。对于非强制性国家标准，如果专利权人作出的专利实施许可声明不同意在公平、合理、无歧视基础上进行许可，标准化组织可以视情况暂停实施该国家标准，或修订该标准。对于强制性国家标准确有必要涉及专利，且专利权人拒绝作出在公平、合理、无歧视基础上进行许可的声明，应当由标准化组织等相关部门和专利权人协商专利处置办法。

由此可见，如果在国家标准发布后，发现标准涉及专利，但未取得专利权人在公平、合理、无歧视基础上进行许可的声明，将有可能导致标准重新修订，如此一来，显然会增加标准制定的成本。如果标准涉及的专利不是标准参与者拥有的，自然无法强制地施以默示许可。如果标准涉及的专利恰恰是标准参与者拥有的，如此耗费标准制定的过程，应当由该标准参与者承担部分责任，没有必要再去要求其作出专利实施许可声明，并在其不同意在公平、合理、无歧视基础上进行许可时，进一步暂停、修订相关标准，此时直接承认专利默示许可，更符合效率原则，有利于减少标准制定或实施成本。同时，如此操作对作为专利权人的标准参与者而言亦并未有不公平对待的问题，因为是其违反标准化组织的专利信息披露要求在先。

4. 限制专利权人许可自由影响并不严重

限制专利权人的许可自由表面上看似乎是一件很严重的事情，事实上并非如此。如前所述，即使对主动披露专利信息的标准参与者（专利权人），其事实上也没有拒绝许可的权利，因为其一旦不同意在公平、合理、无歧视基础上进行专利实施许可，该标准参与者的专利通常难以进入标准。

事实上，标准参与者如果希望其披露的专利能够进入标准，在实践中只有两种选择，即在公平、合理、无歧视基础上，收费或免费许可标准实施者利用其专利。而如后所述，我国相关司法政策及"专利法送审稿"并未免除标准必要专利默示许可使用人的付费义务。所以，即使承认标准必要专利的默示许可，事实上对专利权人影响也并不太大。

反过来，如果标准参与者主动提交其专利进入标准，但并不披露专利信息，或者知悉其专利被纳入标准，也默不作声，反而在标准公布实施后，还能够享有决定是否许可给标准实施者使用专利的权利，这种相比于主动披露专利信息的标准参与者，岂不是享有了"特权"？专利默示许可仅仅是否定了未遵守专利信息披露要求的标准参与者的"特权"而已，将其与遵守专利信息披露要求的标准参与者享有差不多的许可地位，甚至直接给予其"收费许可"的待遇，而不用再去选择"免费许可"。

有人还担心，遵守专利信息披露要求并作出专利实施许可声明的专利权人（标准参与者），在许可谈判中还享有禁令救济（即请求停止标准实施行为）的权利。如果适用默示许可，则专利权人已经被剥夺了许可自由，不能再适用禁令，有所不当。笔者认为，适用默示许可某种程度上就是对专利权人不遵守专利披露要求的惩罚，原则上不能给予禁令救济。

5. 对外输出知识产权制度文化的尝试

众所周知，我国知识产权制度是"舶来品"，主要借鉴了德国等发达国家成熟的知识产权制度，虽然具有不少中国特色的制度，但总体上是国外制度的输入。知识产权事业经过 30 余年的发展，我国已然成为知识产权大国，专利、商标申请量多年来已经稳居世界首位。2015 年 12 月，国务院发布了《关于新形势下加快知识产权强国建设的若干意见》（国发〔2015〕71 号），提出"加快知识产权强国建设"。本研究认为，中国专利法虽然不必过度领先国际立法，尤其是不能脱离基本国情，但也不必一定只能跟随立法。中国专利法率先在立法层面承认标准必要专利的默示许可制度，可以为世界其他各国立法确立标准必要专利的默示许可制度提供经验和参考，是我国在制度文化上适当超越和领先的标志，甚至成为我国知识产权制度文化对外输出的尝试，也是知识产权强国建设的重要体现。

（五）专利默示许可适用的标准类型

根据 1989 年 4 月 1 日起施行的《中华人民共和国标准化法》的规定，在我国，标准主要分为四类：（1）国家标准，由国务院标准化行政主管部门制定；（2）行业标准，由国务院有关行政主管部门制定；（3）地方标准，由省、自治区、直辖市标准化行政主管部门制定；（4）企业标准，由企业组织制定。❶ 前述国家标准、行业标准、地方标准又可分为强制性标准与推荐性标准。强制性标准必须执行，不符合强制性标准的产品，禁止生产、销售和进口。推荐性标准，国家鼓励企业自愿采用。❷

在我国，国家标准、行业标准、地方标准均由政府主导制定，目前强制性国家、行业、地方三级标准有万余项。❸ 根据《国务院关于印发深化标准化工作改革方案的通知》（国发〔2015〕13号）的规定，在标准体系上，我国会逐步将现行强制性国家标准、行业标准和地方标准整合为强制性国家标准。此外，我国还鼓励采用国际标准。所谓"国际标准"是国际标准化组织（ISO）、国际电工委员会（IEC）等国际组织所制定的标准。那么，专利默示许可是可以适用于任何标准，还是仅适用于部分标准呢？

1. 专利默示许可不应局限于国家标准

"第4号复函"明确将专利默示许可适用于国家、行业或者地方标准，而"专利法送审稿"只适用于国家标准。结合我国《国家标准涉及专利的管理规定（暂行）》第5条和第22条，可以认为，国家标准的参与者有义务披露其拥有的专利信息，否则会承担相应的法律责任，而行业标准和地方标准中涉及专利的，可以参照国家标准的规定适用。从这种意义上讲，尽管将来行业标准、地方标准会逐渐退出舞台，但标准中的专利默示许可应该适用于所有类型的标准，甚至是国际标准，只要标准实施者根据国际标准在中国实施，仍然可以对标准参与者在国际标准中未披露的专利主张默示许可的适用。因此，本研究认为，所有层次的标准均有专利默示许可的适用余地。

2. 专利默示许可不应局限于强制性标准

值得注意的是，无论是"第4号复函"还是"专利法送审稿"对于专利

---

❶ 《标准化法》第6条第2款规定："企业生产的产品没有国家标准和行业标准的，应当制定企业标准，作为组织生产的依据。企业的产品标准须报当地政府标准化行政主管部门和有关行政主管部门备案。已有国家标准或者行业标准的，国家鼓励企业制定严于国家标准或者行业标准的企业标准，在企业内部适用。"

❷ 由于企业标准并非政府机构制定，因此无所谓强制与否的问题，故也不存在强制性标准与推荐性标准之区分。

❸ 参见《国务院关于印发深化标准化工作改革方案的通知》（国发〔2015〕13号）。

默示许可的适用，均没有区分强制性标准与推荐性标准。自 2016 年 4 月 1 日起施行的《最高人民法院关于审理侵犯专利权纠纷案件应用法律若干问题的解释（二）》（法释〔2016〕1 号）第 24 条第 1 款，则只明确提及了"推荐性国家、行业或者地方标准"，且未正面规定默示许可的问题："推荐性国家、行业或者地方标准明示所涉必要专利的信息，被诉侵权人以实施该标准无须专利权人许可为由抗辩不侵犯该专利权的，人民法院一般不予支持。"

事实上，在前述条款发布之前，在再审申请人张晶廷与被申请人子牙河公司及一审被告、二审被上诉人华泽公司侵害发明专利权纠纷案〔（2012）民提字第 125 号〕中，最高人民法院已经在该案判决书中指出，专利权人对纳入推荐性标准的专利技术履行了披露义务，他人在实施该标准时，应当取得专利权人的许可，并支付许可使用费。未经许可实施包含专利技术的推荐性标准，或拒绝支付许可使用费的，构成侵害标准所含专利权的行为。

不过，从法释〔2016〕1 号解释第 24 条第 1 款似乎可以反推出这样的结论：如果推荐性国家、行业或者地方标准未能明示所涉必要专利的信息，被诉侵权人以实施该标准无须专利权人许可为由抗辩不侵犯该专利权的，人民法院可能会给予支持。而对于对强制性标准，是否成立、何时成立专利默示许可，最高人民法院在法释〔2016〕1 号解释中，只字未提，态度变得不甚明确。

本研究认为，连非强制性的推荐标准都有可能成立默示许可，强制性标准作为标准实施者必须遵守的技术法规，自然更应该有适用默示许可的余地。总而言之，无论强制性还是推荐性标准，能否适用专利默示许可的关键在于标准参与者是否披露其拥有的专利权。

二、基于技术推广而产生的专利默示许可

如果专利权人将其专利纳入国家推广使用的技术项目，是否与将自己的专利纳入技术标准一样，内在地蕴含了开放专利许可的意愿？在江苏优凝舒布洛克建材有限公司（以下简称"优凝公司"）诉江苏河海科技工程集团有限公司（以下简称"河海公司"）、江苏神禹建设有限公司（以下简称"神禹公司"）、扬州市勘测设计研究院有限公司侵犯专利权纠纷案中，两审法院均给予了肯定的回答。

2006 年 6 月 2 日，原告优凝公司将其"挡土块"发明专利纳入水利部"948"推广项目，推广起止时间为 2006 年 6 月至 2007 年 12 月，并授权扬州公司在设计中使用，但不得生产、制造、销售其产品。2007 年 5 月，被告扬

州公司在其设计的泰州市翻身河综合整治工程施工图纸中的"素砼预制块大样图"采用了原告"挡土块"发明专利所记载的技术方案。被告河海公司按前述施工图纸组织施工，并按"素砼预制块大样图"向神禹公司采购"生态挡墙块"2000平方米共支付279 876元。原告据此向法院提起侵犯专利权诉讼。本案原告的行为在一审和二审都均被定性为专利默示许可。二审法院认为，优凝公司参与水利部"948"推广项目，以及向扬州公司授权在设计中使用，是推广其专利实施与应用而采取的手段，且项目并未明确披露"挡土块"发明专利信息，也未约定专利许可使用费。河海公司、神禹公司在项目推广期间，实施专利的行为均是严格按照设计图纸施工的行为，属于在合理信赖的情形下实施专利的行为，不构成侵权。但法院结合涉案工程中标金额及使用产品的总价额，确定河海公司、神禹公司向优凝公司支付3万元专利许可使用费。❶

三、基于产品销售而产生的专利默示许可

因为专利权人（包括其被许可人，下同）的产品销售而发生的专利默示许可，典型的有以下几种情形。

1. 销售零部件专用于制造专利产品

如果专利权人获得一项产品专利，专利权人或其被许可人并非销售专利产品本身，而是销售了专利产品的相关零部件或原材料（或类似物品），这些零部件或原材料只能用于制造该专利产品，不能用于其他任何用途。如果专利权人或其被许可人在销售这些零部件或原材料时没有明确提出限制性条件，就应当认为购买者获得了利用这些零部件或原材料制造、组装、加工专利产品的默示许可，不构成专利侵权。

在微生物研究所与海王公司专利侵权案中，最高人民法院明确指出："如果某种物品的唯一合理的商业用途就是用于实施某项专利，专利权人或者经专利权人许可的第三人将该物品销售给他人的行为本身就意味着默示许可购买人实施该项专利。""如果硫酸依替米星原料药唯一合理的商业用途就是用于制造本案专利产品，那么专利权人自己建立的企业或者经专利权人许可的第三人

---

❶ 刘仁．"挡土块"专利挡不住"擅自使用"——法院认定涉案两被告实施国家科技推广项目中的专利视为实施标准中的专利［N］．中国知识产权报，2009－11－19．

销售该原料药的行为本身就意味着默示许可他人实施专利。"❶

在这种情形中认定默认许可必须满足三个条件：第一，专利权人或其被许可人销售的零部件除了用于实施专利技术外，没有别的用途；第二，专利权人或其被许可人在销售零部件时没有明确提出限制性条件；第三，销售的具体情况清楚表明能够推断出默认许可的存在。❷

2. 销售的产品专用于实施专利方法

当专利权人（包括其被许可人）销售的设备（产品），只能专用于实施专利权人的方法专利，无论专利权人对该专用设备是否享有专利权，仅仅从该专用设备销售的行为本身，即可推断购买者获得了实施专利权人方法专利的默认许可，无须再与专利权人签订专利实施许可合同。德国联邦最高法院 1979 年在一份判决书中指出："如果专利权人售出的是一个没有获得专利保护的设备，而该设备只能用于实施专利权人的方法专利，也不会使该方法专利被权利用尽，可以认为购买者获得了实施该方法专利的默认许可，不过默认许可是双方当事人之间的协议问题。"❸

比如，专利权人分别获得"一种镁粉深加工工艺"的方法发明专利权和实施该方法专利的专用设备"高速涡流镁粉机"实用新型专利权。如果专利权人销售给他人高速涡流镁粉机专利设备，且没有提出限制性条件，就表明专利权人默许他人可以无偿使用一种镁粉深加工工艺的方法专利，他人无须另行与专利权人签订专利实施许可合同。❹

用于制造专利产品或实施方法专利的产品零部件或专用设备，如果全部来自专利权人，适用专利默示许可似乎理所当然。但是，如果这些零部件或专用设备中，仅有一部分来自专利权人，而另一部分来自非专利权人时，此时还能否适用专利默示许可？2003 年 5 月美国联邦巡回法院审结的 Anton/Bauer, Inc. &. Alex Desorbo v. PAG, Ltd. 一案正是此种情形，它给予的结论是仍然适

❶ 江苏省微生物研究所有限责任公司与福州海王福药制药有限公司、辽宁省知识产权局、辽宁民生中一药业有限公司、常州方圆制药有限公司专利侵权纠纷处理决定再审审查行政裁定书［最高人民法院（2011）知行字第 99 号］。本案的详细案情可以参阅附件收录的该案判决提要。

❷ 韦晓云. 专利的默认许可——从一起药品发明专利侵权案谈起［J］. 人民司法，2007（17）：93－97.

❸ Krauss－Maffei AG. v. Aweco Gmbh. IIC, 1980, 11（3）：504.

❹ 韦晓云. 专利的默认许可——从一起药品发明专利侵权案谈起［J］. 人民司法，2007（17）：93－97.

用专利默示许可。❶

原告 ANTON/BAUER 是一家专门制造并销售电池和充电器的公司。涉案专利是 ANTON/BAUER 制造的电池连接装置（battery pack connection），权利要求范围包括了连接装置、电池盒与录像装置（TV camera），但并未涵盖正负电极的两块金属导电板，即负极电板（female plate）和正极电板（male plate）。该电池连接装置的主要功能是连接电池组的正负电极，使用者可以利用该装置很快地装拆电池组。在构造上，连接装置的电池正极位置与上述录像装置连接，电池负极位置则直接连接电源。ANTON/BAUER 公司在销售该电池连接装置的过程中，将装置的正负极部分（即正负极的两块导电金属板）拆开分别销售，且没有任何明确的附加限制条件。

被告 PAG 公司是 ANTON/BAUER 公司的竞争对手，其制造并销售只含有正极金属导电板的电池装置（PAG L75），专门用于与 ANTON/BAUER 公司的电池连接装置的负极部分连接一起使用。ANTON/BAUER 公司将其电池连接装置的负极部分出售给了相机生产厂商用于组装相机，而相机生产厂商又从 PAG 公司那里购买了其 PAG L75 产品与之连接一起使用。因此，原告指控被告制造、销售 PAG L75 电池装置，并且积极引诱购买者将其与原告生产的负极电板组合使用侵犯了原告的专利权，应当承担引诱侵权的间接侵权责任。

一审法院认定原告 ANTON/BAUER 公司胜诉，PAG 公司承担间接侵权责任。在随后的上诉案件审理过程中，PAG 提出了对涉案专利默示许可的侵权抗辩，主张消费者在购买两家公司生产的正负极部分的时候已经获得了原告 ANTON/BAUER 公司允许其使用涉案专利的默示许可。美国联邦巡回上诉法院援引了 United States v. Univis Lens Co. 一案的观点，认为 ANTON/BAUER 公司生产的电池负极部分除了与电池正极部分连接外不存在其他非侵权用途。此外，ANTON/BAUER 公司在销售专利产品时并没有对购买者的适用附加任何限制性条件。由此，美国联邦巡回上诉法院最终认定，被告 PAG 公司提出的默示许可抗辩成立，消费者不构成直接侵权，同时 PAG 公司也不构成间接侵权。❷

---

❶ Anton/Bauer, Inc. &. Alex Desorbo v. PAG, Ltd., 329 F. 3d 1343（Fed. Cir. 2003）.

❷ 同上。转引自沈艳. 基于产品销售的专利默示许可［D］. 上海：上海大学，2014：17.

3. 利用专利方法完成出售的未完成产品

在 1942 年的 United States v. Univis Lens Co. 一案的判决中，美国最高法院的法官指出，专利权人的专利覆盖了镜头毛片（只能用于制造眼镜镜片），（假定在本案中）也覆盖了将镜头毛片加工成眼镜镜片的打磨和抛光方法，那么，专利权人及其被许可人对镜头毛片的销售本身，则既包含了受专利保护的镜头毛片所有权的完全转移，也授予了完成受专利方法保护的最终阶段（打磨和抛光）的许可。❶

四、基于产品修理而产生的专利默示许可

专利产品在使用中发生故障等问题，需要通过更换零部件等方式进行修理，此时，更换零部件等修理行为是否应该明确获得专利权人的许可？美国联邦巡回上诉法院在 Hewlett – Packard Company v. Repeat – O – Type Stencil Manufacturing Corporation，Inc. 一案中指出，对专利产品使用和销售的默示许可包括对专利产品修理的默示许可。修理包括对未受专利保护的部件的替换，以及对相同部件的重复替换和分别替换不同的部件。但是，对专利产品使用和销售的默示许可不包括制造新产品的权利或对已经使用和用尽的产品的再造权利。❷ 在英国普通法中，正常购买专利产品也蕴含着使用、再销售以及修理该专利产品的默示许可。❸ 日本学者也认为，关于专利权人对购买者的特定零部件更换行为，在没有明示许可的情况下，也必须考虑是否包含了默示许可。❹ 因此，通常情况下，专利产品的合法购买者有可能被视为获得了修理（repair）其所购买的专利产品的默示许可。不过，当修理行为被扩大成为重造（reconstruction）或者再制造（remanufacture）一个新的专利产品时，其行为将不能被视为是一种默示许可。❺

---

❶　United States v. Univis Lens Co.，316 U. S. 241，53 U. S. P. Q. 404（1942）. 转引自闫宏. 专利默示许可规则探析［D］. 北京：清华大学，2007：9 – 10.

❷　阿列克斯·夏妥夫. 1998 美国联邦巡回上诉法院专利案件年鉴［M］. 顾柏棣，译. 北京：知识产权出版社，2000：254.

❸　蒂娜·哈特，琳达·法赞尼. 知识产权法（影印本）［M］. 北京：法律出版社，2003：47 – 48.

❹　田村善之. 修理、零部件的更换与专利侵权的判断. 李扬，译［A］//吴汉东. 知识产权年刊（2006）. 北京：北京大学出版社，2006.

❺　魏有花. 专利侵权抗辩法律研究［D］. 泉州：华侨大学，2006：20. 重造专利产品是指在专利产品完全报废了以后，重新制造出一个新的专利产品来。如果只是一次性地更换专利产品的一个组成部分，无论是同一个组成部分被重复更换，还是不同的组成部分先后被更换，都属于修理而不是重造。

五、基于先前使用而产生的专利默示许可

如果专利权人先前存在允许他人使用的行为，比如指导或推荐他人实施其专利，那么他人就有可能主张获得了专利默示许可。在 Wang Labs., Inc. v. Mitsubishi Electronics of America, Inc. and Mitsubishi Electric Corporation. 一案中，涉及一种内存模块"Single In－line Memory Modules"（SIMMs）的专利，该专利于 1983 年 9 月申请，并转让给原告王氏实验室所有。1983 年 12 月，原告与被告三菱公司会面，并向后者提供图纸和其他细节，一再要求被告制造 SIMMs。原告随后又成功让电子工业协会 JEDEC 将 SIMMs 采纳为内存模块的标准，但在此期间，原告并未告知 JEDEC 其 SIMMs 申请了专利。后来，原告向被告提起专利侵权诉讼，联邦上诉巡回法院维持了地区法院的判决，认为被告已经获得了原告无须付使用费的默示许可，因为双方长达六年的合作，已经让被告合理地相信原告同意其制造和销售专利产品。事实表明，原告曾通过提供设计、建议和样品，诱使被告进入 SIMM 市场，而原告最终也向被告购买了 SIMMs 产品，因此，被告可以合理地推断其获得了使用原告专利的同意。❶

六、基于原有协议而产生的专利默示许可

如果从与专利权人签订的原有协议中，可以合理地解释或推断出专利权人许可自己使用其专利的含义，那么专利默示许可就有适用的余地。在美国，通常认为被许可人获得制造专利产品的权利，并不意味着必须由被许可人自己来进行制造行为，他也可以委托、指使其他人为其制造专利产品。因此，即使许可合同中没有关于指使制造权（have made right）的明示约定，被许可人也可以基于默示的推定获得指使制造权，除非合同中相反的规定。❷

此外，还有可能基于原有许可协议，而对许可人事后取得的专利产生默示许可。比如，专利权人许可他人使用其专利制造特定的产品，后来又取得了覆盖同一产品的一项或者多项专利；或者，商业秘密的许可人此后又取得覆盖该商业秘密内容的专利。在上述情形下，权利人有可能对新取得的专利提出主张，意在限制被许可人的行为或者要求支付额外的对价。在美国，大多数法院

❶ Wang Labs., Inc. v. Mitsubishi Electronics of America, Inc. and Mitsubishi Electric Corporation, 103 F. 3d 1571, 41 U. S. P. Q. 2d 1263（Fed. Cir. 1997）.

❷ HATFIELD A L. Patent Exhaustion, Implied Licenses, and Have－Made Rights: Gold Mines or Mine Fields? [J]. Computer Law Review and Technology Journal, 2000, 4（1）: 42.

都认为每一个被许可人对于许可人事后取得的专利均享有默示许可。当然，默示许可的适用还取决于其他事实，比如对事后取得专利的可预见性、对许可对象的确切说明等。❶

1950 年 5 月，原告 AMP 与被告美国政府签署了一份研发合同，根据合同原告为军队开发和供应电线剪接工具。1952 年 8 月，原告对该剪接工具申请了专利（Byrem 专利）。根据这份合同有关专利的条款，美国政府被授予免费的实施许可，并实施了 Byrem 专利下的发明。大约在原告和美国政府合同履行完毕的同一时间，原告发现了一项 1946 年申请并于 1952 年授权的专利（Vinson 专利），覆盖了自己的 Byrem 专利，也即根据 Byrem 专利生产的电线剪接工具侵犯了在先的 Vinson 专利。在与美国政府的合同履行完毕后，原告经过协商于 1963 年 11 月获得了 Vinson 专利权。此后，原告指控美国政府侵犯了其事后获得的 Vinson 专利。美国政府认为，既然专利在原告手中，那么基于原有的许可协议，它获得了原告的默示许可。美国索赔法院（United States Court of Claims）认为，一个权利授予人不能以其后来的行为减损其已授予的权利，根据合同，AMP 实际授予了美国政府实施其电线剪接工具所体现的思想或创意，基于此，原告默示地授予了被告美国政府使用 Vinson 专利的许可。❷

在有的情形下，买方没有购买权利人的知识产权许可，但是通过合同采购了体现知识产权的产品。当权利人违约的情形下，买方可以寻求默示许可来行使其知识产权进而获得合同项下的产品。1934 年美国第八巡回法院的 Finley v. Asphalt Paving Co. 一案中，Finley 拥有几项铺路设备所使用的专利。圣路易斯（St. Louis，美国密苏里州东部城市）采用独家规格铺路需要使用 Finley 的专利，而 National Fin – Mix 公司拥有这几项专利的独占许可。在 National Fin – Mix 表示所需设备将在其履行与政府所签订的合同及时交付的情形下，Asphalt Paving 公司赢得了该项工程的竞标。不过，National Fin – Mix 事后并没有按期交付设备，Asphalt Paving 公司转而与另一家公司签约制造所需的搅拌机，但搅拌机的制造及其后续的水泥生产都需要该公司和 Asphalt Paving 实施 Finley 的专利。于是，Finley 和 National Fin – Mix 公司以专利侵权为由起诉 Asphalt Paving。第八巡回法院将目光对准专利法后，认为原告已授予 Asphalt Paving 专

❶ 德雷特勒. 知识产权许可（上）［M］. 王春燕，等，译，北京：清华大学出版社，2003：204.
❷ Amp Incorporated v. United States, 389 F. 2d 448, 182 Ct. Cl. 86（C. C., 1968）.

利许可：当原告和被告（作为买方）书面约定以一定的使用费和订金购买搅拌机，并确定了交货时间，这就构成一个完整的合同和有效授权。法院推定，如果该协议是不充分的，原告已经在该情形下默示了专利的许可。❶

在国内，同样出现了因原有协议（合同）而引发的专利默示许可案例。在"北京诚田恒业煤矿设备有限公司与北京蓝畅机械有限公司专利实施许可合同纠纷一案"（以下简称"诚田公司与蓝畅公司专利许可案"）中，最高人民法院［再审（2009）民申字第 802 号］认为，涉及相同主题的发明和实用新型专利同日向国家知识产权局提出申请，实用新型专利权终止前，同日申请的相同主题的发明专利已经获得授权。专利权人与使用人签订专利技术使用合同，即负有维持该合同所涉专利权处于有效状态的义务，使用人即取得合同所涉专利技术（本案中为"实用新型专利"）的使用权，并取得使用专利权人所拥有的与合同所涉专利技术属于相同技术的另一专利权（即"发明专利权"），否则将无法实现合同的目的。可见，最高人民法院再审民事裁定书明确认可，使用人可以基于原有的针对实用新型专利的实施许可合同，取得与实用新型相同主题且同日申请的发明专利的默示使用许可。

七、基于违约行为而产生的专利默示许可

在 McCoy v. Mitsuboshi Cutlery, Inc. 一案中，原告 McCoy 拥有一种虾刀的美国专利。1991 年，McCoy 旗下的独立销售公司 ATD 向被告 Mitsuboshi 订购了 15 万把虾刀。当 Mitsuboshi 生产并按时交付这些虾刀时，ATD 拒绝接收产品和支付费用，但并没有事实表明这些虾刀存在缺陷。McCoy 承诺为 ATD 的拒绝支付承担责任，但它只接收和支付了 2 万把虾刀的费用。在继续谈判无果的情形下，Mitsuboshi 多次通知 McCoy 意图转售虾刀以降低损失，最终 Mitsuboshi 向 Admiral Craft 销售了 6456 把虾刀，后者于 1993 年又向美国的餐馆和供应商销售了 958 把虾刀。陪审团裁定 McCoy 存在违约行为。联邦巡回上诉法院认为，Mitsuboshi 在 McCoy 违约后，有权利不经 McCoy 同意而转售虾刀，以补偿其受到的损失。为执行 McCoy 支付虾刀费用的合同义务，Mitsuboshi 在解决这一问题的商业努力中合理地获得了出售专利产品虾刀的默示许可。❷ 当

---

❶ O'ROURKE M A. Rethinking Remedies at the Intersection of Intellectual Property and Contract: Toward a Unified Body of Law ［J］. Iowa Law Review, 1997, 82 (4): 1137 – 1208.

❷ McCoy v. Mitsuboshi Cutlery, Inc., 67 F. 3d 917, 922 (Fed. Cir. 1995).

然，并不是专利权人的违约在任何情况下都会导致相对人获得实施其专利的默示许可，只有双方合同的标的涉及专利产品，而且需要变卖该专利产品以补偿其合同价款时，才能产生默示许可的问题。

在 Platt & Munk Co. v. Republic Graphics, Inc. 案中，Platt & Munk 拥有一项教学玩具的版权，并且和供应方 Republic 签署合同。在 Republic 开始交付产品时，Platt & Munk 声称有多处缺陷并拒绝支付玩具的欠款。Republic 于是告知 Platt & Munk 他们将玩具另售他人的意图，以弥补制作开销。Platt & Munk 通过寻求禁令禁止 Republic 未经 Platt & Munk 同意而销售这些玩具。初审法院授予了初步禁令，却并未表明玩具是否有缺陷或 Platt & Munk 有权拒绝支付。Republic 提出上诉后，第二巡回法院发回重审。根据第二巡回法院的裁定，如果 Platt & Munk 没有正当理由拒绝为玩具付款，则应解除禁令。换句话说，如果 Platt & Munk 违反合同，Republic 有权无视版权保护而将玩具另售他人。❶

可见，由于权利人的违约行为，守约的另一方可以通过销售该权利产品而获得私力救济，补偿其因违约行为所带来的损失。虽然该权利产品的销售未经权利人的许可，但可以直接生成默示许可，以执行合同中权利人未执行的义务（如付款义务），从而保护另一方的合法权益。

八、基于平行进口而产生的专利默示许可

平行进口是指未经国内知识产权人授权，将该知识产权人或其被许可人在国外投放市场的产品向国内进口，而该产品在国内享有知识产权。❷ 平行进口是否侵权，至今仍有争议。但是，法院在承认平行进口合法性时，多数采用权利用尽原则，但也有法院采用默示许可理论。在 1997 年德国 BBS 公司诉日本一家公司进口专利车轮一案中，日本最高法院正是基于默示许可而判决认为日本公司不构成侵权："专利权人在德国向一家日本公司出售其专利产品时，应当预见到出售后的产品可能会进口到日本，但专利权人在售出时没有作限制，就应当认为给购买者提供了可以在日本自由处置该专利产品的默认许可。"❸

---

❶ Platt & Munk Co. v. Republic Graphics, Inc. , 315 F. 2d 847, 137 U. S. P. Q. 268 (2d Cir. 1963).

❷ 陶鑫良，袁真富. 知识产权法总论 [M]. 北京：知识产权出版社，2005：250 - 251.

❸ 韦晓云. 专利的默认许可——从一起药品发明专利侵权案谈起 [J]. 人民司法，2007（17）：93 - 97.

我国也有学者主张适用默示许可理论来解决平行进口的合法性问题。❶

但是，我国 2008 年修改的《专利法》第 69 条第 1 项已经在专利领域明确承认了平行进口的合法性，因此在司法实务上，并无必要以默示许可理论作为平行进口不侵犯专利权的抗辩依据。不过，在商标、版权等领域至今对平行进口没有明确法律规定的情形下，倒是有必要考虑从默示许可的角度考虑其合法性，作为在公共政策上平衡平行进口牵涉的各方利益的理论依据。

第二节　著作权默示许可的发生情形

关于著作权默示许可，在国内知识产权领域可能是讨论得最多的领域。而其中的原因，大部分是基于网络传播的原因，又尤其是因为《信息网络传播权保护条例》第 9 条第 1 款关于扶助贫困的著作权许可之规定❷。然而，正如本研究前面所讨论的，目前我国著作权法上的规定，包括《信息网络传播权保护条例》第 9 条第 1 款的规定，都应当归属于"法定许可"更为适宜，而非本研究所讨论的"默示许可"。事实上，本研究认为，在我国司法实践中，明确涉及著作权默示许可的案例仍然屈指可数，尤其是判决成立默示许可的著作权案例更少。

一、基于委托创作产生的著作权默示许可

2002 年 10 月 12 日，最高人民法院在《关于审理著作权民事纠纷案件适用法律问题若干问题的解释》（法释〔2002〕31 号）第 12 条中明文规定："按照著作权法第十七条规定委托作品著作权属于受托人的情形，委托人在约定的范围内享有使用作品的权利；双方没有约定作品使用范围的，委托人可以在委托创作的特定目的范围内免费使用该作品。"有学者认为，我国著作权法所规定的委托人在对委托作品不享有著作权的情况下，仍可以在委托创作的特

---

❶ 严桂珍. 我国专利平行进口制度之选择——默示许可［J］. 政治与法律，2009（4）：83 - 90.

❷ 《信息网络传播权保护条例》第 9 条第 1 款规定："为扶助贫困，通过信息网络向农村地区的公众免费提供中国公民、法人或者其他组织已经发表的种植养殖、防病治病、防灾减灾等与扶助贫困有关的作品和适应基本文化需求的作品，网络服务提供者应当在提供前公告拟提供的作品及其作者、拟支付报酬的标准。自公告之日起 30 日内，著作权人不同意提供的，网络服务提供者不得提供其作品；自公告之日起满 30 日，著作权人没有异议的，网络服务提供者可以提供其作品，并按照公告的标准向著作权人支付报酬。网络服务提供者提供著作权人的作品后，著作权人不同意提供的，网络服务提供者应当立即删除著作权人的作品，并按照公告的标准向著作权人支付提供作品期间的报酬。"

定目的范围内使用委托作品,这属于版权的默示许可。❶ 事实上,前述的美国首个著作权默示许可的案例,即 Effects Assocs. , Inc. v. Cohen 案❷恰恰就是基于委托创作而产生的默示许可。

在我国,这类案件可以追溯到 20 世纪 90 年代,在王定芳诉上海东方商厦有限公司侵害著作权纠纷案❸中,法院虽然没有提及默示许可的字样,但在当时已经根据委托创作的目的而确认了被告享有使用权。

1992 年 7 月 3 日,被告上海东方商厦有限公司在上海《每周广播电视》报上刊登广告语有奖征集活动启事,向社会公开征集企业广告语。奖励办法为:一等奖一名,奖 2000 元;二等奖二名,各奖 500 元;三等奖三名,各奖 200 元;纪念奖二十名,给予一定奖赏。原告王定芳阅看该征集启事后,在规定的投稿期限内,以"世界风采,东方情韵——上海东方商厦"一稿应征。经初评、复评、终评,原告应征广告语被与会专家润色修改为"世界风采东方情——上海东方商厦"后被评为二等奖。原告接受了被告颁发的录用奖荣誉证书及奖金 500 元。事后,原告发现被告已在广播、电视、报刊、出租汽车、商品袋等处使用该广告语,而向被告提出异议。双方协商未果。原告遂向法院提出起诉。

法院认为,被告以征集的方式,通过报刊向社会公众提出了应征广告语的具体要求及奖励办法,原告据此应征创作出"世界风采,东方情韵——上海东方商厦"的广告语,并对该广告语享有著作权。但法院同时认为,被告有权在企业广告范围内使用该广告语。被告向社会公众公开征集广告语,其目的显然在于通过广告语,宣传企业形象,扩大企业影响。原告对被告的此项目的也是了解的。受诉法院认为,原告投稿参加评选并接受被告支付的中选费用,表明原告同意被告在合理的范围内使用该广告语。因此,被告在企业的广告业务范围内使用该广告语,并不构成对原告著作权的侵害。也即承认被告上海东方商厦有限公司在广告业务范围内行使对该广告语的使用权,也应受到法律保护。❹

---

❶ 关晓海. 如何界定委托作品的使用范围?[N]. 中国知识产权报,2015 – 04 – 10.

❷ Effects Assocs. , Inc. v. Cohen, 908 F. 2d 555, 558 (9th Cir. 1990).

❸ 王定芳与上海东方商厦有限公司侵害著作权纠纷案判决书 [上海市徐汇区人民法院(1993)徐民初字第 1360 号]。

❹ 同上。

类似的案例并不少见。在刘金迷与北京菲瑞佳商贸有限公司都市丽缘美容院、家庭百科报社侵犯著作权纠纷案（以下简称"刘金迷与都市丽缘美容院著作权案"）中，刘金迷为模特设计发型，委托朱自力为模特发型及造型过程拍摄照片，并支付朱自力相应对价，后刘金迷发现都市丽缘美容院和家庭百科报社未经许可擅自使用涉案照片，刘金迷认为自己的著作权受到侵害遂提起诉讼。北京市第一中级人民法院在终审判决中认为，涉案照片应视为委托作品，但由于刘金迷与朱自力未约定著作权的权利归属，依照我国著作权法规定，著作权应属受托人，故朱自力而非刘金迷享有照片的著作权，而且也没有证据证明刘金迷享有涉案照片的专有使用权，因此刘金迷并不具备提起著作权侵权诉讼的主体资格。但是，法院认为，"朱自力享有涉案图片的著作权，并默示许可刘金迷为其商业宣传可免费使用涉案图片。"❶ 也即，刘金迷的委托行为使其获得了为商业宣传目的使用涉案照片的默示许可。由此案可以看出，实为接受委托而创作的作品，在权利归属没有约定的情况下，即使委托人与受托人之间没有关于使用权的声明，委托人也基于默示许可获得使用委托作品的一般许可。

在陈文福与商标评审委员会等商标争议行政纠纷一案中，商标评审委员会于 2010 年 3 月 22 日作出第 6194 号裁定认为："根据查明的事实，争议商标文字'诗仙太白'系陈文福所写，诗仙太白公司对此亦未予以否认。陈文福为其所在单位申请商标注册事宜而创作书法作品并非其本职工作，因此陈文福的创作行为可视为受万县太白酒厂委托而进行，在双方没有明确约定的情况下，作品的著作权应属于受托人，即陈文福。但如双方当事人所述，陈文福在书写'诗仙太白'时明知其用途是为万县太白酒厂申请商标注册，其并未明确提出反对意见，且书写了多份供万县太白酒厂挑选，由此可视为争议商标的注册得到了陈文福经约定的默示许可。因此，并无充分理由可以认定争议商标的注册属于未经著作权人的许可将他人享有著作权的作品申请注册商标的行为，陈文福认为争议商标的注册损害了其著作权的理由不予支持。"商标评审委员会明确肯认了基于委托创作的"默示许可"。❷

本案经上诉后，二审法院的判决虽然未提及"默示许可"字样，但支持

---

❶ 刘金迷与北京菲瑞佳商贸有限公司都市丽缘美容院、家庭百科报社侵犯著作权纠纷案［北京市第一中级人民法院（2005）一中民终字第 12299 号］。

❷ 陈文福与商标评审委员会等商标争议行政纠纷一案判决书［北京市高级人民法院（2011）高行终字第 350 号］。

了商标评审委员会的意见："陈文福与万县太白酒厂在事实上存在委托创作涉案书法作品的合同关系，委托创作的目的在于申请注册'诗仙太白'商标。根据相关法律和司法解释，委托作品著作权属于受托人的情形，委托人在约定的使用范围内享有使用作品的权利，双方没有约定使用作品的范围的，委托人可以在委托创作的特定目的范围内免费使用该作品。虽然陈文福与万县太白酒厂未就涉案书法作品的使用范围作出明确约定，但是在案证据表明涉案书法作品的创作目的在于申请注册商标，且陈文福在创作时知晓上述目的，因此万县太白酒厂可以在前述目的范围内使用涉案书法作品。陈文福主张涉案作品的创作目的是用于瓶贴使用以及万县太白酒厂未经许可使用涉案作品申请注册商标损害其著作权，依据不足，不应予以支持。"❶

二、基于作品销售产生的著作权默示许可

方正公司与宝洁公司著作权案❷是国内首个在判决书明确全面阐述著作权默示许可并且以此为由判决被告构成默示许可不侵犯著作权的案例，并引发了国内学术界和实务界的广泛讨论。从后面的案情介绍可以知晓，本案正是基于作品销售而产生的著作权默示许可，二审法院在判决书中特别指出："当知识产权载体的购买者有权以合理期待的方式行使该载体上承载的知识产权时，上述使用行为应视为经过权利人的默示许可。"❸

2000年8月，上诉人（原审原告）北京北大方正电子有限公司（以下简称"方正公司"）开始制作销售兰亭字库软件光盘，其中收录了包含粗中细三种倩体的123款中文字体，销售价格为168元。2008年4月22日，方正公司以演绎作品著作权人的身份针对方正倩体系列（粗倩、中倩、细倩）在中国版权保护中心申请著作权登记，登记作品为美术作品。

2008年5月12日，方正公司在家乐福中关村广场店购买被上诉人（原审被告）广州宝洁有限公司（以下简称"宝洁公司"）生产的洗发水、香皂、卫生巾等67款被控侵权产品，其中包括使用倩体"飘柔"的24款涉案产品。其后，方正公司针对宝洁公司使用的倩体"飘柔"二字，主张其侵犯了方正公

---

❶ 陈文福与商标评审委员会等商标争议行政纠纷一案判决书［北京市高级人民法院（2011）高行终字第350号］。

❷ 北京北大方正电子有限公司与广州宝洁有限公司、北京家乐福商业有限公司侵犯著作权纠纷上诉案民事判决书［北京市第一中级人民法院（2011）一中民终字第5969号］。

❸ 同上。

司倩体字库和单字的美术作品著作权，具体涉及署名权、复制权、发行权和展览权。请求判令宝洁公司停止使用并销毁所有带有倩体"飘柔"二字的包装、标识、商标和广告宣传产品，赔偿经济损失 50 万元，承担诉讼合理支出 119 082元，并公开致歉、消除影响。

NICE 公司是宝洁公司委托的设计公司之一，飘柔系列等被控侵权产品的包装由该公司设计。设计公司明确表示使用了方正兰亭字库的正版软件。宝洁公司表示，NICE 公司购买的方正字库光盘中的用户协议，只明确不得被仿制、租赁、出借、网上传输和再发布，并未限制商业性使用。方正公司认为，NICE 公司虽购买了方正字库，但许可协议中有对二次使用的限制，其没有授权 NICE 公司再许可权，该公司无权再许可第三方使用，所以宝洁公司也无权使用涉案的字体。设计公司购买正版软件，按照许可协议约定设计样稿没有问题，但宝洁公司将设计样稿印在产品的包装上，直接复制、发行了倩体字，应承担侵权责任。

一审法院北京市海淀区人民法院作出的（2008）海民初字第27047 号民事判决认为，方正倩体字库字体具有一定的独创性，符合我国著作权法规定的美术作品的要求，可以进行整体性保护；但对于字库中的单字，不能作为美术作品给予权利保护。方正公司以侵犯倩体字库中"飘柔"二字的美术作品著作权为由，要求认定最终用户宝洁公司的使用行为侵权，没有法律依据，其以此为基础，对宝洁公司（及原审被告家乐福公司）提出的全部诉讼请求，一审法院不予支持，并判决驳回方正公司的全部诉讼请求。

本案在方正公司上诉后，二审法院北京市第一中级人民法院认为，应考虑到一个关键事实，即被控侵权产品上使用的"飘柔"二字系由被上诉人宝洁公司委托 NICE 公司采用"正版"方正倩体字库产品设计而成。因依据本案事实可以认定 NICE 公司有权使用倩体字库产品中的具体单字进行广告设计，并将其设计成果许可客户进行后续的复制、发行，而被上诉人宝洁公司及家乐福公司的行为均系对该设计成果进行后续复制、发行的行为，故两被上诉人实施的被控侵权行为应被视为经过上诉人许可的行为。

二审法院认定 NICE 公司有权实施上述行为的依据是上述行为属于经方正公司默示许可的行为。其具体理由为：（1）当知识产权载体的购买者有权以合理期待的方式行使该载体上承载的知识产权时，上述使用行为应视为经过权利人的默示许可。（2）具体到汉字字库产品这类知识产权载体，基于其具有的本质使用功能，本院（指二审法院）合理认定调用其中具体单字在电脑屏幕中显示的行为属于购买者合理期待的使用行为，应视为经过权利人的默示许可。（3）对于汉字字库产品这类知识产权载体，在产品权利人无明确、合理且有效限制的情况下，购买者对屏幕上显示的具体单字进行后续使用的行为属于购买者合理期待的使用行为，应视为经过权利人的默示许可。（4）具体到本案，本院合理认定 NICE 公司调用该产品中具体单字进行广告设计，并许可其客户对设计成果进行后续复制、发行的行为，属于其合理期待的使用行为，应视为已经过上诉人的默示许可。同时，二审法院进一步分析认为，依据本案现有事实无法认定上诉人已对 NICE 公司的上述行为进行了明确、合理且有效的限制。

在综合考虑上述因素的情况下，二审法院认为，NICE 公司有权将其利用涉案倩体字库产品中的具体单字"飘柔"设计的成果提供给被上诉人宝洁公司进行后续复制、发行，NICE 公司的该行为属于其对涉案倩体字库产品合理期待的使用行为，应视为已获得上诉人许可的行为。在此情况下，因被上诉人宝洁公司在被控侵权产品上使用的系 NICE 公司的设计成果，故被上诉人宝洁公司复制、发行被控侵权产品的行为亦应视为经上诉人许可的行为，无须再另行获得上诉人许可。最终，二审法院判决：驳回上诉，维持原判。❶

三、基于软件试用产生的著作权默示许可

上诉人磊若软件公司与被上诉人重庆华美整形美容医院有限公司著作权侵权纠纷案（以下简称"磊若公司与华美医院著作权案"）❷ 是继前述方正公司诉宝洁公司一案后，又一例著作权默示许可的案件。该案首次阐明了在特定条件下，超过试用期的软件不采取措施停止该软件的正常功能，仍然属于默示许可，使用人不构成侵权。

上诉人（原审原告）磊若软件公司（以下简称"磊若公司"）是在美国注册的一家专业软件公司，是 Serv-UFTP 服务器软件全部版本的著作权人。2012 年初，磊若公司通过系统命令监测到被上诉人（原审被告）重庆华美整形美容医院有限公司（以下简称"华美整形医院"）的官方网站 www. cqhua-mei. com. cn 及其服务器上复制并运行了磊若公司的 "Serv-UFTPServerv6. 4"

---

❶ 北京北大方正电子有限公司与广州宝洁有限公司、北京家乐福商业有限公司侵犯著作权纠纷上诉案民事判决书［北京市第一中级人民法院（2011）一中民终字第 5969 号］。

❷ 磊若软件公司与重庆华美整形美容医院有限公司著作权侵权纠纷案民事判决书［重庆市第五中级人民法院（2013）渝五中法民终字第 01886 号］。

软件。经过磊若公司调查，并未发现华美整形医院的购买记录，上述复制和使用行为未经磊若公司许可。磊若公司认为，华美整形医院未经许可，在其经营和管理的公司网站上擅自复制并使用磊若公司软件的行为侵犯了其著作权，应当按照《著作权法》的相关规定承担侵权的法律责任。磊若公司请求重庆市渝中区人民法院判令华美整形医院停止侵权、赔礼道歉、赔偿经济损失。

根据已查明事实，华美整形医院服务器上的涉案软件 Serv - UFTPS-erverv6.4 版为试用版，且磊若公司官方网站免费向公众提供 30 天的全功能试用版。因此，华美整形医院服务器上的涉案软件有合法来源，华美整形医院在 30 天试用期内享有对涉案软件的使用权。

至于华美整形医院在超过 30 天试用期后仍在其服务器上运行涉案软件是否构成侵权，一审法院重庆市渝中区人民法院于 2013 年 1 月 6 日作出的(2012) 渝中知民初字第 00118 号民事判决书认为，磊若公司作为涉案软件的研发者和权利人有能力控制涉案软件超过试用期后能否继续运行。但是，磊若公司并未采取有效措施控制涉案软件的运行。在一审庭审演示中，涉案软件过期后，其许可证信息显示为："测试期已过，该软件转成个人版。"该许可证信息显示的内容表明磊若公司对超过试用期的软件采取的措施只是让其转变为"个人版"，并未停止该软件的正常功能，即该软件过期后仍可以运行。磊若公司采取的该措施事实上是默许公众超过试用期后可以继续"运行"其"个人版"软件，即磊若公司默许华美整形医院在超过试用期后仍可以继续运行涉案软件。因此，华美整形医院在超过试用期后仍在其服务器上运行涉案软件不构成侵权。

本案在磊若公司上诉后，二审法院重庆市第五中级人民法院认为，根据《计算机软件保护条例》第 18 条第 1 款"许可他人行使软件著作权的，应当订立许可使用合同"及第 19 条第 2 款"没有订立书面合同或者合同中未明确约定为专有许可的，被许可行使的权利应当视为非专有权利"的规定，用户在安装过程中点击了同意《许可协议》，该《许可协议》实际上使软件著作权人与最终用户之间建立了一份许可合同关系。华美整形医院是否侵害了上诉人磊若公司所享有的涉案软件的著作权，还应当依据涉案软件《许可协议》中的约定作出综合判断。

涉案软件《许可协议》中载明，一旦使用 Serv - U，即表明接受其许可协议和保证条款。《许可协议》的评估与注册条款规定，用户可以免费评估试用涉案 Serv – U 软件 30 天，Serv – U 个人版可以在不注册的情况下无限期使用。《许可协议》的分发传播条款还规定，授予用户复制和分发涉案程序的权限，可以将原始试用版的额外复制件分发给任何人，也能够通过电子方式以未作任何修改的形式分发涉案软件的试用版及其文档，上述一切不收取任何费用。以上规定表明，磊若公司已经明确表示允许任何非特定用户在不注册的情况下无限期地使用 Serv – U 软件的个人版，并且许可非特定用户以非营利的方式复制和分发涉案软件和程序。因此，根据《许可协议》的分发传播条款，华美整形医院可以从第三方处取得涉案 Serv – U6.4 版软件。根据《许可协议》的评估注册条款，华美整形医院可以免费评估试用涉案 Serv – U 软件 30 天，并在不注册的情况下无限期地使用其 Serv – U6.4 版个人版，且《许可协议》中并没有磊若公司所称的个人版是面向个人用户，为学习性质使用的约定或提示。因此，磊若公司关于华美整形医院未获得著作权人的许可复制并运行涉案软件，涉案软件来源于第三方网站，且第三方网站没有上诉人授权许可证明文件的上诉理由不能成立，不予支持。

根据磊若公司的陈述，涉案软件个人版与在试用期内的试用版及通过付费注册后的版本相比较而言，具有功能上的区别与限制，这种被限制的功能是需要通过付费注册后才能获得的，最终用户使用涉案软件被限制的那部分功能时须向磊若公司支付费用。由于磊若公司在《许可协议》中已经明确许可华美整形医院及其他非特定用户在不注册的情况下进行无限期使用在功能上受限的涉案 Serv – U6.4 版的个人版，根据特别法优于一般法，以及在不违反法律及公序良俗原则下，当事人之间有约定从约定等相应法律原则，现磊若公司要求华美整形医院支付使用在功能上受限的个人版的相应费用无法律依据和事实依据。最终二审法院判决驳回上诉，维持原判。

四、基于合作关系产生的著作权默示许可

在博仕华（北京）教育科技有限公司与北京达润世纪国际教育科技股份有限公司计算机软件著作权许可使用合同纠纷一案（以下简称"博仕华公司与达润公司软件著作权案"）中，博仕华公司（原告）与达润公司（被告）于 2011 年 9 月 6 日签订"思维阅读"多媒体课件合作协议书（以下简称"合作协议"）。协议约定，博仕华公司授权许可达润公司在中国大陆范围内使用"思维阅读"多媒体课件，包括对"思维阅读"多媒体课件进行汉化和本地化工作，并进行市场推广和销售，达润公司承担所有相关费用。博仕华公司主张

达润公司无视合同约定，多方面严重违约，包括达润公司擅自改变协议约定的销售价格，擅自扩大使用范围，出版书面教材并盈利销售。博仕华公司认为，达润世纪公司已构成根本违约，遂提起起诉。

法院认为，关于达润世纪公司是否扩大"思维阅读"多媒体课件的使用范围一节，合作协议约定达润世纪公司在进行与"思维阅读"多媒体课件相关的在线教学、印刷物等开发前应当事先取得博仕华公司许可，但结合博仕华公司提交的《关于请博仕华公司提供相关文件的函》，可以确认达润世纪公司已书面告知博仕华公司需向客户提供教学配套相关教材、字卡、指导书等，且不再额外收费，博仕华公司对此并未提出异议，现有证据亦不能证明博仕华公司就此已向达润世纪公司作出催告，可以视为博仕华公司已予以默示许可。[1]可见，基于双方已有的著作权合作关系，如果权利人对于使用人在相关范围的著作权使用许可函告或请求，未在合理的期限内提出异议，也有可能被认定为已经默示许可。当然，并非双方存在任何合作关系，即可产生著作权的默示许可，该种合作关系必须与著作权默示许可的业务领域有相当的关联性和密切性。

五、基于网页快照产生的著作权默示许可

事实上，如果抛开我国《著作权法》及《信息网络传播权保护条例》所规定的法定许可情形，目前，在我国尚未出现以"默示许可"理论支持网络传播作品的案件，但是，在网络领域恰恰是学术界甚至产业界对"默示许可"呼声最高的领域，可以说没有之一。大多数讨论著作权默示许可的研究都是基于网络传播的角度。

有学者认为，在网络搜索引擎领域的法律中可以全方位引入"默示许可制度"，无论是针对网站还是书籍的搜索。[2]实际上"默示许可"已经成了某些行业的产业标准和惯例，如搜索引擎行业。[3]在作品传播环节，有学者认为，BBS、博客和播客以及网络空间等信息发布和传播的方式本身就昭示作者对于网络用户在一定范围内使用和"转载"其发布作品的默认和许可。[4]还有学者就数字图书馆的版权问题发表主张，认为应该为数字图书馆建设设立默示

---

[1] 博仕华（北京）教育科技有限公司与北京达润世纪国际教育科技股份有限公司计算机软件著作权许可使用合同纠纷一审民事判决书［北京市海淀区人民法院（2013）海民初字第 16364 号］。

[2] 吕炳斌. 网络时代的版权默示许可制度［J］. 电子知识产权，2009：76.

[3] 王晓蓓. 版权法中默示许可适用案例研究［D］. 上海：华东政法大学，2012：7.

[4] 梅术文. 信息网络传播权默示许可制度的不足与完善［J］. 法学，2009（6）：53.

许可制度，以促进整个社会人类知识的数字化、共享化。❶ 还有学者认为，若执意在网络环境中实行一对一的许可授予，那将成为数字图书馆计划的巨大障碍，人们的"知识共享"只怕会遥遥无期，而引入默示许可制度，有助于在一定层面上缓解网络环境下版权人利益和公共利益之间的紧张关系，最终实现利益共赢。❷ 甚至有学者认为，设立和运营面向公众的万维网站的行为本身就意味着允许他人进入和使用的默示许可。❸

不过，截至目前，虽然在一些网络著作权侵权中有被告以默示许可提出侵权抗辩，但尚未发现有获得法院支持的成功案例。

在屠立毅与北京微梦创科网络技术有限公司等著作权权属、侵权纠纷一案中，被告动景公司答辩称："即使屠立毅是涉案漫画著作权人，涉案漫画在新浪微博中被他人大量使用，且标注了不同的署名……新浪微博是一个分享传播网站，具有免费传播的特性，用户在使用新浪微博发布信息或图片时，其目的就是让发布的信息或图片得到更广泛的传播，由此可以认定他人的传播行为是得到了该用户默认许可的，根据新浪微博免费传播的特性，可以认为屠立毅在默认许可他人传播的同时也是不要求传播者向其支付报酬的，由此，我公司并未侵犯屠立毅的署名权、修改权、信息网络传播权和获得报酬权。"但法院认为："关于动景公司主张其微博中使用的漫画已标注来自网络，且涉案漫画被广泛传播因此不构成侵权的意见，动景公司并未提交其使用涉案漫画取得合法授权的证据，即使涉案微博中标注了'作品来自网络'字样，也不能构成动景公司微博中所用漫画不侵权的抗辩事由。"❹

在刘珍珍与高宝化妆品（中国）有限公司、浙江淘宝网络有限公司著作权侵权纠纷一案中，被告高宝公司辩称："刘珍珍的作品发表于新浪微博，众所周知微博是一个追求传播效应，供公众交流共享信息的平台，其鼓励用户及时转发以促进信息广泛的传播。微博的公共和共享属性决定了信息发布存在侵权的可能性，但其特有属性也同样决定了信息内容提供者对其著作权中信

---

❶ 吕炳斌. 反思著作权法——从 Google 数字图书馆说起 [J]. 图书馆杂志，2007，26（5）：3-7.

❷ 吴玲丽. 从 Google 数字图书馆版权纠纷看网络时代版权制度的理念变革 [J]. 华中师范大学研究生学报，2010（2）：12-15.

❸ 约内森·罗森诺. 网络法：关于因特网的法律 [M]. 张皋彤，译. 北京：中国政法大学出版社，2003：152. 转引自王晓蓓. 版权法中默示许可适用案例研究 [D]. 上海：华东政法大学，2012：7.

❹ 屠立毅与北京微梦创科网络技术有限公司等著作权权属、侵权纠纷案一审民事判决书 [北京市海淀区人民法院（2015）海民（知）初字第 15830 号].

息网络传播权和复制权的默认许可使用，甚至放弃。"[1] 但该辩解意见未获法院支持，甚至法院在判决书中都不屑于对此辩解加以驳斥，可见前述学界关于网络传播（即使是特定领域）适用默示许可的见解并未获得司法实务界的响应。

在国外尤其是美国，确实发生了不少在网络领域承认著作权默示许可的判例。不过，这些最终判决的案例，主要还是基于搜索引擎产生的网页快照而引发的著作权默示许可。

Field 诉 Google 公司案[2]（以下简称"Field 案"）是一起网络搜索引擎因采取缓存方式保存其他网站版权作品而被诉侵权的典型案例。2004 年 4 月 6 日，律师兼作家斐尔德（Field）向位于内华达州的联邦区域法院提起诉讼，指控 Google 公司未经许可将其享有版权并刊载于其个人网站的 51 部作品存储于该公司经营的在线数据库中并允许网络用户读取的行为侵犯了其版权，要求法庭追究 Google 公司的侵权责任，并支付数额为 255 万美元（5 万美元/部）的法定赔偿金。

为了使成千上万的网页能够被搜索到，Google 使用了 Googlebot 机器人程序自动索引网页。当 Googlebot 对每个网页进行分析，并将其添加到 Google 的索引中时，事实上是对网页进行了复制，并作为缓存文件（即网页快照）进行存储。当 Google 用户点击搜索结果中缓存页面的链接时，Google 会自动传送缓存页面到用户的浏览器上。Google 的网页快照行为是版权法意义上的复制行为。除非有免责理由存在，否则 Google 构成版权侵权。Field 将作品放置在他创作的一家网站上，虽没有使用任何元标签，但加入了 robots. txt 文件，指示所有的机器人程序对其进行索引。他等着 Google 自动对其网页进行索引，一旦 Google 的搜索结果包含了储存在 Google 服务器上的对该网页快照的链接，Field 就起诉 Google 版权侵权。

内华达州联邦地区法院驳回了 Field 的诉请，判定 Google 没有直接侵犯 Field 的版权，理由之一即 Google 获得了 Field 的默示许可。法院的推理逻辑如下：如果一个网站不希望 Google 对其网页提供缓存页面，则可以根据互联网业界广为人知的 Robots 协议，通过在网站中加入简单的指令，使得 Google

---

[1] 刘珍珍与高宝化妆品（中国）有限公司、浙江淘宝网络有限公司著作权侵权纠纷一案一审民事判决书［杭州市余杭区人民法院（2015）杭余知初字第 227 号］。

[2] Field v. Google, Inc., 412 F. Supp. 2d 1106 (D. Nev. 2006).

无法对其网页提供缓存页面。原告在知道这一事实的情况下，仍然不在其网站中加入禁止缓存的指令，并且清楚知道自己的不作为会被 Google 解读为允许对其网页进行缓存，那么即可认为原告的行为给予了 Google 提供缓存页面的默示许可。❶

该案法官认定如下：（1）Google 没有直接侵犯作者的版权作品；（2）作者授予了搜索引擎"默示许可"以显示链接到含有他的版权作品的网页的快照；（3）基于"禁止反言"理由，作者不能针对搜索引擎主张侵犯版权；（4）合理使用原则保护搜索引擎对版权作品的合理使用；（5）搜索引擎适用《千禧年数字版权法》（DMCA）规定的安全港条款。实际上，法官的思路是：首先，认定 Google 搜索引擎没有侵犯版权。其次，退一步来说，即使那可以被认定为侵权也符合四类抗辩，即后面四点。❷

在 Field 案中，法院对默示许可理论的论述部分基于 Keane 交易服务公司诉 Harts 案❸（以下简称"Keane 案"）。在 Keane 案中，法院认为，没有反对意见即构成同意，成立默示许可。而在 Field 案中，法院认定原告没有在其网页中加入众所周知的 Robots 协议排除 Google 对其网页进行缓存，据此认为原告给予了 Google 对其网页进行缓存的默示许可。同样，在 Paker 诉 Yahoo 案❹（以下简称"Paker 案"）中，法院认为，原告没有使用 Robots 协议设置禁止缓存的指令，应被认定给予了 Yahoo 进行缓存的默示许可。❺ 总之，前述案例的共同逻辑是：只要权利人不主动地在网络中根据 Robots 协议设置禁止"快照"的指令，就推定其许可搜索引擎对其网页提供"快照"。

值得注意的是，对于一些快照侵权问题，目前我国法院已经通过扩张著作权法上合理使用制度的内涵，较好地处理了这一问题。在丛文辉诉北京搜狗信息服务有限公司（以下简称"搜狗公司"）著作权侵权一案❻中，丛文辉是涉案作品《可耻的幸灾乐祸》的著作权人，搜狐公司为 www.sogou.com 网站的经营者，该网站为搜索引擎网站，提供网页快照服务。在天涯社区所登载的涉

---

❶ 王玮婧. 网络著作权侵权认定中的默示许可研究［D］. 上海：华东政法大学，2012.

❷ 吕炳斌. 网络时代的版权默示许可制度——两起 Google 案的分析［J］. 电子知识产权，2009（7）：74.

❸ Keane Dealer Sercives. Inc. v. Harts，968 F. Supp. 944（S. D. N. Y. 1997）.

❹ Paker v. Yahoo，Inc.，2008 U. S. Dist. LEXIS 74512 at 13 – 14（2008）.

❺ 王玮婧. 网络著作权侵权认定中的默示许可研究［D］. 上海：华东政法大学，2012.

❻ 北京市第一中级人民法院（2013）一中民终字第 12533 号民事判决书.

案作品被删除后 5 个月，通过搜狗网站的搜索引擎，仍能搜索到该作品的网页快照。丛文辉认为搜狗公司提供网页快照的行为构成对其著作权的侵犯，起诉至法院。

法院认为：涉案网页快照提供行为系信息网络传播行为，而非《信息网络传播权保护条例》第 21 条规定的系统缓存行为，以及第 23 条规定的搜索链接行为。搜狗公司提供的网页快照行为虽然属于信息网络传播行为，且其未经丛文辉的许可，但鉴于其符合《著作权法》有关合理使用制度的实质条件，该行为并不会对丛文辉的权益造成实质影响，且如认定其构成侵权将会对公众利益造成不合理的影响，故法院认为该行为构成合理使用，未侵犯丛文辉的著作权。据此判决：驳回丛文辉的全部诉讼请求。

事实上，早在北京市高级人民法院 2010 年 5 月 19 日发布的《关于审理涉及网络环境下著作权纠纷案件若干问题的指导意见（一）（试行）》（京高法发〔2010〕166 号）中，其第 13 条即明确指出："网络服务提供者以提供网页'快照'的形式使用他人网站上传播的作品、表演、录音录像制品，未影响他人网站对作品、表演、录音录像制品的正常使用，亦未不合理地损害他人网站对于作品、表演、录音录像制品的合法权益，从而未实质性代替用户对他人网站的访问，并符合法律规定的其他条件的，可以认定构成合理使用。"不过，考虑到我国《著作权法》上对合理使用的情形是采用列举的方式来规定的，并不具有开放性，因此，暂时以默示许可来解决该类争议也不失为一种思路。

第三节　商标默示许可的发生情形

在我国，不仅商标法上找不到默示许可的规定，即使在司法解释或意见中，也寻觅不到关于商标默示许可的任何内容。这与专利形成了鲜明的对比。不过，在司法实践中，仍然有涉及商标默示许可的案例探索，并且认可成立商标默示许可的案例并不比专利案例少。随着商标审判的案例发展和经验积累，商标默示许可的运用规则或将逐渐明晰。从目前检索的商标案例来看，主要有以下情形可能适用商标默示许可：

一、基于股东和任职关系而推定的商标默示许可

在上海能控自动化科技有限公司与徐瑞新商标侵权纠纷案（以下简称

"能控公司与徐瑞新商标权案")❶ 中，一审法院认为，"AEC"商标的商标权人徐瑞新（原告）作为上海能控自动化科技有限公司（被告，以下简称"能控公司"）的股东，在公司成立后就一直默许能控公司使用"AEC"商标，而能控公司正是基于这种默许而在经营活动中使用"AEC"商标，并对外签订合同的。前述合同均系能控公司在徐瑞新任总经理期间与客户签订的合同，徐瑞新对此应当是明知的，而其同时作为"AEC"商标的注册人并未对相关合同的履行期限表示过异议，故应当视作徐瑞新许可能控公司在该合同约定的有效期内使用"AEC"商标。因此，虽然徐瑞新作为"AEC"商标的专用权人有权禁止他人使用其注册商标，但是能控公司基于徐瑞新的许可在合同约定的期限内为履行该十二份合同而使用"AEC"商标的行为不构成侵权。

二审法院同样认为，徐瑞新作为能控公司的股东和总经理，在能控公司任职期间，对于能控公司使用系争商标的相关行为从未提出异议，故应视为其对能控公司的上述商标使用行为的默示许可，因此能控公司在履行徐瑞新在其公司任职期间签署的有关合同的过程中使用系争商标的行为并未侵犯徐瑞新系争商标专用权。

事实上，基于股东关系或者母子公司关系（仍然表现为股东关系）而产生的商标默示许可问题，英国法院在对待海外销售时也有所赞同。在 Revlon 案中英国法院表达了"默示同意"的思想。法院认为，Revlon Flex 商标在英国的注册所有人和使用人没有（也不能）反对其母公司在美国或其他市场将该商标产品投入市场。这就意味着，英国的注册所有人已经默示同意了在该商品上使用注册商标。如果某一处于共同控制状态的公司集团中的一个附属公司使用了特定国际知名的商标，该公司集团的控制机构就会被推定为同意使用该商标。法院认为，因为商标的注册所有人、注册使用人与母公司均为集团成员，他们都在使用集团字号 Revlon 和集团商标 Revlon Flex，因此，母公司 Revlon Inc. 生产的商标产品与该商标在英国的注册所有人 Revlon Suisse 和使用

---

❶ 上海能控自动化科技有限公司与徐瑞新商标侵权纠纷案民事判决书［上海市高级人民法院（2007）沪高民三（知）终字第 4 号］。本院认为，本案中上诉人能控公司未能提供充分的证据证明其曾委托被上诉人徐瑞新注册系争商标，也未能提供证据证明被上诉人曾与其约定在上诉人成立后将系争商标转让给上诉人，故无法证明其对系争商标享有权利。根据系争商标的注册申请受理通知书及注册证，被上诉人徐瑞新是系争"AEC"商标的合法注册人，其享有的商标专用权应依法受到保护。但被上诉人在上诉人公司任职期间，对于上诉人使用系争商标的相关行为从未提出异议，故应视为其对上诉人的上述商标使用行为的默示许可，因此上诉人在履行被上诉人在其公司任职期间签署的有关合同的过程中使用系争商标的行为并未侵犯被上诉人系争商标专用权。

人 Revlon Manufacturing 相互关联。❶

二、基于股东分家而产生的商标默示许可

在浙江伦特与乐清伦特商标权案❷中，乐清伦特创办于 1984 年，后同属一个家族的股东分家，将所创产业一分为二（即"乐清伦特"与分家后新设立的"浙江伦特"两家公司），各自经营，通过协商签署了《分书》。《分书》体现了财产平均分配、不宜分割则共用的原则。《分书》中未提及商标，但乐清伦特注册有第 685591 号"特星 + TX + 图形"注册商标。2009 年，乐清伦特对浙江伦特使用第 685591 号商标提出异议。为此，浙江伦特诉至法院，请求判令确认该注册商标属浙江伦特与乐清伦特共有共用。

二审法院认为，由于《分书》约定了"模具公用"，而部分模具上刻有"特星 + TX + 图形"商标，该部分模具公用必然导致商标共同使用之后果，也就是说浙江伦特存在使用"特星 + TX + 图形"商标的可能性。二审法院认为原审法院以《分书》上"（刻有'特星 + TX + 图形'注册商标的）模具公用"之积极约定与乐清伦特明知浙江伦特在使用刻有"特星 + TX + 图形"注册商标的模具而长期没有予以制止之消极行为为基础，得出乐清伦特默示许可浙江伦特使用其"特星 + TX + 图形"注册商标的结论也并无不妥。

可见，由于股东分家但未明确分配商标权属及利益分配时，根据分家协议的相关条款，并结合具体情况，有可能推定出商标默示许可的事实。

三、基于原有协议而推定的商标默示许可

在贵州巨工电器有限责任公司诉东巨电器厂商标使用权纠纷案❸中，法院查明：2004 年 7 月 12 日，原告贵州巨工电器有限责任公司（以下简称"巨工公司"）与贵阳市东山农工商联合公司订立了协作联营合同书，双方约定共同成立"贵阳东巨电器厂"（即被告，以下简称"东巨电器厂"），巨工公司提供技术，负责原材料、零部件的选购及产品销售，贵阳市东山农工商联

---

❶ Revlon. Inc. v. Cripps&Lee Ltd［1980］F. S. R. 85（C. A.）. 转引自王国柱. 知识产权默示许可制度研究［D］. 长春：吉林大学，2013：8.

❷ 浙江伦特机电有限公司与乐清市伦特电子仪表有限公司侵犯商标专用权纠纷、商标专用权权属纠纷案二审民事判决书［温州市中级人民法院（2010）浙温知终字第 3 号］.

❸ 贵州巨工电器有限责任公司诉东巨电器厂商标使用权纠纷案民事判决书［贵州省贵阳市中级人民法院（2007）筑民三初字第 55 号］.

合公司负责提供资金及厂房水电等基础设施。合同订立后，东山村委会成立了东巨电器厂，性质为集体企业，出资人为东山村委会。贵阳市东山农工商联合公司亦为东山村委会组建的公司。东巨电器厂成立后生产了原告巨工公司拥有专利权的产品，并在网络上对其生产的"JOGL"牌（系巨工公司的商标）专利产品进行宣传（网址为 http：//www. yahoosme. com/gzdjdq），征召各地区销售代理商。

法院认为，根据联营协议的约定，东巨电器厂生产了原告巨工公司拥有专利权的产品，并在产品上使用了"JOGL"商标，巨工公司知晓此情况，并没有提出反对意见，故应当认定巨工公司默示同意东巨电器厂在专利产品上标注其注册商标。至于宣传行为，本院认为商标法及相关司法解释均没有规定仅有宣传而没有实际销售的行为构成商标侵权行为。本案中东巨电器厂宣传的产品就是其与巨工公司合作生产的产品，东巨电器厂主观上没有混淆不同产品、造成消费者误认的故意，客观上也没有产生消费者误认的实际后果，故东巨电器厂的宣传行为也不构成侵权行为。

四、基于销售渠道而产生的商标默示许可

经销商在销售或促销权利人的商品（真品）或其相关（配套）商品时，经常会使用到权利人（通常是生产厂商）的商标标识，如果未经许可而过度使用权利人的商标，则有可能构成商标侵权，比如非授权的卖家在其店招上显著使用权利人的商标标识；❶ 当然，视经销商的具体使用情况也有可能构成商

---

❶ 联想（北京）有限公司与顾清华侵害商标权纠纷案［（2014）苏知民终字第0142号二审民事判决书］即为经销商侵犯权利人商标权的典型案例。本案中，二审法院认为，顾清华在其店招上仅使用了"联想"及"lenovo"字样，除此之外，再无任何其他说明文字，其店招上的橙色背景与白色字样的使用方式一方面使得颜色醒目、突出，另一方面也使得顾清华店招上的字样与联想公司品牌店的门面规范设计较为接近；另外，顾清华还在其销售单及名片上使用了"lenovo联想专卖店、泰兴旗舰店"的字样，其对"联想"及"lenovo"的上述使用方式会使前往购买计算机产品的一般消费者或者相关公众误认为该店与联想公司之间存在特定的商业关系，明显已超出合理使用的界限，在未经联想公司许可的情况下，其行为构成对联想公司注册商标专用权的侵犯，应当承担侵权的民事责任。

标的合理使用（正当使用），❶ 但在特定的情形下，还有可能产生默示许可的情形。

在原告成都锦尚贸易有限公司与被告昆明市五华区宏泰日用百货经营部、施海明侵害商标权纠纷案（以下简称"锦尚公司与宏泰经营部商标权案"）中，原告成都锦尚贸易有限公司享有第 10998361 号"REEMOOR"英文商标，核定使用在第 35 类为零售目的在通讯媒体上展示商品、特许经营的商业管理、进出口代理、替他人推销、人员招收、商业企业迁移、计算机数据库信息系统化、会计、寻找赞助以及市场营销上。被告在其经营场所的门头、店招、货柜、货架上使用了"REEMOOR"标识，但被告抗辩称其店铺带有原告注册商标标识的装潢以及道具（货柜、货架等）均来自于原告，被告已获得相应的授权，依法不构成侵权，原告则认为向被告出售道具等行为并不视为向被告授权，被告如果需要使用原告的商标，应当与原告签订书面的授权合同。在本案中，原告未与被告签订过书面的授权合同，也未向被告出具过书面的授权书。

法院认为，原告虽然与被告没有签订书面的授权许可合同，但是原、被告双方以实际行为建立了一种授权许可使用的关系。装潢和道具不同于其他商品，原告在提供装潢和道具的时候，应当非常清楚地知道，被告购买使用这些带有原告注册商标标识的道具等是用来展示销售商品的，所以原告对被告在其店铺内使用这些带有原告注册商标标识的道具等进行展示销售鞋子的行为应当是一种默示许可，并且原、被告双方往来的电子邮件内容也表示，原告对被告在昆明经营的几家店铺内使用原告商标标识的行为是认可的。❷

---

❶ 在东莞市以纯集团有限公司与黄熙桐侵害商标权纠纷案［四川省高级人民法院（2015）川知民终字第 134 号民事判决书］中，就以纯公司主张黄熙桐未经许可在其开设的网店上大量使用"以纯""YISHION""YISHION 以纯"等字样，侵犯涉案注册商标专用权的问题，一审法院认为，黄熙桐在其网店中销售涉案注册商标专用权的商品时，使用了自己的店铺名称"熙掌柜"，以区别于所售商品的生产厂家，且其在销售的商品中使用"以纯""YISHION"等文字，并非独立、突出性使用，是出于对其商品的品牌进行真实、必要的描述和说明，属于商标指示性使用，而非作为区分商品或服务来源的商标使用，不会使相关公众对商品的来源产生混淆误认，也不存在对其他商标利益的损害，故以纯公司的该项主张不能成立。二审法院同样认为，黄熙桐的使用方式系对商标的指示性使用，并非指向销售该商标商品的网店，"以纯"商标与"以纯"商品的对应性并未受到影响，相关公众亦不会认为所销售的以纯商品来源于该销售网店。因此，不存在消费者对商品来源的混淆，也不涉及商标显著性和知名度的降低，也不存在对其商标专用权的损害。

❷ 成都锦尚贸易有限公司与昆明市五华区宏泰日用百货经营部、施海明侵害商标权纠纷案一审民事判决书［昆明市中级人民法院（2015）昆知民初字第 469 号］。当然，判决书也指出，这种默示许可是附条件的，即"被告用带有原告注册商标标识的装潢道具只能销售原告生产的鞋子，而不能用带有原告注册商标标识的装潢道具去销售其他厂家的鞋子"。

值得注意的是，在大班公司与恒瑞泰丰商标权案中，二审法院认为，大班公司对于其出品的商品，在符合基本市场营销方式的情况下，无权禁止他人进行合理性宣传、推广，同时该市场营销手段应视为商标注册人的许可，即关于权利用尽的默示许可。❶ 显然法院对于经销商合理宣传推广权利人的真品而使用商标标识时，没有定性以正当使用，而是视为权利用尽，且把权利用尽与默示许可相提并论。本研究认为，此种情形定性为商标正当使用❷，比权利用尽或默示许可更为恰当。

五、基于平行进口而产生的商标默示许可

如前所述，在专利领域日本等国法院已经运用默示许可来解决平行进口的问题，而在处理涉及商标的平行进口问题上，一些国家仍然会从默示许可那里寻找依据。

在 Davidoff 案❸中，英国法院认为根据《缩小成员国商标差异的理事会一号指令》（以下简称"第一商标指令"）第 7 条第 2 款❹，商标权人如果在将

---

❶ 大班面包西饼有限公司与北京恒瑞泰丰科技发展有限公司商标权权属、侵权纠纷二审民事判决书［北京市高级人民法院（2013）高民终字第 3998 号］。如前所述，在北京市高级人民法院 2013 年发布并于 2017 年修订的《专利侵权判定指南》中，其第 131 条的规定就是直接将属于专利默示许可的两种情形，直接解释为《专利法》第 69 条第 1 款第 1 项所规定的权利用尽的具体情形之一："专利产品或者依照专利方法直接获得的产品，由专利权人或者经其许可的单位、个人售出后，使用、许诺销售、销售、进口该产品的；……"

❷ 2013 年修改的《商标法》第 59 条第 1 款、第 2 款分别规定了商标的正当使用情形："注册商标中含有的本商品的通用名称、图形、型号，或者直接表示商品的质量、主要原料、功能、用途、重量、数量及其他特点，或者含有的地名，注册商标专用权人无权禁止他人正当使用。""三维标志注册商标中含有的商品自身的性质产生的形状、为获得技术效果而需有的商品形状或者使商品具有实质性价值的形状，注册商标专用权人无权禁止他人正当使用。"但实践中，商标正当使用或合理使用的情形，远不止于前述规定。事实上，关于商标指示性合理使用，我国《商标法》基本上未有明确规定。

❸ 原告 Davidoff 拥有 "Cool Water" 和 "Davidoff Cool Water" 两个品牌。该公司的产品在法国制造，均以相同的包装和商标销往世界各地，并没有针对各地消费者的特点进行改造。依据原告与其在新加坡地方代理商的协议，其代理商拥有在新加坡、马来西亚、印度尼西亚、菲律宾、中国香港、柬埔寨、斯里兰卡以及缅甸对原告货物进口、宣传、销售的权利，但是该代理商不能将这些货物销往上述区域以外的其他区域，而且代理商的次级销售商及次级零售商也都被禁止这样的销售。被告将原告生产的高级香水从欧洲经济区以外的新加坡平行进口到欧盟，同时为了不让消费者发现商品的真正来源，还去除了商品包装上的批号，由此引起诉讼。

❹ 1988 年欧洲理事会通过的《第一商标指令》第 7 条第 2 款规定了权利区域穷竭原则的例外："商标权人有正当理由制止商品进一步流通，尤其是商品状况在投放市场后遭到改变或损害时，第一条将不适用。"转引自严桂珍．平行进口法律规制研究［M］．北京：北京大学出版社，2009：111.

商品交付给第三人时未对第三人的分销行为进行限制，就可认定其默示同意该商品可以返销到欧盟市场，因此不能使用第 7 条第 1 款的"权利区域穷竭原则"❶ 阻止来自欧盟市场以外的平行进口。

---

❶ 该条规定："商标不能赋予权利人禁止在由其自己或者经其同意投放欧盟市场的产品上使用商标的权利。"转引自张今. 欧盟平行进口与商标权保护的新进展 [J]. 中华商标，2001 (4)：25 – 27.

第五章　知识产权默示许可的构成要件

在知识产权侵权抗辩领域，知识产权默示许可有着非常广泛的适用范围。然而，必须确定知识产权默示许可构成要件或适用条件，才能有效指导知识产权默示许可的司法实践。因此可以说，构成要件是知识产权默示许可的重要内容，也是最核心、最复杂的问题。

构成要件，是指在一般情况下要产生一定法律效果需要包含的要素。在侵权抗辩中适用默示许可，实体要件和程序要件缺一不可。实体要件是判断实体问题是非的要件，可以确认权利义务及责任；程序要件是指要实现权利主张必不可少的程序，可以维护实体的公正。

遗憾的是，目前并没有简单的公式可以决定何时发生默示许可，而且，一般原则也过于模糊。❶ 不过，总归会有规律可循，通过观察现有的默示许可的司法判例，结合知识产权默示许可的实质内涵，本研究试抛砖引玉，提出在专利侵权抗辩中适用默示许可的一般性构成条件。

通常若要构成默示许可，首先就要明确权利人与使用人两方的意思表示。在默示许可中，权利人的意思表示需要通过权利人的默示行为进行推定，故权利人的默示行为是构成默示许可必不可少的条件，缺少了它就无法推定权利人的意思表示。但有了权利人一方的意思表示，还不足以达成合意，当使用人（或被控侵权人）基于权利人的意思表示产生了对权利使用的合理信赖时，双方的合意才算达成，此时基于这种合意就可达成许可合同，因此权利使用人的合理依赖也是默示许可必不可少的条件之一。而在司法实践中要主张默示许可抗辩，当然必须要遵循一定的法律程序。

以上两个实体要件和一个程序要件都是从正面来探讨默示许可的构成，但有些情况下，若权利人所附加的条件能明显排除默示许可的适用，那么在认定

---

❶ 德雷特勒. 知识产权许可（上）[M]. 王春燕，等，译，北京：清华大学出版社，2003：184.

默示许可时就可以仅从此类限制条件排除默示许可的适用，这就是从反面探讨默示许可的构成要件。这种排除默示许可适用的条件仅是默示许可的限制条件中的一种，由于默示许可的合意不是以语言文字等明示方式达成的，权利义务关系就不像明示合同那样明确，因此会在权利的行使上产生一定的限制，所以在司法实践中合理界定默示许可所涉及的权利的行使界限也是必要的环节，可以更好地平衡双方当事人之间的利益。此即为默示许可的两大类限制条件，即排除默示许可适用的限制条件以及限制默示许可效力的限制条件。

综上所述，知识产权默示许可的构成要件从正反两方面可以完整地概括为四大要件：权利人的默示行为、使用人（被控侵权人）的合理信赖、限制条件和程序要件。前三个要件为实体要件，最后一个为程序要件。其中，存在知识产权权利人的默示行为是形式要件；使用人（被控侵权人）基于权利人的默示行为产生了被允许使用知识产权的合理信赖，为实质要件；限制条件是指排除默示许可适用以及限制默示许可效力的两大类条件；而程序要件是在被控侵权人提出默示许可抗辩的主张后，法院才能适用默示许可规则的程序要求。❶

第一节　知识产权默示许可的形式条件

一、默示许可的形式条件：存在默示行为

默示制度在民法尤其是合同法中占有重要的地位。作为意思表示的承载形式，表示行为可以为明示，也可以为默示。"明示系以言语、文字或举动直接表示其意思。默示是指以其他方法（如不作为）间接地使人推知其意思之谓。"❷ 民法学前辈史尚宽先生早有论述："当事人互相表示意思一致者，无论其为明示默示，其契约为成立。以本来表示一定意思之方法为表示者，为明示，如文字、言语或动作（点头或举手）。以其他方法为表示，唯可依生活经验或其他情形或依任意法或解释法之规定，间接可推知之者，为默示。"❸

---

❶ 本人指导的上海大学 2011 级知识产权研究生高国雅对本章的内容也有所贡献。

❷ 陈元雄. 民法总则新论［M］. 台北：三民书局，1982：505.

❸ 史尚宽. 债法总论［M］. 台北：台湾荣泰印书馆，1954：15.

总之，默示是"行为人以使人推知的方式间接表示其内在意思的表意形式"❶，它至少包含三层含义：（1）默示是一种意思表示；（2）默示是通过一定行为方式进行的；（3）默示是间接推知意愿的表意形式。

作为意思表示的两种类型，默示与明示的具体区别主要体现在：（1）表达方式不同。明示的表达方式是直接的，如语言形式、文字形式；而默示的表达方式则是间接的、隐含的，没有直接相关的文字记载或言语表示。（2）内在意思是否需要推定不同。明示是明确的，无须经过推定即可知晓当事人的内在意思；而默示则需要经过推定才能知晓当事人的内在意思。❷

1988年通过的《最高人民法院关于贯彻执行〈中华人民共和国民法通则〉若干问题的意见》（试行）第66条，已经明确地提及了"不作为的默示"，既然如此，默示当然包括作为的默示和不作为的默示。

作为的默示，是指当事人通过有目的、有意义的积极行为，将其内在意思表达于外部，从而使他人可以依据常识、交易习惯或者相互间的默契，推知当事人已作某种意思表示，从而使法律行为成立。"该形式具有心照不宣的特点，一般适宜于就简单或能即时清结或实践性或延续性或惯例性等事项而实施民事法律行为时采用"。❸

不作为的默示，是指既无语言表示，又无行为表示的消极行为。依照前述《最高人民法院关于贯彻执行〈中华人民共和国民法通则〉若干问题的意见》（试行）第66条的规定，"不作为的默示只有在法律有规定或者当事人双方有约定的情况下，才可以视为意思表示。"

以默示形式表现出来的行为，就是默示行为。存在权利人的"默示行为"，是知识产权默示许可适用的形式要件或者前提条件。在不同的情形之下，默示行为的表现有多种可能性。梳理前一章的国内外案例，可以发现权利人的默示行为呈现出不同的形态（如表5-1所示）：

---

❶ 董安生. 谈民事法律行为［M］. 北京：中国人民大学出版社，1994：235.

❷ 林承日. 合同默示制度研究［D］. 厦门：厦门大学，2001：4.

❸ 柳经伟，芥树洁，施信贵. 中国民法［M］. 厦门：厦门大学出版社，1994：125.

表 5 - 1　知识产权权利人默示行为的部分呈现形态

	呈现形态	案例	关键要点
专利默示行为	专利权人将专利纳入技术标准，但未披露该专利信息	季强与兴诺公司专利侵权案	专利权人参与了标准的制定或者经其同意，将专利纳入国家、行业或者地方标准的，视为专利权人许可他人在实施标准的同时实施该专利
	专利权人销售专用于制造或组装其专利产品的零部件	微生物研究所与海王公司专利侵权案	如果某种物品的唯一合理的商业用途就是用于实施某项专利，专利权人或者经专利权人许可的第三人将该物品销售给他人的行为本身就意味着默示许可购买人实施该项专利
	专利权人销售专用于实施其专利方法的产品	Anton/Bauer, Inc.& Alex Desorbo v. PAG, Ltd.	除了用于实施其方法专利外，不存在其他非侵权用途
	专利权人在先签署的协议覆盖了涉案专利技术	诚田公司与蓝畅公司专利许可案	使用人可以基于原有的针对实用新型专利的实施许可合同，取得与实用新型相同主题且同日申请的发明专利的默示使用许可
著作权默示行为	权利人接受使用人委托创作完成作品	刘金迷与都市丽缘美容院著作权案	使用人委托行为使其获得了为商业宣传目的使用涉案照片的默示许可
	权利人销售作品载体给购买者以使用作品的信赖	方正公司与宝洁公司著作权案	当作品载体的购买者有权以合理期待的方式行使该载体上承载的著作权时，其使用行为应视为经过权利人的默示许可
	对超出试用期软件不采取停止使用的措施	磊若公司与华美医院著作权案	在特定条件下，超过试用期的软件不采取措施停止该软件的正常功能，仍然属于默示许可

续表

	呈现形态	案例	关键要点
商标默示行为	作为公司的股东和总经理，"明知使用"而不反对	能控公司与徐瑞新商标权案	作为公司的股东和总经理，在公司任职期间，对于公司使用其商标的相关行为从未提出异议，视为其对公司商标使用行为的默示许可
	股东分家的《分书》约定了"模具公用"	浙江伦特与乐清伦特商标权案	《分书》上"（刻有注册商标的）模具公用"之积极约定，与权利人明知使用人使用刻有注册商标的模具而长期没有予以制止之消极行为，推定默示许可使用人使用其注册商标
	权利人将带有其注册商标标识的装潢以及道具（货柜、货架等）销售给使用人（经销商）	锦尚公司与宏焘经营部商标权案	使用人购买使用这些带有权利人注册商标标识的道具等是用来展示销售商品的，所以权利人对使用人在其店铺内使用这些带有其注册商标标识的道具等进行展示销售鞋子的行为应当是一种默示许可

在司法实践中，虽然一些被控侵权人提出了"默示许可"的抗辩，但究其实质，可能仍应归属于"明示许可"。在郭泽龙与茶颜（上海）实业有限公司、浙江天猫网络有限公司著作权权属、侵权纠纷案中，茶颜公司和天猫公司（一审被告）均辩称获得了权利人郭泽龙的"默示许可"。二审法院指出，郭泽龙于2012年12月15日、2012年12月30日发布含有本案1号、2号、3号、4号、5号、6号、7号作品的微博中均明确作出将相关作品"送给大家使用"的意思表示；于2012年12月21日发布含有本案1号、2号、3号、4号、5号、6号、7号、8号作品的免费下载地址中亦未作出任何权利声明。相关公众根据郭泽龙"送给大家使用"的声明及提供免费下载的行为有理由相信其可以使用涉案8幅作品，茶颜公司使用涉案作品具有正当合理性，其作为善意相对方之使用行为在法律上不应给予否定性评价，否则有违诚实信用原则。此外，郭泽龙写给下载者的信"别的没啥好说的，记得关注我的微博哦，@小矛http：//weibo.com"也可反映出其发布涉案作品的意图在于增加微博关注

人数以提高影响力，并非要求下载者支付报酬。❶

本案表面上看，似乎二审法院支持了茶颜公司和天猫公司"默示许可"的主张，但实质上，本案总体上应当归属于"明示许可"（尤其是对于本案 1 号、2 号、3 号、4 号、5 号、6 号、7 号作品），因为权利人郭泽龙已经作出了"送给大家使用"的明示许可声明，并提供了免费下载行为，因而不宜再认定为"默示许可"。

二、默示行为不同于沉默

一些学者把沉默作为默示行为的一个独立来源，有单独并列的考虑，比如王国柱认为，在知识产权默示许可的认定过程中，权利人的行为以及特定情形下的沉默都可以成为默示许可的依据。❷ 因此，对于沉默与默示行为的关系，有必要加以区分。

首先，沉默与作为的默示有明显不同，沉默未作任何表示行为，而作为的默示则有间接的表示行为，人们可以从该表示作为中推定出其内心意思。其次，在特定情形下，沉默可以归属于不作为的默示。在一般情况下，沉默是不能视为意思表示，但是，在法律上、契约上有特别规定或有特别约定的情况下，沉默可以转化为不作为的默示，即可以视为意思表示。比如，一般情形之下，甲对乙的要约未作反应，保持沉默，甲的沉默自然不能视为意思表示。但是，如果甲乙之间事先有合同约定，在一定期间对要约未作出拒绝，即视为承诺，那么甲的沉默就转化为不作为的默示。❸

比如，在博仕华公司与达润公司软件著作权案中，双方的合作协议约定达润公司（被告）在进行与"思维阅读"多媒体课件相关的在线教学、印刷物等开发前应当事先取得博仕华公司（原告）许可。对于达润公司是否扩大"思维阅读"多媒体课件的使用范围这一争议，法院认为，结合博仕华公司提交的《关于请博仕华公司提供相关文件的函》，可以确认达润世纪公司已书面告知博仕华公司需向客户提供教学配套相关教材、字卡、指导书等，且不再额外收费，博仕华公司对此并未提出异议，现有证据亦不能证明博仕华公司就此

---

❶ 郭泽龙与茶颜（上海）实业有限公司、浙江天猫网络有限公司著作权权属、侵权纠纷案二审民事判决书［杭州市中级人民法院（2015）浙杭知终字第 244 号］。

❷ 王国柱. 知识产权默示许可制度研究［D］. 长春：吉林大学，2013.

❸ 林承日. 合同默示制度研究［D］. 厦门：厦门大学，2001：4-5.

已向达润世纪公司作出催告，可以视为博仕华公司已予以默示许可。❶ 由此可见，在双方存在特定合作协议的情形下，使用人需要扩大已授权作品的使用范围（提供教学配套相关教材、字卡、指导书等），并向权利人发出书面请求后，权利人未提出异议，在合理范围内可以将权利人此时的沉默视为"不作为的默示"。

既然沉默在特定情形下可以归属于不作为的默示，那么，一般也没有必要单独将沉默作为默示行为之一种加以单列。因此，在界定知识产权默示许可的定义时，也不需要将"沉默"单独突显，因为默示行为已经内在地包含了特定情形下的"沉默"。

三、默示行为来源于权利人

值得强调的是，知识产权默示许可适用的前提条件是存在权利人的默示行为，也即，用以推定知识产权许可成立的来源是权利人自身作出的默示行为。但是，不少观点（特别是来自版权领域讨论默示许可的不少论著）似乎倾向于把使用人的单方面行为强加给未表示反对的权利人，并以此寻求成立所谓的默示许可。

有学者更是直接阐明：在某些情形下，默示许可也可能并非是由权利人作出，而是由使用人作出的。近年来在版权领域兴起的"授权要约"就属于这一种。"授权要约"是指作者根据自己的版权授权意愿，在其出版的图书中刊登一页"权利人授权声明"，明确该书版权授权范围、授权费用及支付方式等，接受作者提出条件的使用者即可在作者授权范围内使用图书，并按照授权声明来向作者支付报酬。❷ 此时，作者作为版权人以明示的方式发出要约，而使用人以实际使用行为作出默示的承诺，双方之间成立著作权授权许可合同。❸ 不过，本研究认为，该种授权仍然是建立在权利人明示的许可声明的基础上，而默示许可应该是建立在权利人的"默示行为"上，因此，该种授权并非所谓的默示许可。

不过，在著作权默示许可的主张中，以下两种情形颇有代表性：

一方面，以使用人积极作出的行为来认定权利人的默示许可。有学者认

---

❶ 博仕华（北京）教育科技有限公司与北京达润世纪国际教育科技股份有限公司计算机软件著作权许可使用合同纠纷一审民事判决书［北京市海淀区人民法院（2013）海民初字第16364号］。

❷ 王秀丽，于秀丽. 授权要约：数字版权贸易的新模式［J］. 出版发行研究，2008（9）：21－24.

❸ 陈倩婷. 著作权默示许可制度研究［D］. 北京：中国政法大学，2012：5.

为，在出现信息网络传播方式之后，当著作权人签发在传统媒体进行使用的许可证时，即可能构成在网络传播的默示许可。比较典型的情形是作者向杂志、期刊社投稿时，如没有明确的反对，则表明作者许可其作品在杂志、期刊传播的同时，默示许可作品在相关联网络通道如"期刊网"等以数字形式传播。在期刊建立"网络版"或者授权"期刊网"日渐流行的背景下，著作权人也越来越清楚自己的投稿行为已经默示期刊出版者可在特定的网络空间传播作品并无须经由明示授权，除非其在实施特定行为时明确排除默示许可。❶

另一方面，以权利人未明确或积极反对使用人的使用而认定权利人的默示许可。比如，有学者认为：（1）特定网络区域的默示许可。在网络特定空间，著作权人发表作品的基本目的就是要求更多的人转载、传播，以提高自己的知名度。例如，在电子布告栏上经常出现的帖子、各类评论、议论，甚至作为创作作品出现的文章、图片、动画、音乐、录像等，这些信息的权利人将信息发布或粘贴在布告栏，应当可以推定著作权人愿意通过网络流通其作品，而且也表明默示许可布告栏修改其作品并在其他 BBS 上自由流动。（2）商业竞争中的默示许可。例如，QQ 软件作为免费传播软件。权利人默示许可其他网站进行软件作品的非营利性传播，但由权利人控制 QQ 号并以此营利。在一般情况下，其他网络服务者上传 QQ 软件并不会遭到权利人的反对。权利人之所以不会限制其他网站的转载和传播，是因为在这种经营方式中起决定作用的并不是控制软件作品的传播。❷

Google 数字图书馆在与美国出版商的纠纷解决过程中，曾宣布实施"选择退出"策略：如果出版者向 Google 提供一份不想让 Google 扫描的书籍清单，那么 Google 就会放弃对这些书籍的扫描从而使这些书籍不进入 Google 数字图书馆。❸ 有人认为，若著作权人不使用"选择退出"策略则相当于默许 Google 图书馆实施上述行为。

但是，权利人不主张权利，甚至基于商业目的而鼓励传播，显然与默示许可没有什么关系，因为传播行为是基于使用人自行的主张，而不是著作权人的"默示行为"。是否进行许可应当从权利人的言行之中去推定，而不

---

❶ 梅术文. 信息网络传播权默示许可制度的不足与完善［J］. 法学，2009（6）：50－58.

❷ 同上。

❸ Association of American Publishers Press Release. Google Library Project Raises Serious Questions for Publishers and Authors［R］. Washington D. C.：Association of American Publishers，2005.

是变成使用人施加给权利人的义务，也即当使用人发出使用的需求，而权利人不作回应或不作反对，就视为权利人默示同意许可，这显然是不公平的。

一般情况下，权利人在知晓他人可能或已经实施侵权行为之后，出于某种考虑，暂不采取警告或诉讼等积极行动加以制止，并不意味着权利人就此许可他人的相关行为。例如，作者知道数字作品在网络中会被大量转载，仍然在网络中发表作品并且没有声明"不得转载"，并不能被解释为作者"默示许可"其他网站进行转载。再如，美国的判例也已确认：专栏作者向报社投稿，只意味着许可以纸质报纸的形式刊登作品，并不意味着默示许可报社将作品收进电子数据库，尽管目前报社将过去的报纸制成电子数据库是普遍的做法。❶ 默示许可正是基于权利人的默示行为推定出来的，如果只是使用人单方的信赖，不能作为认定默示许可的参考。美国1983年Stickle v. Heublein，Inc案也确立了这样的观点："默示许可不能源自购买人单方的期望甚至是合理的期待，只源自于专利权人的行为。"❷

再回顾一下我国《信息网络传播权保护条例》第9条❸，不少学者均将其归纳为在立法层面肯认了所谓的"基于扶助贫困的默示许可"：使用人可以通过公告的方式、借助权利人无异议行为的默示方式取得许可。显然，在这里权利人并未在所谓的许可过程中作出任何行为，都是基于使用人的公告，在未得到权利人异议（事实上是推定无异议，因为权利人可能根本不知道这个使用公告）的情形下，由法律确定使用人（网络服务提供者）可以提供其作品。事实上，该条例第9条只字未提到"许可"或类似的字词，我们更倾向于将该条的规定归属于准法定许可，一种需要履行公告及异议程序的法定许可。

---

❶ 王迁. 搜索引擎提供"快照"服务的著作权侵权问题研究［J］. 东方法学，2010（3）：126 - 139.

❷ Stickle v. Heublein, Inc.，716 F. 2d 1550，219 U. S. P. Q. 377（Fed. Cir. 1983）.

❸《信息网络传播权保护条例》第9条第1款规定："为扶助贫困，通过信息网络向农村地区的公众免费提供中国公民、法人或者其他组织已经发表的种植养殖、防病治病、防灾减灾等与扶助贫困有关的作品和适应基本文化需求的作品，网络服务提供者应当在提供前公告拟提供的作品及其作者、拟支付报酬的标准。自公告之日起30日内，著作权人不同意提供的，网络服务提供者不得提供其作品；自公告之日起满30日，著作权人没有异议的，网络服务提供者可以提供其作品，并按照公告的标准向著作权人支付报酬。网络服务提供者提供著作权人的作品后，著作权人不同意提供的，网络服务提供者应当立即删除著作权人的作品，并按照公告的标准向著作权人支付提供作品期间的报酬。"

第二节　知识产权默示许可的实质条件

一、默示许可的实质条件：产生合理信赖

知识产权权利人的默示行为让被控侵权人产生了允许使用其知识产权的合理信赖或合理期待，这是知识产权默示许可适用的实质条件。知识产权默认许可理论体现了一种信赖保护原则，公众基于权利人的行为产生了一种合理的信赖，就不允许权利人出尔反尔。如果未经明确授权的被控侵权人能够从权利人的默示行为中推断出许可的意思表示，或者有正当的理由相信权利人不反对其知识产权使用的行为，即有适用知识产权默示许可的余地。保护使用人的信赖利益是默示许可的意义所在，不过，主张默示许可的被控侵权人对于权利人的合理信赖，必须建立在比较坚实的基础之上，并具有充分的理由。

（一）合理信赖产生的社会基础：诚实信用原则

作为民法上的基本原则，诚实信用是一个意义比较模糊、外延难以确定、弹性极大的语词。史尚宽先生在评说各种观点的基础上，指出诚实信用具有以下几层含义：

（1）含有"信"的因素，即法律关系的一方应顾及他方利益，衡量对方对自己一方有何期待，并使其正当期待不致落空。

（2）含有"诚"的因素，"诚"即"成"，包括成己、成人和成其事物。

（3）含有遵从交易习惯之意，但不包括不利于当事人正当期待之保护的交易习惯。❶

可见，诚实信用之意义并非不可捉摸，它要求行为人在民事活动中诚实不欺、恪守承诺，不负对方的信赖。❷ 如果知识产权权利人的默示行为，给他人产生了允许使用其知识产权的意思表示，自然禁止反悔，以免破坏他人的合理预期和正常的市场秩序。

---

❶　史尚宽. 债法总论［M］. 台北：台湾荣泰印书馆，1978：320.
❷　李双元，温世扬. 比较民法学［M］. 武汉：武汉大学出版社，1998：60.

（二）合理信赖产生的事实基础：特定的行为情境

知识产权默示许可的主张应当具有坚实的事实基础，即在特定的情境下，基于知识产权权利人的默示行为，可以依照常识、惯例或可预见性的结果等，让他人能够从中推断出默示许可的意思表示。通常，为了说明自己对权利人的信赖，被控侵权人（使用人）必须跟权利人之间业已存在某种关系或者交流，而正是该关系或交流使被控侵权人有了一种安全感。❶

合理信赖产生的事实基础即特定的外部因素。默示行为产生的特定外部因素就成为判断使用人（被控侵权人）是否应该产生合理信赖的事实基础。缺少了事实基础的信赖，只是使用人一厢情愿的信赖，不能作为认定默示许可的参考。美国法院指出，"很明显默示许可的范围必须与特定个案的特定事实情况有关。这个决定必须依据当事人销售的情况判断得到默示许可的范围。就默示许可的范围来讲，当事人的单方面期望是不相关的。"❷

尽管美国等通过判例建立和发展了默示许可的规则，但是对默认许可的产生条件并没有在其成文法律中作明确的规定，因此只能根据具体情况作出判断。判断时可以考虑的因素包括：当事人的行为、可以适用的书面协议或者其他文件、当事人的合理期待、对公平与公正的考虑、知识产权制度赖以建立的各种政策等。❸ 根据目前的判例可以将这些产生合理信赖的外部因素不完全地归纳为以下情形。

1. 与权利人的合作关系

（1）委托关系。在接受委托而创作的作品，在权利归属没有约定的情况下，即使委托人与受托人之间没有关于使用权的声明，委托人也可以基于默示许可获得使用委托作品的一般许可。美国首个著作权默示许可的案例，即Effects Assocs. , Inc. v. Cohen 案❹恰恰就是基于委托创作而产生的默示许可。在我国，如前所述，在刘金迷与都市丽缘美容院著作权案民事裁定书中的相关

❶ LEMLEY M A. . Intellectual Property Rights And Standard – Setting Organizations ［J］. California Law Review, 2002, 90 (2): 1889 –1904.

❷ Carborundum Co. v. Molten Metal Equipment Innovations, Inc. , 72 F. 3d 872, 37 U. S. P. Q. 2d 1169 (Fed. Cir. 1995).

❸ 德雷特勒. 知识产权许可（上）［M］. 王春燕，等，译，北京：清华大学出版社，2003：185.

❹ Effects Assocs. , Inc. v. Cohen, 908 F. 2d 555, 558 (9th Cir. 1990).

内容也反映了此种裁判观念。❶

（2）与权利人既有的许可协议，而对权利人事后取得的专利产生默示许可。比如，商业秘密的许可人此后又取得覆盖该商业秘密内容的专利。在上述情形下，使用人可以对权利人的专利主张默示许可。在 Amp Incorporated v. United States 一案中，美国索赔法院（United States Court of Claims）认为，一个权利授予人不能以其后来的行为减损其已授予的权利。❷ 显然，对事后取得专利适用了默示许可，反映了合同法上的公平合理、公序良俗原则。如果被许可人易于受到事后取得专利的攻击，就会增加许可交易的成本与风险。❸

2. 双方特定的紧密关系

基于股东关系或者母子公司关系（仍然表现为股东关系），可能产生知识产权的默示许可。在能控公司与徐瑞新商标权案中，二审法院认为，权利人徐瑞新作为能控公司的股东和总经理，在能控公司任职期间，对于能控公司使用系争商标的相关行为从未提出异议，故应视为其上述商标使用行为的默示许可。❹

3. 权利人的鼓励使用行为

2008 年最高人民法院的复函认为，在我国标准制定机关尚未建立有关标准中专利信息的公开披露及使用制度的情形下，专利权人参与了标准的制定或者经其同意，将专利纳入国家、行业或者地方标准的，视为专利权人许可他人

---

❶ 刘金迷与北京菲瑞佳商贸有限公司都市丽缘美容院、家庭百科报社侵犯著作权纠纷案［北京市第一中级人民法院（2005）一中民终字第 12299 号］。本案二审法院认为："本案中，刘金迷为朱静设计涉案发型，委托朱自力拍摄包括涉案图片的系列图片 20 余张，并为此支付了相应的对价，故涉案图片应视为委托创作作品。因刘金迷未能提供其与朱自力的合同，朱自力亦未出庭作证证明涉案图片的著作权归属及使用范围，依据上述法律规定，本院认为朱自力享有涉案图片的著作权，并默示许可刘金迷为其商业宣传可免费使用涉案图片。"

❷ Amp Incorporated v. United States，389 F. 2d 448，182 Ct. Cl. 86（C. C.，1968）.

❸ 德雷特勒. 知识产权许可（上）［M］. 王春燕，等，译，北京：清华大学出版社，2003：205.

❹ 上海能控自动化科技有限公司与徐瑞新商标侵权纠纷案民事判决书［上海市高级人民法院（2007）沪高民三（知）终字第 4 号］。本院认为，本案中上诉人能控公司未能提供充分的证据证明其曾委托被上诉人徐瑞新注册系争商标，也未能提供证据证明上诉人曾与其约定在上诉人成立后将系争商标转让给上诉人，故无法证明其对系争商标享有权利。根据系争商标的注册申请受理通知书及注册证，被上诉人徐瑞新是系争"AEC"商标的合法注册人，其享有的商标专用权应依法受到保护。但被上诉人在上诉人公司任职期间，对于上诉人使用系争商标的相关行为从未提出异议，故应视为其对上诉人的上述商标使用行为的默示许可，因此上诉人在履行被上诉人在其公司任职期间签署的有关合同的过程中使用系争商标的行为，并未侵犯被上诉人系争商标专用权。

在实施标准的同时实施该专利。❶ 当然，目前我国已经建立了标准的专利披露制度，前述复函的精神需要适应新的形势，但是如果专利权参与标准制定，故意隐瞒或拒绝披露进入标准的专利信息，仍应当视为允许标准实施人使用标准所包含的专利。

在优凝公司与河海公司专利侵权案中，二审法院认为，专利权人优凝公司参与水利部"948"推广项目，是推广其专利实施与应用而采取的手段，且项目并未明确披露"挡土块"发明专利信息。河海公司、神禹公司在项目推广期间，实施专利的行为均是严格按照设计图纸施工的行为，属于在合理信赖的情形下实施专利的行为，不构成侵权。❷

在磊若公司与华美医院著作权案❸中，法院认为，权利人对超过试用期的软件不采取措施停止该软件的正常功能，仍然属于默示许可，使用人不构成侵权。显然，软件著作权人是在纵容或变相鼓励使用人对该软件的正常使用。

以上情形中成立默示许可的条件都有一个共同的地方，无论技术标准（不包括事实标准），还是国家推广项目，或者软件试用后不停止相关的使用功能，均是向公众公开并且鼓励采用包含了权利人知识产权的技术或作品。既然是鼓励公众使用公开的智力成果，自然可以让使用人产生使用该知识产权的合理期待和信赖。

4. 权利人的销售活动

因当事人之间的交易关系而产生默示许可，更符合逻辑。比如，权利人销售给使用人的零部件，只能专用于制造权利人的专利产品；或者权利人销售的产品，只能专用于实施权利人的专利方法，此种情形下，自然给使用人以允许使用权利人专利的合理期待，否则其所购买的零部件或产品，将会无所用益。德国和美国的一些案例已经确认了此种情形的默示许可。❹

权利人的销售活动除了解决购买人在特定情形下实施权利人知识产权的许可问题，还可以用于处理产品的购买者在进行修理或者平行进口时的默示许可

---

❶ 最高人民法院关于朝阳兴诺公司按照建设部颁发的行业标准《复合载体夯扩桩设计规程》设计、施工而实施标准中专利的行为是否构成侵犯专利权问题的函［（2008）民三他字第4号］。

❷ 刘仁．"挡土块"专利挡不住"擅自使用"——法院认定涉案两被告实施国家科技推广项目中的专利视为实施标准中的专利［N］．中国知识产权报，2009－11－19．

❸ 磊若软件公司与重庆华美整形美容医院有限公司著作权侵权纠纷案民事判决书［重庆市第五中级人民法院（2013）渝五中法民终字第01886号］。

❹ Krauss－Maffei AG. v. Aweco Gmbh. IIC，1980，11（3）：504.

问题。美国联邦巡回上诉法院在 Hewlett – Packard Company v. Repeat – O – Type Stencil Manufacturing Corporation，Inc. 一案中指出，对专利产品使用和销售的默示许可包括对专利产品修理的默示许可。❶

方正公司与宝洁公司著作权案作为国内首个在判决书中明确阐述著作权默示许可的案例，二审法院在判决书中特别指出："当知识产权载体的购买者有权以合理期待的方式行使该载体上承载的知识产权时，上述使用行为应视为经过权利人的默示许可。"❷

5. 权利人先前的行为

这种先前的行为包括以下两方面。

（1）权利人的指导或推荐实施其专利。在 Wang Labs. , Inc. v. Mitsubishi Electronics of America，Inc. and Mitsubishi Electric Corporation. 一案中，原告（专利权人）向被告（专利使用人）提供图纸和其他细节，一再要求被告制造 SIMMs（原告后将 SIMMs 申请了专利），法院认为，原告曾通过提供设计、建议和样品，诱使被告进入 SIMM 市场，双方长达六年的合作，已经让被告合理地相信原告同意其制造和销售专利产品。❸

（2）权利人的违约行为。如果权利人与使用人之间签订的合同涉及专利产品，在权利人违反协议（如不接受该产品的交付）而且需要变卖该专利产品以补偿其合同价款时，使用人的销售行为可以视为对该专利权（尤其是其中的销售权）获得了默示许可。在 McCoy v. Mitsuboshi Cutlery，Inc. ，一案，法院认为，Mitsuboshi 在权利人 McCoy 违约后，有权利不经 McCoy 同意而转售虾刀，以补偿其受到的损失。为执行 McCoy 支付虾刀费用的合同义务，Mitsuboshi 在解决这一问题的商业努力中合理地获得了出售专利产品虾刀的默示许可。❹

6. 存在商业或行业惯例

在美国 Field v. Google，Inc. 一案❺中，法院认为：如果一个网站不希望

---

❶ 阿列克斯·夏妥夫 . 1998 美国联邦巡回上诉法院专利案件年鉴［M］. 顾柏棣，译 . 北京：知识产权出版社，2000：254.

❷ 北京北大方正电子有限公司与广州宝洁有限公司、北京家乐福商业有限公司侵犯著作权纠纷上诉案民事判决书［北京市第一中级人民法院（2011）一中民终字第 5969 号］.

❸ Wang Labs. , Inc. v. Mitsubishi Electronics of America，Inc. and Mitsubishi Electric Corporation，103 F. 3d 1571，41 U. S. P. Q. 2d 1263（Fed. Cir. 1997）.

❹ McCoy v. Mitsuboshi Cutlery，Inc. ，67 F. 3d 917，922（Fed. Cir. 1995）.

❺ Field v. Google，Inc. ，412 F. Supp. 2d 1106（D. Nev. 2006）.

Google 对其网页提供缓存页面，则可以根据互联网业界广为人知的 Robots 协议，通过在网站中加入简单的指令，使得 Google 无法对其网页提供缓存页面。原告在知道这一事实的情况下，仍然不在其网站中加入禁止缓存的指令，并且清楚知道自己的不作为会被 Google 解读为允许对其网页进行缓存，那么即可认为原告的行为给予了 Google 提供缓存页面的默示许可。❶ 可见，在法院看来，当网页缓存的规则已成为行业通行惯例的情况下，当事人意识到可以采取某行为以阻止未经许可的使用而没有采取的，此种不作为即应当认为"鼓励使用"，即提供了使用人以默示许可。

当然，商业或行业惯例必须具有合法性，不能把普遍存在的侵权活动当作行业或商业惯例进而赋予其合法性。在重庆青年报社与光明网传媒有限公司著作权权属、侵权纠纷案中，被告光明网传媒有限公司主张："被告转载涉案文章符合新闻行业惯例，不具有主观过错。党媒与地方媒体间一直以来具有稿件默示许可相互转载、以促进地间新闻传播的行业惯例，被告转载涉案文章完全符合该惯例，属于正常使用行为。事实上，原告在其所办的重青网上也在按该惯例使用光明网、光明日报的稿件，我方采取了默示许可，并未采取任何禁止措施。"❷ 不过，法院判决并未承认该等行业惯例，进而也未承认默示许可。

（三）合理信赖产生的理性基础：理性人标准

用于决定是否可以从当时情形中得到默示许可的基本标准，就是为人所熟悉的合同法中的理性人标准。❸ "与任何其他的默示合同一样，默示许可产生于当事人的客观行为，而一个理性的人可以将此作为一种暗示，认为已经达成了一个协议。"❹ 站在理性人的角度，他人可以在特定的情境中预见到知识产权权利人的默示行为能够产生默示许可的结果。

比如，遵守标准的实施者基于技术标准推广使用的特性，基于一个理性人的角度，可以合理地预见到专利权人已经向他人开放使用其进入该标准中的专利。再如，从专利权人手中购买的只能用于制造其专利产品的零部件的购买者，可以合理地认为专利权人允许其将该零部件用于专利产品的制造或组装。

---

❶ 王玮婧. 网络著作权侵权认定中的默示许可研究 [D]. 上海：华东政法大学，2012.

❷ 重庆青年报社与光明网传媒有限公司著作权权属、侵权纠纷一审民事判决书 [北京市东城区人民法院（2015）东民（知）初字第 02575 号]。

❸ 德雷特勒. 知识产权许可（上）[M]. 王春燕，等，译，北京：清华大学出版社，2003：185.

❹ Medeco Security Locks, Inc. v. Lock Technology Corp., 199 U.S. . P. Q. （BNA）519，524（S. D. N. Y. 1976).

二、合理信赖的生成逻辑：推定

（一）合理信赖的推定

然而，合理信赖如何产生？基于什么因素而产生？大体上，让使用人产生合理信赖的因素可以分为客观因素和主观因素，客观因素主要是从社会公众的角度判断，主要是从权利人的客观行为、所处环境、商业惯例、社会规则等推定使用人对允许使用其权利的合理期待。有学者指出，交易当事人之间在先交易行为和行业惯例在认定默示许可中扮演了重要角色。[1]

而主观因素主要是结合相关情形对权利人的主观意志推定。在默认规则的层面上，法律决策者（法院或者法律制定者）可能会利用当事人当前的（履约过程）或先前的（交易过程）行为，来推测当事人意图；也可能利用处于类似情形的当事人的行为和理解（贸易惯例或行业习俗）来推定当事人的意图。[2]

显然，无论如何，因为没有明示许可意思表示，合理信赖是通过"默示行为"而"推定"出来的。如前所述，"默示是间接推知意愿的表意形式"，正是"推定"发挥了解读默示意思的钥匙作用：在行为人无书面、口头等直接表明其内在意愿的情形下，只能从其间接的意思表示中，以逻辑推理的方法或按照生活习惯等推定出行为人的真实意思。

推定是指根据事实之间的常态联系，当某一事实存在时，推引另一不明事实存在。按有无法律规定，推定可分为法律推定和事实推定。法律推定是立法者根据两个事实之间的常态联系，在法律上规定，在已知事实 A 存在的情况下，推定事实 B 存在。法律推定又称立法推定。事实推定是在诉讼过程中，司法人员根据两个事实之间的常态联系，在事实 A 已经明确的情况下，推定事实 B 存在。事实推定又称司法推定。[3]

（二）推定是否基于直接联系

显而易见，虽然知识产权默示许可未有明示的许可行为，但权利人与使用人之间必然存在某种联系，否则无从推定权利人的许可意图。但是，在考察这

---

[1] 刘强，金陈力. 机会主义行为与知识产权默示许可研究 [J]. 知识产权，2014（7）：54 - 60.

[2] 杨圣坤. 合同法上的默示条款制度研究——一个经济学的进路 [D]. 山东：山东大学，2009：46.

[3] 陈桂明. 论推定 [J]. 法学研究，1993（5）：46 - 47.

些因素并推定权利人的许可意图时，使用人与权利人是否必须存在某种直接的联系？比如因专利产品销售而发生直接的买卖关系，因先前推荐使用等而发生直接的联系等。从目前已经发生的判例来看，似乎并不需要权利人与使用人之间存在直接的联系。

使用人与权利人建立默示许可信赖的某种关系或者交流，可能是直接的。比如，在专利权人销售的零部件专用于制造其专利产品的情形中，如果专利权人销售的零部件除了用于实施专利技术外没有别的用途，那么购买者可以直接从他与专利权人的买卖活动中推断出默示许可的存在。但这种关系或者交流也可能是间接的，必须存在一个中介者才能够建立起默示许可的信赖。比如，专利权人将其专利技术纳入标准化组织的技术标准（不包括企业凭借垄断地位等建立的事实标准）中，而标准作为共同遵守的准则和依据，通常是鼓励推广，甚至强制推广的。因此，标准的实施者通过标准化组织发布的技术标准，可以合理地期待能够不被拒绝地使用标准中的技术，即使他知道存在某项专利，都可能合理地信赖专利权人愿意放弃标准涉及的专利权。❶

2004 年，美国第六巡回法院在 Lexmark International, Inc. v. Static Control Components 一案中，指出默示许可可以适用于范围更为广泛的主体之中。在该案中，法官对 Effects 案以来确立的默示许可的认定标准进行了改进。他对 Effects 案中以双方存在直接的交易关系为要件进行了修改，认为如果不考虑当事人间的特定交易关系而只关注许可人的意图，那么作为与权利人没有直接交易关系的普通消费者就可以获得一定的模式许可，这样就可以使他将注意力从前两个要件中移开，而只关注第三要件，即许可人的意图，从而使得默示许可有更大的适用范围。❷

为了将默示许可应用于网络环境中，2006 年，美国内华达州地区法院在 Field v. Google, Inc. ❸ 一案中创立了一项与 Effects 案完全不同的标准。2004 年，作家兼律师 Field 对 Google 提起诉讼，称其未经许可将个人网站中的多部作品存储于该公司的在线数据库中并允许用户自行浏览下载的行为侵犯了其版

---

❶ LEMLEY M A. . Intellectual Property Rights And Standard – Setting Organizations ［J］. California Law Review, 2002, 90 （2）: 1889 – 1904.

❷ Lexmark International, Inc. v. Static Control Components, 387F. 3d 522 （6th Cir. 2004）. 转引自运敏敏. 版权默示许可制度研究——以"方正诉宝洁"案为视角 ［D］. 重庆：西南政法大学，2012：6.

❸ Field v. Google Inc. , 412F. Supp. 2d 1106, 1115 – 16 （D. Nev. 2006）. 转引自运敏敏. 版权默示许可制度研究——以"方正诉宝洁"案为视角 ［D］. 重庆：西南政法大学，2012：6.

权。在该案中，法院认可了 Google 默示许可的抗辩，并进一步发展了默示许可的认定标准：（1）知晓使用；（2）鼓励使用。❶ 根据专家证人意见，在网页中使用"robot. txt"或"meta - tags"标记以引导搜索引擎如何索引网页已成为一个公知的产业标准。原告 Field 也承认知晓这些产业标准，并承认其知道只要在他的网站上加注一个类似此类标记，Google 就不会显示该网页的快照链接。尽管具有这些知识，Field 还是选择在其站点不使用这种标记。法院认为，Field 明知而不使用行业公认的标准以防止 Google 侵权的行为，应解释为允许通过"缓存""快照"方式访问该网站。因此，在 Field 知道 Google 将如何使用版权作品的情况下，有意识地允许侵权发生，这种行为可以合理地认为授予了 Google 非独占性的默示许可。

从国内的案例来看，同样不需要权利人与使用人之间存在直接的联系，发生直接的接触。在优凝公司与河海公司专利侵权案中，法院认为，权利人优凝公司让其专利参与了水利部"948"技术创新与转化项目，被告河海公司、神禹公司在项目推广期间，实施专利的行为均是严格按照设计图纸施工的行为，属于在合理信赖的情形下实施专利的行为，不应认定为侵权行为。❷ 此种情形下，被告也即使用人与权利人并未直接地联系，而是透过水利部"948"技术创新与转化项目间接建立的联系而推定出默示许可的成立。

当然，从实践来看，无论是专利案例、商标案例还是著作权案例，大多数适用默示许可的案例，还是以权利人和使用人存在直接业务、合同等各种直接联系为主要表现形态。而且即使双方未有直接联系而成立默示许可时，通常双方也有合理的中介作为联系的纽带，比如权利人的专利进入了技术标准或者技术推广项目，而使用人恰恰实施了该标准或技术推广项目。

三、默示许可产生的主观意图

（一）默示许可须检验当事人的主观意图

合理信赖的生成是通过"默示行为"而"推定"出来的，但作为默示许可内核的合理信赖的产生，离不开主观意图的考察。美国最高法院在 Stickle

❶ 赵莉．网络环境下默示许可与版权之权利限制分析［J］．信息网络安全，2009（2）：44．转引自运敏敏．版权默示许可制度研究——以"方正诉宝洁"案为视角［D］．重庆：西南政法大学，2012：6．

❷ 刘仁．"挡土块"专利挡不住"擅自使用"——法院认定涉案两被告实施国家科技推广项目中的专利视为实施标准中的专利［N］．中国知识产权报，2009 - 11 - 19．

v. Heublein, Inc. 一案中指出：专利权人使用的任何语言或任何行为向他人表现出让其他人可以推断出权利人同意他人制造或使用，或销售该物及其他的行为，则构成一个许可行为。❶ 1996 年，美国第七巡回法院审理的 I. A. E.，Inc. v. Shaver 案中，法院引用 Effects 案，认为默示许可产生于：（1）被许可人对作品创作的要求；（2）许可人创作了作品，并将其交与被许可人；并且（3）许可人具有让被许可人复制和发行作品的意图。并认为，如果拒绝默示许可，将使客户（I. A. E.）所支付的费用只能为其带来"微乎其微的价值"。❷

在 Johnson v. Johns 案中，美国第六巡回法院认为"没有目的（意图），默示许可是不能接受的"。在 Nelson – Salabes，Inc. v. Morningside Dev. 案中，法院认为是否存在主观意图是关系到默示许可成立与否的"决定性问题"。在 John G. Danielson，Inc. v. Winchester – Conant Props.，Inc 案中，法院也认为"双方意图是检验默示许可的试金石"❸。由此可见，考察默示许可的成立，不能离开当事人的主观意图。

相应的，默示许可的范围也取决于许可方的意图。其实，在 1984 年美国第九巡回法院就审理了一起版权默示许可的案子，在 Oddo v. Ries 案中，法院认为，虽然应默示许可原告有权使用被告的作品，但由于原告的使用已超过意图使用的范围，因此不能以默示许可抗辩侵权的成立。美国第三巡回法院在 MacleanAssocs v. Wm. M. Mercer – Meiding – Aansen 案中认为，版权人向他人提供一份作品的复制件，意图将其按规定目的使用，并明知其将得到使用，那么接受复制件者通常就应当享有默示许可，可以以此目的使用作品，但不能为其他目的而使用。❹

不过，在认定权利人"默示"的许可行为时，如何推断或确定权利人具有许可的主观意图呢？一方面，应该从权利人的行为入手进行考察；另一方面，还必须结合具体的情境从使用人的合理期待入手进行考察。

---

❶ Stickle v. Heublein, Inc.，716 F. 2d 1550，1559，219 U. S. P. Q. 377，383（Fed. Cir. 1983）.

❷ I. A. E.，Inc. v. Shaver 74F. 3d 768，776（7th Cir. 1996）.

❸ SIEMAN J S. Using the Implied License To Inject Common Sense into Digital Copyright［J］. North Carolina Law Review Association，2007，85：885 – 930. 转引自运敏敏. 版权默示许可制度研究——以"方正诉宝洁"案为视角［D］. 重庆：西南政法大学，2012：5.

❹ 同上。

（二）权利人许可意图的考察

在默示许可发生的各种情形下，有的权利人一开始的确就有许可使用的默示意图，只不过后来权利人基于某种利益或其他考虑而后悔，当他决定收回之前默示的许可行为时，需要回顾此前的事实或双方的关系，来据以推定当初权利人并未明示的许可意图。

在 Field v. Google, Inc. 一案中，美国法院认可了默示许可原则的适用，并且发展了默示许可原则，确立了两个从版权人主观上判断的标准：（1）知道使用；（2）鼓励使用。❶ 很明显，"知道"或"鼓励"使用的标准清晰地传递出权利人具有许可意图的基础。

在 Wang Labs., Inc. v. Mitsubishi Electronics of America, Inc. and Mitsubishi Electric Corporation 一案中，法院指出，原告王氏实验室的行为已经表示了一种许可。这种许可虽然不及于明示的许可或转让，但它使合同相对方产生了超过一般情况的单边期许。王氏实验室不仅使三菱公司相信其有权使用 SIMM 专利，它还因此获得了收益。通过三菱公司以及其他厂商，王氏实验室获得了其期望的回报：SIMM 被采纳为工业标准，SIMM 获得了巨大的市场，其成本也大幅下降。总之，王氏实验室同意了三菱公司使用其专利发明，也即不加干涉的同意三菱公司制造、使用或出售受专利保护的 SIMM 模块的权利。因此，法院维持了地区法院的判决，驳回了原告的请求，判决三菱公司获得了对涉案513 号专利不可撤销的免费许可。❷

值得注意的是，如果从具体的情境中无法合理地推断权利人具有许可的主观意图，显然不能凭借使用人的主观想象或牵强附会而将许可意图强加于权利人。在北京奥婷环燕美容化妆品有限公司与北京盈魅怡人美容化妆品有限公司侵犯商标权纠纷案中，针对原告奥婷公司的商标侵权指控，被告盈魅公司辩称，2006 年 1 月 22 日奥婷公司邀请其员工参与联谊会，并在之后仍向其供货，可见奥婷公司默认盈魅公司可继续使用"奥婷"商标进行经营，不构成商标侵权。但是，法院认为，双方的连锁加盟合同约定了合同的有效期，并明确约定在协议期满盈魅公司未按协议规定提出续约等条件下协议自行终止。从奥婷

---

❶ 吕炳斌. 网络时代的版权默示许可制度——两起 Google 案的分析［J］. 电子知识产权，2009（7）：73－76.

❷ Wang Labs., Inc. v. Mitsubishi Electronics of America, Inc. and Mitsubishi Electric Corporation, 103 F. 3d 1571, 41 U. S. P. Q. 2d 1263（Fed. Cir. 1997）.

公司邀请盈魅公司参与联谊会并在 2006 年 9 月前曾陆续供货的行为中并不能得出奥婷公司同意盈魅公司继续使用"奥婷"商标、以"奥婷美容美体中心"名义对外经营的结论，且 2006 年 9 月之后奥婷公司也未再给盈魅公司供货，而盈魅公司直至 2007 年 9 月仍在使用"奥婷"商标进行经营。故对盈魅公司有关奥婷公司默示许可其使用"奥婷"商标不构成侵权的辩称，本院不予支持。❶

（三）使用人合理期待的推导

事实上，在保护使用人根据特定情境而产生的可以使用权利人知识产权的合理信赖时，虽然要考虑权利人的"主观意图"，但不得不说，多数情形下，权利人的"主观意图"通常是基于使用人的合理期待被"客观"推导出的，并非权利人内心真实的意思表示。此类情形，多数是基于交易习惯、行业惯例和当事人之间的惯有规则而推定的默示许可。如果知识产权许可的当事人（特别是实施者）对这些习惯性规则具有较强的依赖和明确的预期，并且通常会依照这些规则行事，那么，行业惯例将成为推定当事人形成默示许可的重要事实依据。❷

因此，在讨论默示许可的主观意图时，绝不能仅仅考虑权利人单方面的主观意图，事实上，使用人的合理期待对于权利人许可意图推定的影响，更值得关注。在谈到专利产品的替换修理时，Janis 指出，默示许可使用该专利产品的范围由双方买卖时的合理期待所决定，主要集中于判断专利权人明显同意的范围。目标在于重构讨价还价的情景，看看双方当时达成协议时考虑了什么。专利权人单方面的意图可以作为参照依据，但绝不能成为判断明示同意范围的决定性依据。双方合理期待由他们当时交易的环境所决定。❸

在 Everpure, Inc. v. Cuno, Inc. 一案中，法院从评估双方合理期待着手，聚焦于替换（修理）行为能否落入专利权人合理同意的范围内。就 Everpure 而言，专利权人指示买家改变装置滤筒（有一个封闭的过滤器）的做法证明了专利权人合理地同意经常性替换滤筒。此外，没有证据证明专利权人要求买家只能从他那购买滤筒。买家会合理期待自己能从其他任何渠道购买滤筒，当

---

❶ 北京奥婷环燕美容化妆品有限公司与北京盈魅怡人美容化妆品有限公司侵犯商标权纠纷案一审民事判决书［北京市海淀区人民法院（2007）海民初字第 25703 号］。

❷ 刘强，金陈力. 机会主义行为与知识产权默示许可研究［J］. 知识产权，2014（7）：54 – 60.

❸ JANIS M D. A Tale of the Apocryphal Axe：Repair, Reconstruction, and the Implied License in Intellectual Property Law［J］. Maryland Law Review, 1999（2）：423 – 527.

然滤筒要能适用于该装置。❶

通过案例的考察可以发现，权利人可能一开始就没有所谓的主动许可的意图，但从使用人的角度来看，权利人的行为确实让其产生了使用的信赖，只要这种信赖是合理的，也可以认定权利人具有默示许可的意图，此时的默示许可意图显然是被客观推断出的。

比如，法院可能认为，专利权人在专利产品的首次销售中已经收回了其创造工作的报酬（对价），所以，使用人后续对专利产品的使用或者维修等，不再需要取得专利权人的再次许可。换言之，为实施专利权人的合同，法律可能隐含着专利持有人自愿出售或授权出售专利产品的许可。❷例如，专利权人销售的设备或者产品只能专门用于实施其拥有的某项专利方法，但合同中未约定明示许可，对于购买者而言，要另行支付专利许可费则意味着多支付了对价。❸

有学者更是直言不讳：在市场环境中判定购买者是否属于由于合理期待使用作品而推定为版权人的默示许可，是否支付了合理对价是一个至关重要的因素，如果其他认定默示许可的条件都符合却没有满足支付合理对价，这就很难认定对方属于合理期待。❹

除了合理对价之外，事实上权利人的行为本身能否让使用人产生合理期待，可能更值得细加考量。在 2011 年二审法院北京一中院作出终审的"方正诉宝洁"案中，二审法院作出默示许可的关键事实是，被控侵权产品上使用的"飘柔"二字系由宝洁公司委托 NICE 公司采用"正版"方正倩体字库产品设计而成。❺二审法院阐述 NICE 公司获得方正公司的默示许可的理由是："一是当知识产权载体的购买者有权以合理期待的方式行使该载体上承载的知识产权时，上述使用行为应视为经过权利人的默示许可；二是具体到汉字字库产品

---

❶ JANIS M D. A Tale of the Apocryphal Axe: Repair, Reconstruction, and the Implied License in Intellectual Property Law [J]. Maryland Law Review, 1999, 58 (423): 28 - 40.

❷ See, e. g., United States v. Univis Lens Co., 316 U. S. 241, 250 - 51, 62 S. Ct. 1088, 1093, 86 L. Ed. 1408, 53 U. S. P. Q. 404, 408 (1942); Ansul Co. v. Uniroyal, Inc., 448 F. 2d 872, 880, 169 U. S. P. Q. 759, 763 - 64 (2d Cir. 1971), cert. Denied, *921404 U. S. 1018, 92 S. Ct. 680, 30 L. Ed. 2d 666, 172 U. S. P. Q. 257 (1972).

❸ 刘强，金陈力. 机会主义行为与知识产权默示许可研究 [J]. 知识产权，2014 (7): 54 - 60.

❹ 王晓蓓. 版权法中默示许可适用案例研究 [D]. 上海：华东政法大学，2012: 17.

❺ 北京北大方正电子有限公司与广州宝洁有限公司、北京家乐福商业有限公司侵犯著作权纠纷上诉案民事判决书 [北京市第一中级人民法院（2011）一中民终字第 5969 号].

这类知识产权载体，基于其具有的本质使用功能，本院合理认定调用其中具体单字在电脑屏幕中显示的行为属于购买者合理期待的使用行为，应视为经过权利人的默示许可；三是对于汉字字库产品这类知识产权载体，在产品权利人无明确、合理且有效限制的情况下，购买者对屏幕上显示的具体单字进行后续使用的行为属于购买者合理期待的使用行为，应视为经过权利人的默示许可。"❶

在微生物研究所与海王公司专利侵权案中，最高人民法院认为，"如果某种物品的唯一合理的商业用途就是用于实施某项专利，专利权人或者经专利权人许可的第三人将该物品销售给他人的行为本身就意味着默示许可购买人实施该项专利。根据查明的事实，福药公司生产硫酸依替米星氯化钠注射液的原料药购自专利权人与他人合资设立的企业方圆公司或者得到专利权人许可的第三人山禾公司。虽然硫酸依替米星原料药本身不属于本案专利保护范围，但如果硫酸依替米星原料药唯一合理的商业用途就是用于制造本案专利产品，那么专利权人自己建立的企业或者经专利权人许可的第三人销售该原料药的行为本身就意味着默示许可他人实施专利。"❷ 可见，本案所推导的权利人的许可意图，主要来源于权利人（或其许可的第三人）所销售的原料药唯一合理的商业用途，就是制造权利人的专利产品，因此，权利人的该等销售活动，足以推断其主观上具有允许使用人以其原料药实施其专利的意图。

在另一些案例中，虽然权利人并未授权买卖的带有知识产权的商品，但使用人仍然被法院认定为获得了默示的许可。比如，专利权人的专利产品因为其债务问题被执行拍卖，专利权人无权主张购买者使用通过拍卖程序所购买的专利产品侵犯其专利权。❸ 事实上，在此种情形下，专利权人从一开始可能就反对专利产品的销售，更无从谈起存在所谓的专利权许可意图，但法院还是会从诸如专利权人违约不给付债务等客观事实推导出专利权人的许可意图，从而以专利产品的销售及附随之上的专利许可替代其债务的履行，从而使合同相对方获得救济。

---

❶ 北京北大方正电子有限公司与广州宝洁有限公司、北京家乐福商业有限公司侵犯著作权纠纷上诉案民事判决书［北京市第一中级人民法院（2011）一中民终字第 5969 号］。

❷ 江苏省微生物研究所有限责任公司与福州海王福药制药有限公司、辽宁省知识产权局、辽宁民生中一药业有限公司、常州方圆制药有限公司专利侵权纠纷处理决定再审审查行政裁定书［最高人民法院（2011）知行字第 99 号］。

❸ Wilder v. Kent, 15 F. 217, 219 (C. C. W. D. Pa. 1883).

第三节　知识产权默示许可的限制条件

知识产权默示许可只能发生于特定的情形，其存在的主要意义在于保障使用人的信赖利益。因此，如果存在相反的限制性条件，从而消除或防止了他人信赖的产生，那么就不适用默示许可。这种限制默示许可成立的限制性条件，主要有两个方面，一是权利人自身对默示许可成立的限制，直接否定了权利人默示许可的意图；二是权利人遵循法令的行为，不能以此直接推定为其有默示许可的意图。

一、权利人自己设定的限制条件

（一）权利人可以排除默示许可

虽然默示许可给权利人的知识产权带来了不确定性，但是权利人可以采取防护性措施。正如美国联邦法院指出的，默示许可的适用范围很狭窄。而且，"销售环境"意味着默示许可的适用，很容易被售前或同时的协议排除。❶ 比如，在涉及产品销售的专利默示许可情形下，控制默示许可适用的最好方法就是在产品销售前提前防御。在出售前，专利权人可以在产品上通知提示消费者，限制默示许可的适用。如果在销售时没有提供该通知，并且产品没有"非侵权用途"（指只能用于实施权利人的专利），就可能适用默示许可。❷

在 Virginia Panel Corp. v. MAC Panel Co. ❸ 一案中，原告 VPC 公司拥有一个包括"可互换测试适配器"（以下简称"ITA"）和"接收器"的组合专利。被告是一家生产 ITA 的竞争公司，消费者购买了被告生产的 ITA 和原告专利权人的接收器并实施原告专利权人的专利。由于原告专利权人在产品包装上使用了保留限制条款，"声明 VPC 生产的所有接收器仅仅为 VPC 生产的 ITA 而设计，二者被美国专利号为 4329005 的专利所覆盖，任何将其他厂商生产的 ITA 与 VPC 生产的接收器共同使用，或者将其他厂商生产的接收器

❶ AMBER H R. Practical Cuide to Application of（or Defense Against）Product – Based Infringement Immunities Under The Doctrines of Patent Exhaustion And Implied License［J］. Texas Intellectual Property Law Journal，2004（2）：227 – 286.

❷ SWOPE M J.. Recent Developments in Patent Law：Implied License – An Emerging Threat to Contributory Infringement Protection［J］. Temple Law Review，1995，68（1）：281 – 306.

❸ Virginia Panel Corp. v. Mac Panel Co.，133 F. 3d 860，45 U. S. P. Q. 2d 1225（Fed. Cir. 1997）.

与 VPC 生产的 ITA 联合使用的行为都是禁止的", 法院判决被告默示许可的抗辩不成立。❶

日本最高法院在 BBS 平行进口案的判决中虽然采用了默示许可的原则, 但也一并阐述了默示许可原则在专利产品平行进口中的适用条件: 专利产品在国外合法流通之后, 专利权人在国外销售时没有提出任何限制性的附加条件, 那么专利产品可以进口到日本。购买者可以以专利权人没有限制为基础而将该专利产品进口到日本; 如果专利权人在国外销售该产品时作了明确限制, 如果购买者购买该专利产品, 那么表明专利权人和购买者达成了一致即该专利产品不得在日本销售。❷

在方正公司与宝洁公司著作权案中, 二审法院在判决书中也明确指出: "虽然已认定汉字字库产品的购买者调用其中的具体单字并进行后续利用的行为属于合理期待的使用行为, 但这一认定并不意味着权利人不能对购买者的后续使用行为进行明确的限制。如果字库产品的权利人对此进行了明确合理的限制, 且购买者已接受这一限制, 则应认定相应后续使用行为不属于购买者合理期待的使用行为。"❸

由此可见, 在默示许可当中, 权利人如果明确地行使反对的意思表示, 至少从理论上看, 默示许可就不能够再适用。如果违反此种意思表示限制的行为, 就将构成侵权行为。❹ 这是默示许可与权利用尽的重要区别。日本学者即已指出, 在专利权用尽的情况下, 专利权人即使行使反对的意思表示, 也不会妨碍用尽效果的发生。❺ 在著作权、商标权领域自然亦是如此。

权利人可以排除默示许可的法理基础在于: 既然默示许可是基于权利人的行为而推定出权利许可的意图, 那么, 当权利人已经明确限制或可以合理推导出其已限制默示许可的成立时, 自然首先要尊重权利人的意愿, 毕竟默示许可

---

❶ AMBER H R. Practical Cuide to Application of (or Defense Against) Product – Based Infringement Immunities Under The Doctrines of Patent Exhaustion And Implied License [J]. Texas Intellectual Property Law Journal, 2004 (2): 227 – 286.

❷ 严桂珍. 我国专利平行进口制度之选择——默示许可 [J]. 政治与法律, 2009 (4): 85.

❸ 北京北大方正电子有限公司与广州宝洁有限公司、北京家乐福商业有限公司侵犯著作权纠纷上诉案民事判决书 [北京市第一中级人民法院 (2011) 一中民终字第 5969 号]。

❹ 中山信弘. 专利法注释 (上) [M]. 东京: 青林书院, 2000. 转引自李扬. 修理、更换、回收利用是否构成专利权侵害 [J]. 法律科学, 2008 (6): 78 – 88.

❺ 渋谷达纪. 知识产权法讲义 [M]. 东京: 有斐阁, 2004: 230. 转引自田村善之. 修理、零部件的更换与专利侵权的判断 [A]. 李扬, 译//吴汉东, 知识产权年刊 (2006). 北京: 北京大学出版社, 2006.

仍然归属于许可的范畴，而不是法定的"权利限制"，权利人可以相对自由地排除默示许可的适用。

（二）限制条件的有效性要求

权利人排除知识产权默示许可的限制条件并不是无限制的，只有明确、合法、合理，且事先告知时，才能是一个有效的限制条件，也即限制条件必须符合有效性的要求。

1. 限制条件必须明确

在 Lexmark International，Inc. v. Static Control Components 一案中，Lexmark 公司是一家打印机墨盒的生产商，其在销售的墨盒的价格上采取了差异定价，价格高的墨盒不限制购买以后是用于翻新还是转售给竞争对手，而价格低的折扣墨盒只能使用一次后并回收给 Lexmark 公司，后者称为 prebate，这是一种对默示许可作出限制的情形。回收墨盒的竞争销售商们则主张，Lexmark 折扣墨盒的售后限制不可以强制履行，并且消费者被告知这样做很可能会被诱导。但是法庭不同意这样的观点，法庭认为 Lexmark 公司在墨盒外包装的指导手册上关于一次使用的限制没有不清楚的地方，根据美国联邦商业法典第二节 2 - 207 （2）（c）（Uniform Commercial Code，section 2 - 207 （2）（c）），消费者在打开外包装时便接受了限制协议，因此不能适用默示许可的抗辩。同时，法院认为最终用户（end - users）也应该视为其已被警示有这样的限制性条款，他们有机会拒绝，但是当他们以一个折扣价格购买进产品时就视为接受了这样的限制性条款，因此对于最终用户默示许可仍不适用。❶

在方正公司与宝洁公司著作权案中，二审法院也明确承认，"权利人可以对购买者的后续使用行为进行明确、合理、有效的限制"❷，以排除默示许可的成立。因此，权利人如果要限制默示许可的成立，必须以明确的方式告知他人（如产品的购买者、软件的使用人），从而抑制使用人对其知识产权获得使用许可的期待。是否明确告知可以视不同的情形而加以甄别，比如，产品使用说明、软件许可协议是否明确且显著地提示限制条件。

---

❶ Lexmark International，Inc. v. Static Control Components，387F. 3d522 （6 th Cir. 2004）. AMBER H R. Practical Cuide to Application of（or Defense Against）Product - Based Infringement Immunities Under The Doctrines Of Patent Exhaustion And Implied License ［J］. Texas Intellectual Property Law Journal，2004 （2）: 227 - 286.

❷ 北京北大方正电子有限公司与广州宝洁有限公司、北京家乐福商业有限公司侵犯著作权纠纷上诉案民事判决书［北京市第一中级人民法院（2011）一中民终字第 5969 号］。

需要注意的是，有时权利人虽然明确提出限制许可使用的条件，比如在软件许可协议中设置了相应的限制条款，但在其有能力轻易地，或者技术上可便捷地限制使用人的使用时，却怠于行使限制其使用的权利，放纵使用人使用，此时仍然可能成立默示许可。当然这种情形主要发生在软件试用领域，在"磊若诉华美案"中，一审法院认为，磊若公司作为涉案软件的研发者和权利人有能力控制涉案软件超过试用期后能否继续运行。但是，磊若公司并未采取有效措施控制涉案软件的运行，"事实上是默许公众超过试用期后可以继续'运行'其'个人版'软件，即磊若公司默许华美整形医院在超过试用期后仍可以继续运行涉案软件。"❶

2. 限制条件须合法

默示许可仍然属于合同法的范畴，崇尚当事人的意思自治，但是这种意思自治要在不违法的前提下进行。在出售知识产权权利载体或进行权利许可时，设置过多的条款限制消费者的使用，很可能涉嫌垄断、搭售或滥用市场支配地位等违法行为。

日本学者田村善之认为，专利权人要求必须从专利权人或者其指定的人那里购买零部件等合同条款，虽然产生了否定默示许可的意思表示，却可能构成搭售、附排他条件或附限制条件的交易或者是优势地位的滥用，不但会违反独占禁止法（反垄断法），而且否定默示许可的意思表示也成为无效。❷ 例如，在专利权人销售专用于制造专利产品的非专利零部件时，如果专利权人要求消费者不得将此零部件与非专利权人生产的匹配零部件搭配使用，实际上就要求消费者必须同时购买专利权人生产的另外一种匹配零部件，这不但剥夺了消费者的自主选择权，也有搭售的嫌疑。在前述 Anton/Bauer 一案❸中，如果 Anton/Bauer 公司限制消费者将从 Anton/Bauer 处购买的电池组负极接头与其他匹配的正极接头进行组合，实际就要求消费者也必须同时购买 Anton/Bauer 生产的正极接头，否则单独购买负极接头没有任何价值，这种限制条件就有明显的搭售嫌疑，不应该被支持。

---

❶ 磊若公司与华美整形医院许可协议纠纷案［重庆市第五中级人民法院（2013）渝五中法民终字第01886号民事判决书］。

❷ 田村善之. 修理、零部件的更换与专利侵权的判断［A］. 李扬，译//吴汉东，知识产权年刊（2006）. 北京：北京大学出版社，2006.

❸ Anton/Bauer, Inc. &. Alex Desorbo v. PAG, Ltd. , 329 F. 3d 1343（Fed. Cir. 2003）.

3. 限制条件须合理

满足了合法要求的限制条款不一定是合理的，在司法实践中，破坏被控侵权人正当期待的限制条款不应当得到支持。如果专利权人销售的产品构件只能用于制造其专利产品的话，那么任何以通知方式排除默示许可的意图就等于以有价值的对价销售无用的产品，显然这并不符合常理，因此法院不应当强制执行专利权人的这一限制。❶ 再如，在专利权人与被许可人签订的专利许可合同中，如果在许可期间内限制被许可人对所获许可的专利的后续改进成果的使用，也相当于贬损了被许可人已经支付相应对价所得到的权利。

在方正公司与宝洁公司著作权案二审中，上诉人方正公司（权利人）主张，在销售倩体字库产品时，从许可协议可以看出，其仅许可使用者对字库中具体单字进行"屏幕显示"和"打印输出"，对其他著作权均作保留。利用字库产品中的具体单字"飘柔"设计的成果进行商业性再利用时，应获得权利人许可。但二审法院判决指出，"上述限制条款并非合理的限制条款。"其理由在于：

"汉字字库产品的购买者包括商业性购买者和非商业性购买者，两种购买者对于产品的使用方式及使用性质差异较大，上诉人及购买者对此均应知晓。在上诉人并未将涉案倩体字库产品区分为个人版（或家庭版）与企业版销售的情况下，这一销售模式足以使商业性购买者合理认为上诉人未对其商业性使用具体单字的行为予以禁止，并基于这一认知而购买该产品。鉴于在商业性购买者当然会包括类似 NICE 公司这样的设计公司，而对于此类购买者而言，其购买产品的主要目的在于使用该产品中的具体单字进行设计，并将其设计成果提供给客户进行后续使用，这一使用方式是商业经营的主要模式，亦是其获得商业利益的主要渠道。如果禁止其实施上述行为，或要求其客户在后续使用其设计成果时仍要取得上诉人许可，则对于此类购买者而言，其很难以此作为工

---

❶ 德雷特勒．知识产权许可（上）［M］．王春燕，等，译，北京：清华大学出版社，2003：198．但在美国司法实践中，存在着不一样的观点，比如，在 Radio Corp. of America v. Andrea 一案中，原告 Radio Corp. of America 拥有振荡器（超外差接收器）的组合专利，其销售的真空管只能用于实施该振荡器的组合专利，且原告承认该真空管除了实施该专利没有别的非侵权用途。被告 Andrea 认为其从原告处购买了真空管除了实施专利没有其他非侵权用途，因此其利用真空管制造振荡器的行为是获得了原告的默示许可。法院的判决是，原告仍然可以通过其明显的、清除的限制协议排除了被告适用默示许可制度。（See AMBER H R. Practical Cuide to Application of（or Defense Against）Product – Based Infringement Immunities Under The Doctrines of Patent Exhaustion And Implied License［J］. Texas Intellectual Property Law Journal，2004（2）：227 – 286．）本研究认为，绝对支持权利人不合理的限制条件并不值得赞同。

具进行商业经营，该产品对其将不具有实质价值，该购买行为亦不会实现购买者合理预期的利益。鉴于此，本院合理认为上述限制条款在现有情况下排除了购买者的主要权利，不属于合理的限制条款。"❶

4. 限制条件须事先告知

限制默示许可适用的通知或类似协议（条款），必须在相关的产品销售或服务提供前向买方或使用人发出。在 Radio Corp. of America v. Andrea，（2d Cir. 1937）及 General Electric Co. v. Continental Lamp Works, Inc.，（2d Cir. 1922）等美国判例中，权利人在初次销售中若有明确表示否认默示许可，则默示许可不会产生。

正如 Met - Coil 一案所表明的，售后通知并不能阻止默示许可的适用，竞争对手可能会以销售没有告知为由免于承担侵权责任。❷ Met - Coil 提供了一些与顾客之间的关于从非许可人处购买角件的书面通知。但 Met - Coil 没有表明顾客是在销售机器期间已经知晓权利许可的限制，相反其实顾客们是在购买之后才知晓。该通知不属于可能产生默示许可的销售阶段。基于以上事实，这些通知对于确认 Met - Coil 和顾客在销售期间的意思表示不起任何作用。❸ 在 LifeScan, Inc. v. Can - Am Care Corp. 一案中，原告（权利人）刚开始销售的部分产品没有附随限制协议，但后来的销售附上限制协议，法院判决的结果是前面销售的部分产品不能排除默示许可，而后面销售的部分产品则可以排除默示许可。❹

二、权利人因遵循法令产生的限制条件

在个别情形下，权利人作出的可以推定出默示许可的默示行为是为了遵循法令的要求，此时也可以排除默示许可的适用。由于该种默示行为的意思表示

---

❶ 北京北大方正电子有限公司与广州宝洁有限公司、北京家乐福商业有限公司侵犯著作权纠纷上诉案民事判决书［北京市第一中级人民法院（2011）一中民终字第 5969 号］。

❷ SWOPE M J. Recent Developments in Patent Law：Implied License - An Emerging Threat to Contributory Infringement Protection ［J］. Temple Law Review，1995，68（1）：281 - 306.

❸ Met - Coil Systems Corporation v. Korners Unlimited，Inc. And Ductmate Industries，Inc.，803 F. 2d 684，231 U. S. P. Q. 474（1986）（Fed. Cir. 1986）.

❹ LifeScan，Inc. v Can - Am Care Corporation，859 F. Supp. 392（N. D. Cal. 1994）. AMBER H R. Practical Cuide to Application of（or Defense Against）Product - Based Infringement Immunities Under The Doctrines Of Patent Exhaustion And Implied License ［J］. Texas Intellectual Property Law Journal，2004（2）：227 - 286.

是为了遵循法令强制性的要求，并非权利人真实意思的表现，因而默示许可意图的意思表示应该被排除。

在广西南宁邕江药业有限公司与河南省天工药业有限公司侵犯发明专利权纠纷案（以下简称"天工公司与邕江公司专利侵权案"）中，广西壮族自治区高级人民法院认为，根据我国《药品管理法》的规定，药品发明专利权人获得专利权后，并不能直接实施其专利，而必须通过规定的程序将药品专利技术转化成国家药品标准颁布后才能取得合法生产权。邕江药业公司为实施自己的专利而生产药品，委托广西药品检验所根据专利技术起草复方赖氨酸颗粒的药品标准，并经审定成为国家药品标准发布，其行为是符合药品监督管理法律规定和企业自身的生存和发展需要的。他人按照国家药品标准生产药品，属于实施专利技术的行为，应取得专利权人的许可。❶

该案涉及实施技术标准是否适用专利默示许可的问题，但二审法院在2007年5月作出的二审判决仍然排除了专利默示许可的适用，其核心的理由即在于邕江药业有限公司将其专利纳入国家标准，是依照《药品管理法》必须履行的程序，因此，不能从该行为中推断出专利默示许可的意图。不过，本案关于药品标准的例外，并没有在最高人民法院此后颁布的"第4号复函""法释〔2016〕1号"解释中得到体现，在"专利法送审稿"中也没有关于药品标准的特殊规定。

因此，药品标准能不能享有专利默示许可的"特权"，尚需打个问号。从理论上讲，本研究认为应当区分两种情形：

（1）权利人将专利纳入标准是基于遵循法令的要求，如果当时该法令或其他与标准有关法令并未有专利信息披露的要求，那么，不能因此推定权利人存在借助标准推广其专利使用的默示许可的意图。

（2）权利人将专利纳入标准是基于遵循法令的要求，但是当时该法令或其他与标准有关法令已经明确有专利信息披露的要求，此时，应当推定权利人存在借助标准推广其专利使用的默示许可的意图。

本研究认为，2013年12月由国家标准委、国家知识产权局发布的《国家标准涉及专利的管理规定（暂行）》所设定的标准参与者的专利信息披露义

---

❶ 上诉人河南省天工药业有限公司与被上诉人广西南宁邕江药业有限公司、一审被告南宁神州医药有限责任公司侵犯发明专利权纠纷一案民事判决书［广西壮族自治区高级人民法院（2007）桂民三终字第46号］。

务，并没有为药品标准网开一面，因此：（1）药品生产者（专利权人）在制定或委托他人制定药品标准时，应当披露其中的专利信息；（2）药品生产者未在其制定的药品标准中披露其拥有的专利信息的，依法实施该药品标准的其他药品生产者可以主张适用专利默示许可。

第四节　知识产权默示许可的程序条件

一、默示许可须由被告主动抗辩

从目前的案例可以看出，默示许可通常适用于知识产权侵权诉讼中由被告（被控侵权人或实际使用人）作为侵权抗辩的理由提出，因此，被控侵权人是适用默示许可的主体。在司法实践中，普遍做法是只有在被控侵权人主张默示许可的情况下，法院才有可能援引默示许可规则进行审判，这就是默示许可的程序要件。❶

考虑到法院最终是否适用默示许可，须根据案情具体情形进行综合判断。当事人的行为、可以适用的书面协议或者其他文件、当事人的合理期待、对公平与公正的考虑、知识产权制度赖以建立的各种政策等，都会影响对默示许可的判定。❷ 因此，法院一般不应主动适用默示许可规则，即对当事人之间是否存在默示许可没有主动的审查义务，否则没有当事人针对默示许可进行举证和辩论，法院可能无法清楚地查明是否存在默示许可。

有学者明确认为，默示许可在著作权侵权诉讼中往往作为一种抗辩理由出现，一般情况是著作权人提起侵权诉讼，而作品使用人提出默示许可加以抗辩，如果作品使用人未提出默示许可作为抗辩理由，那么法官是不应当主动提出"默示许可"作为免除作品使用人侵权责任的理由的。❸

既然默示许可的主张是由被告提出，那么被告就要承担证明存在该默示许可以及许可内容的举证责任，❹ 这符合民法"谁主张谁举证"的一般规则。在司法实践中，要先认定适用默示许可，才会根据具体的案情确定默示许可的范围，但由于默示许可要满足严格的证明条件，很多情况下法院都排除了默示许

---

❶　袁真富. 基于侵权抗辩之专利默示许可探究 ［J］. 法学，2010（12）：108 – 119.

❷　德雷特勒. 知识产权许可（上）［M］. 王春燕，等，译，北京：清华大学出版社，2003：185.

❸　陈倩婷. 著作权默示许可制度研究 ［D］. 北京：中国政法大学，2012：41 – 42.

❹　德雷特勒. 知识产权许可（上）［M］. 王春燕，等，译，北京：清华大学出版社，2003：189.

可的使用，但不能忽视的是，在专利侵权领域中，默示许可一直有着广泛的适用空间，甚至是在版权和商标领域，利用默示许可规则进行抗辩的案例也逐渐增多。不同情形下适用默示许可抗辩规则，被控侵权人所要担负的举证责任也不相同。

二、如何认定存在默示许可的抗辩

在全面阐述默示许可的方正公司与宝洁公司著作权案中，有学者认为，二审法院在审理中恰恰"直接"适用了默示许可规则。在一审和二审中，当事人双方的争议焦点一直是字库中两个倩体的"飘柔"单字是否构成美术作品，但在二审中法院没有对此作出回答，而是主动适用默示许可规则，从 NICE 设计公司的角度出发，认为从其购买正版字库软件的行为可以推定得到了方正公司的默示许可，因而有权调用字库中的单字进行设计并进行后续的复制、发行。陈倩婷认为，默示许可作为一种程序法上的抗辩事由，应当由被告提出并举证证明，而非由法院主动进行调查和认定，且 NICE 公司非本案当事人，基于 NICE 公司的购买行为认定默示许可有一种"缺席审判"的意味。❶

不过，我们对前述观点表示疑问。事实上，被告提出默示许可的侵权抗辩，未必等于要明确表述出"默示许可"这个专业的术语。只要被告主张的抗辩理由实质上就是默示许可的意思或者类似的意思，甚至被告只要主张其"有权使用"或"合法使用"权利人的相关权利，就应当认为被告已经行使了默示许可的抗辩。尤其要注意的是，我国知识产权法上并无明文的默示许可规则，因此，强求被告在诉讼中明确提出"默示许可"的字样，并按照默示许可的理论系统阐述其抗辩主张，显然是强人所难。

因此，回过头来看方正公司与宝洁公司著作权案，可以发现，方正公司（即上诉人）向二审院提起上诉时，其上诉理由之一为：

"上诉人在销售倩体字库软件时，仅仅是销售软件产品，并未对作为美术作品的字库中具体单字作出让渡和授权。从许可协议中亦可以看出，上诉人仅许可使用者对字库中具体单字进行'屏幕显示'和'打印输出'，对其他著作权均作保留。NICE 公司虽是涉案倩体字库产品的购买者，其亦仅有权对其中具体单字进行'屏幕显示'和'打印输出'，无论许可协议中是否已明确对其他著作权作出保留，其均无权对其利用字库产品中的具体单字'飘柔'设计

---

❶ 陈倩婷. 著作权默示许可制度研究［D］. 北京：中国政法大学，2012：22.

的成果进行商业性再利用，其如欲实施商业性再利用行为仍应获得上诉人许可。"❶

而针对方正公司的前述上诉理由，被上诉人宝洁公司及家乐福公司仍坚持其在原审程序中的答辩意见，其中包括一审的抗辩意见："NICE 公司购买的方正字库光盘中的用户协议，只明确不得被仿制、租赁、出借、网上传输和再发布，并未限制商业性使用。"❷ 可见，宝洁公司等已经明确主张其有权"商业性使用"倩体字"飘柔"两字，主张本案法院擅自代替被告的抗辩，径直审查是否存在"默示许可"的观点，并不恰当。

---

❶ 北京北大方正电子有限公司与广州宝洁有限公司、北京家乐福商业有限公司侵犯著作权纠纷上诉案民事判决书［北京市第一中级人民法院（2011）一中民终字第 5969 号］。

❷ 同上。

第六章　知识产权默示许可的具体内容

知识产权许可的内容通常由合同详细地约定，但在默示许可中，并没有明确的许可协议，因此，知识产权默示许可的内容只能从其产生的特定情境中加以探查和确定，如此一来，不同的情形下的知识产权默示许可，在其许可的具体内容上自然难以存在统一的标准。

第一节　知识产权默示许可的对象

由于知识产权默示许可主要通过推定而产生，并非依据事先的书面合同或口头协议，因此，其许可的对象——被许可人，与传统的明示许可就存在较大的差异，其典型特点就是"默示许可的对象从特定交易对方当事人向不特定的交易对象拓展"❶。

知识产权本身的非物质性和使用的非竞争性，本质上可以在相同范围内向多人发放多个许可（此时为普通许可），但是，在明示许可的情形下，权利人即使在发放数个普通许可时，其所选择的被许可人也是相对特定的。但是，在默示许可时，权利人在较多情形下对其被许可人并不预先了解和知悉，尤其是因技术标准和技术推广等情形而产生的默示许可，权利人面对的被许可对象恰恰是不特定的。

当然，有的默示许可的基础也决定了其被许可对象是特定的，甚至是已经和权利人发生了交易关系或特定联系的对象，并且可能事先为权利人所知悉。比如，基于原有协议而推定的商标默示许可，由于该默示许可是建立在原有的合作协议等基础之上的，默示许可的对象就是原有协议的合同当事人，既是特定的，也是另一方当事人（商标权人）事先所知悉或了解的。

---

❶ 刘强，金陈力. 机会主义行为与知识产权默示许可研究［J］. 知识产权，2014（7）：54 – 60.

第二节 知识产权默示许可的方式

一、知识产权默示许可方式的确定

根据合同授权的程度或者被许可人在合同中的地位，可以将知识产权的许可分为独占许可、排他许可与普通许可。所谓独占许可（Exclusive License），是指许可人在合同约定的范围内，授权被许可人独占性地利用其知识产权，许可人不仅不能再将同一范围的知识产权授权给其他任何人，而且自己也不能利用合同约定范围内的知识产权。所谓排他许可（Sole License），也称独家许可，是指许可人在合同约定的范围内，授权被许可人独家利用其知识产权，许可人不能再将同一范围的知识产权授权给第三人，但是他自己可以利用合同约定范围内的知识产权。排他许可与独占许可的差别在于，知识产权人（许可人）自身能否利用被许可的合同约定范围内的知识产权。所谓普通许可（Simple License or Non - Exclusive License），也称一般许可，是指许可人在合同约定的范围内，授权被许可人利用其知识产权，与此同时，许可人不仅自己可以利用合同约定范围内的知识产权，而且还可以再将同一范围的知识产权授权给第三人。❶

完善的知识产权许可合同通常会明确约定许可的具体方式，但囿于知识产权默示许可的属性，显然不可能明确约定默示许可的方式，因为默示许可的产生不是基于书面的协议，而是基于推定。因此，需要结合具体的情况，确定知识产权默示许可的方式。不过，有学者认为，默示许可只能是一种非独占性许可，同时默示许可并不意味着实施者具有转许可的权利。❷ 这种一刀切的论断并不合适。

如果从赖以建立知识产权默示许可的情形中无法确定知识产权利默示许可的方式，此时，将知识产权默示许可局限于普通许可的确是一种适当的选择，因为知识产权默示许可毕竟是一种非明示的许可形式，不能给权利人施加过于苛刻的不合理限制。

---

❶ 陶鑫良，袁真富．知识产权法总论［M］．北京：知识产权出版社，2005：170.

❷ 韩立余．知识产权权利限制研究［EB/OL］．（2008 - 04 - 19）［2010 - 01 - 27］．http：//www. sipo. gov. cn/sipo2008/dtxx/zlgzdt/2007/200804/t20080419_ 384713. html.

但是，如果从赖以建立知识产权默示许可信赖的情形中，能够推断出确定的许可方式，知识产权默示许可自然也可能存在普通许可或者独占许可等许可方式，甚至有转许可（再许可）❶的可能性。比如，在基于实施标准中的专利而获得默示许可的情形下，标准实施者显然不可能获得独占的使用权，因为标准实施者是不特定的，任何标准实施者皆不可能获得排他或独占许可，这种默示许可只能是一种普通的专利许可。再如，在基于产品销售而产生的专利默示许可中，如果购买者利用已购买的零部件制造专利产品或实施方法专利，显然不能排除权利人实施专利，更不能阻却权利人许可第三方实施专利，此种情形之下自然为普通实施许可。但在另外一种情形下，如果许可人将其技术秘密独占授予他人使用，事后又将该技术秘密申请获得专利授权，他人自然可以获得该专利独占的默示许可。

二、默示许可中被许可人的诉讼地位问题

在知识产权独占许可、排他许可与普通许可中，许可人和被许可人的合同权利与合同义务有着显而易见的重大区别。不仅如此，这三种许可类型中的被许可人在诉讼中的地位也不完全一样。兹列举若干法律条文，再予以研析：

《专利实施许可合同备案管理办法》第 6 条第 2 款规定："独占专利实施许可合同的受让人可以依法单独向人民法院提出申请；排他专利实施许可合同的受让人在专利权人不申请的情况下，可以提出申请。"

《最高人民法院关于对诉前停止侵犯专利权行为适用法律问题的若干规定》（法释〔2001〕20 号）第 1 条规定："根据专利法第六十一条的规定，专利权人或者利害关系人可以向人民法院提出诉前责令被申请人停止侵犯专利权行为的申请。提出申请的利害关系人，包括专利实施许可合同的被许可人、专利财产权利的合法继承人等。专利实施许可合同被许可人中，独占实施许可合同的被许可人可以单独向人民法院提出申请；排他实施许可合同的被许可人在专利权人不申请的情况下，可以提出申请。"

《最高人民法院关于审理商标民事纠纷案件适用法律若干问题的解释》（法释〔2002〕32 号）第 4 条规定："商标法第五十三条规定的利害关系人，

---

❶ 转许可也称再许可、分许可（sub‑license），是指被许可人将其从许可人那里得到的知识产权，再发放给第三人的许可。一般而言，被许可人未取得许可人的同意，无权擅自向第三人发放转许可。

包括注册商标使用许可合同的被许可人、注册商标财产权利的合法继承人等。

在发生注册商标专用权被侵害时，独占使用许可合同的被许可人可以向人民法院提起诉讼；排他使用许可合同的被许可人可以和商标注册人共同起诉，也可以在商标注册人不起诉的情况下，自行提起诉讼；普通使用许可合同的被许可人经商标注册人明确授权，可以提起诉讼。"

《最高人民法院关于诉前停止侵犯注册商标专用权行为和保全证据适用法律问题的解释》（法释〔2002〕2 号）第 1 条规定："根据商标法第五十七条、第五十八条的规定，商标注册人或者利害关系人可以向人民法院提出诉前责令停止侵犯注册商标专用权行为或者保全证据的申请。

提出申请的利害关系人，包括商标使用许可合同的被许可人、注册商标财产权利的合法继承人。注册商标使用许可合同被许可人中，独占使用许可合同的被许可人可以单独向人民法院提出申请；排他使用许可合同的被许可人在商标注册人不申请的情况下，可以提出申请。"

由上可见，独占许可、排他许可与普通许可中的被许可人的诉讼地位，可以在两个层次上予以区别：

（1）对于侵犯知识产权的违法行为，独占许可与排他许可中的被许可人，是当然的"利害关系人"。❶ 而普通许可中的被许可人，根据学者的理解，如有特别约定的，才可作为"利害关系人"。❷《最高人民法院关于审理商标民事纠纷案件适用法律若干问题的解释》第 4 条明确认为，"普通使用许可合同的被许可人经商标注册人明确授权，可以提起诉讼。"虽然其他法律法规及司法解释没有如此明确规定，但本研究认为，有许可人明确授权的普通许可中的被许可人，都可以作为"利害关系人"处理。

（2）即使作为"利害关系人"，不同类型的被许可人的诉讼地位也不太一样。对于独占许可中的被许可人，可以单独向人民法院提起诉讼，或提出诉前禁令、证据保全的申请；对于排他许可中的被许可人，在许可人不起诉或不申请的情况下，才可以自行向人民法院提起诉讼，或提出诉前禁令、证据保全的申请；对于普通许可中的被许可人，在许可人不起诉或不申请的情况下，也不

---

❶ 根据最高人民法院 1998 年 7 月 20 日发出的《关于全国部分法院知识产权审判工作座谈会纪要》（法〔1998〕65 号）的精神，知识产权民事纠纷的利害关系人包括独占、排他许可合同的被许可人、依照法律规定已经继承或正在发生继承的专利权的继承人等。可见，普通许可中的被许可人，在司法实践中一般不被认为是当然的利害关系人。

❷ 郑成思. 知识产权保护实务全书〔M〕. 北京：言实出版社，1995（1）：309.

可以自行向人民法院提起诉讼，或自行提出诉前禁令、证据保全的申请，而应当在许可人有明确授权时，才能提起诉讼和提出诉前禁令、证据保全的申请。❶

前述独占许可、排他许可与普通许可中的被许可人的诉讼地位，显然是针对明示许可（当然未必是书面许可）的，但是否也适用于知识产权默示许可呢？本研究认为，并不适用，原因如下：

（1）如果默示许可的被许可人针对第三人（不是许可人）的侵权提出诉讼主张，由于并无书面协议，也非明示许可，法院难以查明被许可人是否存在默示许可，也即无法确认被许可人是否为可以向人民法院提起诉讼，或提出诉前禁令、证据保全的申请的"利害关系人"。

（2）知识产权默示许可通常是作为抗辩事由加以主张，在提出抗辩之前，双方的默示许可关系是否成立，即使是当事人也未必能够百分之百的确认。法院要查明是否存在默示许可，必然依赖于被许可人与许可人之间的诉讼。显然，被许可人不可能为了在起诉第三人侵权的案件中证明其享有默示许可，而向许可人提起确认其默示许可被许可人身份的确认之诉，而法院自然也不鼓励此种滥讼行为。

（3）明示许可可以通过许可备案等方式向社会公众彰显，以获得公示公信的效力。但默示许可主要来自侵权诉讼中的抗辩，断然无此渠道对社会公示其许可的存在。

（4）有的默示许可虽名为许可，但其许可的范围极其狭窄，只是依附于特定产品的使用自由（比如基于产品销售而发生的一些默示许可），并非"权利"内容的完整许可，根本谈不上可以对第三人（包括侵权人）行使权利干预其使用。

---

❶　由于独占许可、排他许可与普通许可中的当事人所享有的权利义务和法律地位差别显著，因此对于当事人的许可合同是属于独占、独家还是普通的许可合同，一般由当事人约定，当事人未约定或约定不明的，可以根据《合同法》第 61 条协商确定，如果不能协商确定的，则视为普通许可合同。比如，《计算机软件保护条例》第 19 条第 2 款规定："没有订立书面合同或者合同中未明确约定为专有许可的，被许可行使的权利应当视为非专有权利。"最高人民法院 2001 年 6 月 15 日发布的《全国法院知识产权审判工作会议关于审理技术合同纠纷案件若干问题的纪要》（法〔2001〕84 号）第 63 条第 3 款也作类似的解释："当事人对专利实施许可方式没有约定或者约定不明确，依照合同法第 61 条的规定不能达成补充协议的，视为普通实施许可。"但是，《著作权法实施条例》第 24 条却规定："著作权法第 24 条规定的专有使用权的内容由合同约定，合同没有约定或者约定不明的，视为被许可人有权排除包括著作权人在内的任何人以同样的方式使用作品……"可见，除了计算机软件著作权外，对于一般著作权的许可合同，如果当事人没有约定或约定不明的，则视为独占许可合同。此点颇值得注意，其立法取向也值得深思。

第三节　知识产权默示许可的范围

一、知识产权默示许可的范围界定

知识产权默示许可的使用范围也要受到其据以产生的条件的制约或限制。有的专利默示许可的使用对象可以延及专利权人的整个专利技术，利用方式可能包括制造、使用、许诺销售、销售等行为。比如，在基于技术标准、技术推广、先前使用、原有协议等情形而产生的专利默示许可，被控侵权人可以针对专利权人的专利技术，进行比较广泛的利用。再如，基于委托创作产生的著作权默示许可，委托人就相关作品的著作权在符合委托目的的范围内，可以进行相当广泛的利用。当然，知识产权默示许可的具体使用范围仍然要受默示许可产生条件的限制。

在锦尚公司与宏焘经营部商标权案中，判决书清晰地指出了商标权默示许可的使用范围将受到特定交易环境的限制。法院首先论证了默示许可的存在：

> 装潢和道具（本案指带有原告注册商标标识的"货柜、货架等"）不同于其他商品，原告（商标权人）在提供装潢和道具的时候，应当非常清楚地知道，被告（销售商）购买使用这些道具等是用来展示销售商品的，所以原告对被告在其店铺内使用这些道具等进行展示销售鞋子的行为应当是一种默示许可。❶

不过，该种默示许可是附条件的，法院进一步指出：

> 商标是一种使用在商业上的标识，是用来区分商品或者服务的，其最基本的特性是标识性，原、被告虽然建立了一种授权许可使用的关系，但是原告授权被告使用其注册商标进行展示销售的鞋子，应当是带有原告注册商标标识的鞋子，即原告对被告的授权实际是一种"附条件"的授权，被告用带有原告注册商标标识的装潢道具只能销售原告生产的鞋子，而不能用带有原告注册商标标识的装潢道具去销售其他厂家的鞋子。商标是具有识别功能的，是区分此

---

❶　成都锦尚贸易有限公司与昆明市五华区宏焘日用百货经营部、施海明侵害商标权纠纷案一审民事判决书［昆明市中级人民法院（2015）昆知民初字第 469 号］。

商品与彼商品之间重要的标识，被告使用带有原告的注册商标标识的装潢道具销售其他厂家的商品，就会导致消费者对商品来源等的误认，是对原告享有的注册商标权的侵犯。❶

值得注意的是，有的默示许可的使用范围受制于特定的知识产权产品，而不是可以整体性地利用知识产权。尤其是在基于产品销售、产品修理、违约行为等情形而产生的专利默示许可中，被许可人的使用范围将受到极大的限制，只能实施与特定产品（专利产品本身或用于制造专利产品或使用专利方法的产品等）相关的行为。比如，在 McCoy v. Mitsuboshi Cutlery, Inc. 一案中，美国联邦巡回法院基于专利权人的违约行为认定被控侵权人获得了默示许可，但这种默示许可的许可范围只限于销售或允诺销售，被控侵权人不能基于该默示许可在美国或其他专利权覆盖的地方制造或进口专利产品。❷

再如，基于机器或其组成部分的授权销售而产生的默示的专利许可，其范围亦仅限于所销售之物。❸因此，对于专利权人销售的零部件专门用于制造其专利产品的情况，许可范围仅限于利用所售零部件制造专利产品。对于专利权人销售的产品或设备专用于实施其专利方法的情况，许可范围仅限于利用所售产品或设备实施方法专利。对于专利权人出售的未完成产品须利用其专利方法完成的情况，许可范围仅限于利用未完成品实施方法专利。而对于被认定为默示许可的维修行为，默示许可的范围仅限于为了恢复专利产品功能进行维修，也即对专利产品使用的一种特殊方式，并不包括对产品再造的侵权行为。

二、标准专利默示许可的标的范围

由于标准涉及的专利是我国立法及司法解释制定或修改过程中专门涉及的领域，因而，有必要回应一下标准专利默示许可所涉及的专利标的范围。

---

❶ 成都锦尚贸易有限公司与被告昆明市五华区宏焘日用百货经营部、施海明侵害商标权纠纷案一审民事判决书［昆明市中级人民法院（2015）昆知民初字第 469 号］。成都锦尚贸易有限公司提起的另外两例诉讼案情相似，结论相同［参见昆明市中级人民法院（2015）昆知民初字第 470 号和（2015）昆知民初字第 471 号一审民事判决书］。

❷ 闫宏. 专利默示许可规则探析［D］. 北京：清华大学，2007：32.

❸ 德雷特勒. 知识产权许可（上）［M］. 王春燕，等，译，北京：清华大学出版社，2003：185.

（一）须是标准参与者自身拥有的专利

1. 标准参与者的范围

根据我国《国家标准涉及专利的管理规定（暂行）》第 5 条的规定，"参与标准制修订的组织或个人"（以下简称"标准参与者"）应当"披露其拥有和知悉的必要专利"，而且，其除了要披露自身拥有和知悉的必要专利外，还要披露其关联者所拥有的必要专利。❶ 如果参与标准制定的组织或个人未按要求披露其拥有的专利，违反诚实信用的原则，应当承担相应的法律责任。

"参与标准制修订的组织或个人"主要包括以下几类：（1）项目提案方，即在预研阶段提交项目提案的主体，其能直接决定标准文本的内容。（2）专业技术委员会的全体委员，专业技术委员会的全体委员有权获得标准草案文本，并能对标准草案提出自己的意见或进行投票直接决定该标准能否通过。❷（3）工作组所有成员，工作组成员负责起草完成标准文本。（4）提供技术建议的单位或个人，这类主体不属于工作组，但其能通过向正在制修订的标准提供技术建议从而对标准文本发生影响。❸

必须说明的是，虽然有义务披露专利信息的主体包括前述四类"标准参与者"，但是，这四类"标准参与者"所披露的专利信息有 3 种情况：（1）自身拥有的必要专利；（2）关联者拥有的必要专利；（3）知悉的（但不属于自身或关联者拥有的）必要专利。毫无疑问，对于第（3）种情形的专利，即使前述"标准参与者"知悉但不披露，也不可能因为该"标准参与者"的未尽职或隐瞒，而将默示许可的负担施予专利权的拥有人。事实上，《国家标准涉及专利的管理规定（暂行）》第 5 条也只是要求，参与标准制修订的组织或个人未按要求披露其拥有（而非知悉）的专利，违反诚实信用的原则，才应当承担相应的法律责任。

2. 关联者的专利是否适用默示许可

值得讨论的是，如果有义务披露专利信息的前述四类"标准参与者"，明

---

❶ 王益谊，朱翔华，等. 标准涉及专利的处置规则［M］. 北京：中国标准出版社，2014：33.

❷ 在美国高通诉博通一案中，高通公司尽管没有实际参与光盘压缩技术标准（H.264 标准）的制定，但该公司却是制定该标准的标准化组织 JVT 的成员，理应承担标准中专利技术的披露义务，对其刻意隐瞒两项专利的行为，法院判决构成"默示权利放弃"，涉案专利对实施 H.264 标准的产品不可实施。参见刘晓春. 标准化组织专利披露政策在美国的新发展——解读高通诉博通案［J］. 电子知识产权，2009（2）：30－34.

❸ 王益谊，朱翔华，等. 标准涉及专利的处置规则［M］. 北京：中国标准出版社，2014：33.

知其关联者❶拥有的必要专利纳入了标准，但不予披露甚至加以隐瞒，是否要对关联者拥有的专利课以默示许可的责任？从字面上看，《国家标准涉及专利的管理规定（暂行）》第5条所课以的责任，并只是针对自身拥有标准必要专利但未按要求披露的"标准参与者"，并未针对该等"标准参与者"的关联者。另外，即使是关联者也是在法律上独立于"标准参与者"，双方是否有合谋隐瞒的情形也难以查明，如果强行课以默示许可的责任，恐怕又会伤害关联者的其他股东权益，因此，暂时可以搁置不议，不宜把默示许可的打击面扩展过宽。

不过，把关联者的专利排除在默示许可的适用对象之外，确实有可能引发被恶意规避的风险。比如，标准参与者故意将关联者的专利提交进入标准，但由于该关联者的专利没有适用默示许可的风险，所以又故意不予以披露。标准参与者甚至还有可能将自己拥有的专利先转移给关联者，再将该专利提交进入标准，从而规避尽早披露专利信息的义务或者借此规避不披露专利信息所可能适用的默示许可风险。因此，有待于根据实践的发展变化，再行考量是否将标准参与者的关联者的专利也一并纳入默示许可的适用对象范围。

（二）标准参与者自身拥有的专利范围

即使有可能课以默示许可负担的须是"标准参与者"拥有的专利，但有两个疑问需要解决。

1. 须是标准参与者拥有的"必要专利"？

目前来看，《国家标准涉及专利的管理规定（暂行）》及各标准化组织均强调标准必要专利的信息披露。理论上讲，非必要专利不应该进入标准，其是否存在基本上也不影响标准的实施，因此，各标准化组织均忽视非必要专利的披露问题。不过，考虑到标准涉及技术的复杂性或其他因素，如果标准参与者将其拥有的非必要专利作为"必要专利"提交并被纳入标准，且未履行专利信息披露义务时，如何处理？显然，标准实施者也未必能够识别该非必要专利，如果不课以默示许可的后果，恐怕有引诱标准实施者专利侵权的嫌疑。因此，我们认为，假使存在非必要专利混进标准的情形，应当参照标准必要专利

---

❶ 根据《标准制定的特殊程序》（GB/T 20003.1－2014）第1部分：涉及专利的标准第3.3条的规定，所谓关联者是指"直接或间接控制法律实体A，或受法律实体A控制，或与法律实体A共同受另一个法律实体B控制的法律实体"。其中的"控制"是"描述一个法律实体直接或间接拥有另一个法律实体中超过50％表决权的股份，或者在未达到前述50％表决权股份的情况下，拥有决策权的状态。关联者不包括以国家作为关联者的法律实体"。

而承担专利信息披露义务，否则可以施加"默示许可"的负担。

2. 是否包括标准参与者拥有的专利申请？

在标准的制订过程中，作为标准参与者，其披露的专利只限于已授权的专利，还是包括专利申请？由于标准的制订一般会在技术发展的初期，而专利的申请过程又相对比较长，所以在制订标准之初，可能涉及的专利也许大多还在申请阶段（甚至尚未公开），因此美国有学者认为应该将披露义务延及专利申请。❶《国家标准涉及专利的管理规定（暂行）》第3条已经明确规定："本规定所称专利包括有效的专利和专利申请。"根据《标准制定的特殊程序》（GB/T 20003.1 – 2014）第1部分：涉及专利的标准4.1.3的规定，专利申请包括已公开和未公开的专利申请。我们认为，此种观点较为合理，事实上，许多标准参与者正是一边在参加标准制定，一边在申请专利，如果仅仅限于已授权的专利，将大大缩小专利信息披露的范围。

第四节　知识产权默示许可的期限

在知识产权明示许可协议中，许可期限通常会明确规定，而知识产权默示许可显然没有期限的约定，但并非不能确定，只是默示许可的期限仍然要取决于其产生的特定情形。

一、默示许可的期限取决于其赖以成立的基础

如何确立知识产权默示许可的期限？本研究认为，这取决于默示许可所赖以成立的基础或条件。因此，默示许可的期限会有多种表现形式，至少包括三种情形。

1. 默示许可的期限存在于知识产权有效期间

比如，基于实施标准中的专利而产生的默示许可，标准实施者在该专利的整个有效期间内，都可以使用该专利。多数知识产权包括专利权、商标权及著作权，皆设有保护期，比如，依照我国《专利法》的规定，发明专利的保护期为20年，实用新型专利和外观设计专利的保护期为10年。显然，默示许可的期限不需要超出知识产权的保护期限，因为超过保护期限，知识产权进入

---

❶ LEMLEY M A.. Intellectual Property and Standard Setting Organizations [J]. California Law Review. 2002, 90 (6)：1889 – 1980.

公有领域，根本不需要任何许可了。

2. **默示许可的期限依附于知识产权产品的寿命**

在 Carborundum Co. v. Molten Metal Equipment Innovations, Inc. ❶一案（以下简称"Carborundum 案"）中，专利权人 Metaullic 公司拥有一项关于熔融金属提纯系统的方法专利，通过向熔化金属中吹入气体以达到去除金属杂质的目的。在销售过程中，专利权人并没有将整个专利系统一起出售，而是出售专门用于实施其方法专利的压力泵、熔融金属的输送管道以及气体喷射装置，并且在出售压力泵的同时没有附加任何限制性条件。购买者从被控侵权人那里购买该压力泵用来替换之前从专利权人那里购买的压力泵。专利权人认为，替换系统中压力泵的行为构成对专利系统进行再造，故向法院提起诉讼。一审法院支持了专利权人的主张。美国联邦巡回上诉法院认为专利权人出售非专利产品的行为构成了默示许可。

此案的争议焦点在于如何确定默示许可的期限。被控侵权人主张默示许可的期限可以覆盖整个专利有效期，不应受到专利人的任何限制。专利权人则认为，默示许可的期限仅限于每个压力泵的使用寿命。美国联邦巡回上诉法院指出，无论专利权利人出售的是整个提纯系统还是系统中的压力泵，都会导致默示许可的产生。但是，如果出售的是整个提纯系统的话，默示许可的期限是整个系统的寿命，如果出售的仅仅是体系中的压力泵，那许可期限就应该是压力泵的寿命。原因在于，消费者在购买压力泵时所产生的认为自己在整个专利权保护期内都能更换压力泵的预期是不合理的。

类推到其他基于产品销售的专利默示许可情形，也可以得出相同或相类似的答案。在专利权人所售零部件专用于制造专利方法的情形下，默示许可的期限仅限于所售零部件的寿命。在利用专利方法加工未完成产品的情形下，许可期限仅限于未完成产品的寿命内。❷

3. **默示许可的期限受制于另一个协议的有效期间**

在基于原许可协议而对许可人事后取得专利产生默示许可的情形下，要保证被许可人通过原许可协议获得的利益不会因为许可人事后获得的专利而减损，而不是赋予被许可人原许可协议以外的利益。因此，在此种情形下，默示

---

❶ Carborundum Co. v. Molten Metal Equipment Innovations, Inc. , 72 F. 3d 872, 37 U. S. P. Q. 2d 1169 (Fed. Cir. 1995)

❷ 沈艳. 基于产品销售的专利默示许可［D］. 上海：上海大学法学院，2014：40－41.

许可的期限完全取决于原许可协议的期限，一旦原许可协议期满，被许可人基于原许可协议获得的默示许可也将自然失效。❶

二、权利人可否改变或缩短默示许可的期限

一旦经过法院确认了默示许可的成立，或者权利人意识到了默示许可的存在，那么值得讨论的是，知识产权权利人是否可以在默示许可期间，以明确的意思表示或相关行为改变或缩短默示许可的期限？

本研究认为，如果信赖知识产权默示许可的事实基础发生了实质改变，并且权利人反对许可不会损害被许可人的信赖利益，那么，权利人有权以通知终止许可等方式，改变或缩短默示许可的期限。例如在前述徐瑞新与上海能控公司商标侵权纠纷一案中，被告能控公司只能在此次诉讼之前的合同及生产的产品及宣传资料中使用 ACE 商标，在此后商标权人徐瑞新已经明确表明不同意能控公司继续使用的情况下，能控公司就不能再以先前取得的默示许可为由继续使用。

在浙江伦特与乐清伦特商标权案中，二审法院采用合同补充方法认同原审（一审）法院关于乐清伦特默示许可浙江伦特使用涉案"特星＋TX＋图形"注册商标（商标注册号为第 685591 号）的判定，但同时指出：

> 那么考虑到乐清伦特作为"特星＋TX＋图形"注册商标专用权人现已明确表示不承认浙江伦特使用"特星＋TX＋图形"注册商标（即第 685591 号商标——作者注）的权利，原审法院确定浙江伦特使用期限自本判决生效之日——即浙江伦特使用"特星＋TX＋图形"的信赖基础因人民法院就其争议给出明确的结论而不复存在之日止亦符合公平正义之法律原则，原审法院就该合同期限的解释结果并未违反法律规定和法律精神。❷

换言之，乐清伦特对浙江伦特使用第 685591 号商标现已提出异议（事实上已经提起了诉讼），不同意浙江伦特使用该诉争商标，故浙江伦特今后不宜继续使用该诉争商标。自此，浙江伦特对乐清伦特第 685591 号注册商标"默示许可"的使用期限至本案判决生效之日止。

在锦尚公司与宏焘经营部商标权案中，法院也认为，原、被告双方未就

---

❶ 闫宏. 专利默示许可规则探析 [D]. 北京：清华大学，2007：32.

❷ 浙江伦特机电有限公司与乐清市伦特电子仪表有限公司侵犯商标专用权纠纷、商标专用权权属纠纷二审民事判决书 [温州市中级人民法院（2010）浙温知终字第 3 号]。

停止使用原告享有的注册商标权达成一致意见，原告也没有证据证明曾要求过被告停止使用其注册商标标识，故原告向工商行政管理机关举报时，应当视为原告拒绝被告再使用其享有的注册商标专用权。❶ 由此可见，法院认可权利人以行政举报或投诉、提起诉讼等方式表示反对使用人的使用行为时，通常可以径行终止默示许可，这也表明某些情形下默示许可是比较脆弱的合同关系。

不过，很多知识产权默示许可得以产生的事实基础难以改变，此时，权利人通常无法干预默示许可的期限长短。比如，在基于产品销售而认定的默示许可情形中，正如美国联邦巡回法院在"Carborundum 案"中所指出的，此种默示许可的有效期只限于所购产品的使用寿命，而不是专利权的整个有效期。❷ 否则，产品购买者支付一次价款就获得无限期的专利许可，这对专利权人是不公平的。但是，由于被控侵权人获得的专利默示许可紧密地依附于专利权人所销售的产品之上，因此，专利权人在售出产品之后，很难主动去干预购买人的专利默示许可期限，也即无法终止专利默示许可。

第五节　知识产权默示许可的对价

有学者认为，知识产权默示许可是永久性的免费许可，❸ 这个结论可能过于武断。正如美国联邦最高法院在 De Forest 案所说的："至于所构成的许可（指专利默示许可）是否免费，应当取决于当时的具体情况。"❹ 虽然默示许可可以免除被控侵权人的侵权责任，但不能绝对地排除金钱给付的责任，它只是将侵权案件转化成合同案件。因此，如果法院认定存在默示许可，可能还需要进一步判断被控侵权人是否要支付专利许可费。❺

---

❶　成都锦尚贸易有限公司与昆明市五华区宏焘日用百货经营部、施海明侵害商标权纠纷案一审民事判决书［昆明市中级人民法院（2015）昆知民初字第 469 号］。

❷　AMBER H R. Practical Guide to Application of（or Defense Against）Product – Based Infringement Immunities Under The Doctrines Of Patent Exhaustion And Implied License［J］. Texas Intellectual Property Law Journal，2004（2）：227 – 286.

❸　韩立余. 知识产权权利限制研究［EB/OL］.（2008 – 04 – 19）［2010 – 01 – 27］. http://www. sipo. gov. cn/sipo2008/dtxx/zlgzdt/2007/200804/t20080419_ 384713. html.

❹　De Forest Radio Telephone & Telegraph Co. v. United States，273 U. S. 236，47 S. Ct. 366，71 L. Ed. 625（1927）.

❺　SWOPE M J.. Recent Developments in Patent Law：Implied License – An Emerging Threat to Contributory Infringement Protection［J］. Temple Law Review，1995，68（1）：282.

一、知识产权默示许可对价的支付

（一）知识产权默示许可对价支付的情形区分

知识产权默示许可作为专利侵权的抗辩事由，是将双方的侵权关系转变为合同关系，权利人本可能因侵权诉讼得到的赔偿，在转变为合同关系之后将以许可费的形式得到补偿，而是否需要支付默示许可的费用，则应当主要根据权利人是否已经从中获得相应的对价来衡量。❶

1. 权利人先前已经获得对价的情形

在有的知识产权默示许可情形下，使用人（被控侵权人）的确无须支付任何许可费，因为权利人已从其先前的行为中获得了对价，此时不需要再支付许可费。比如，基于购买专利权人专用于制造其专利产品的零部件而组装成专利产品的默示许可，当然无须支付任何专利许可费。因为专利权人已从该零部件的销售中获得了对价，且该对价等同于专利的对价，故购买者无须支付专利默示许可费。❷ 再如，基于原有许可协议而对许可人事后取得的专利获得默示许可的情形，被许可人已经在原有许可协议中支付了相应的对价，也无须再为专利默示许可支付额外的许可费。可以说，在大多数情形下的知识产权默示许可，都无须支付许可使用费，这也是为了防止权利人就其知识产权双重获利。

2. 权利人先前并未获得对价的情形

如果权利人并未从先前的行为中获得对价，那么即使承认默示许可的成立，也不意味着使用人可以获得免费的许可，而应当需要支付一定的许可费。比如，2008 年最高人民法院在第 4 号复函中，针对基于标准而产生的专利默示许可进一步说明："专利权人可以要求实施人支付一定的使用费，但支付的数额应明显低于正常的许可使用费；专利权人承诺放弃专利使用费的，依其承诺处理。"

不过，最高人民法院对于标准专利默示许可的对价问题，倒是有一个态度变化的过程。在最高人民法院 2003 年公布的《关于审理专利侵权纠纷案件若干问题的规定》（会议讨论稿 2003.10.27 - 29）中，其第 36 条第 2 款规定："专利权人参与了有关标准的制定，但在标准发布前未申明其中的有关内容落

---

❶ 石磊. 论专利默示许可的适用［D］. 北京：北京化工大学，2013：25.

❷ 同上。

入其有效专利权的保护范围的，视为已经获得专利权人的免费实施的默认许可，标准管理组织、标准制定者和标准采用人的有关行为，不视为专利侵权。"此时，标准专利的默示许可被认为是免费许可。

值得注意的是，在 2009 年 8 月判决的中铁公司与兴荣草棍厂案中，一审法院的意见倒是和前述"会议讨论稿"的观点高度一致："如专利权人参与了有关行业标准的制定，但在标准发布前未申明其中有关技术内容系其专利的，视为已经得到了专利权人的免费实施默认许可。"❶ 然而，该一审判决的意见与最高人民法院在 2008 年第 4 号复函中的意见又不一致。不过，该案一审法院的判决结果，其实与标准专利的许可问题没有什么直接的联系，而二审法院根本就未对标准与专利许可问题发表任何意见。

2008 年最高人民法院在第 4 号复函中，调整了其在"会议讨论稿"中的观点，转而支持标准专利默示许可也应当支付一定的使用费。2015 年 4 月公布的《中华人民共和国专利法修改草案（征求意见稿）》第 82 条规定也同样承认了标准专利默示许可可以协商使用费。

除了标准专利的默示许可，在其他领域的默示许可同样不意味着都是免费午餐。在优凝公司与河海公司专利侵权案中，二审法院虽认定被告不构成侵权，但仍判决被告河海公司和神禹公司向原告（权利人）优凝公司支付 3 万元的专利许可使用费。在本案中，二审法院正是根据前述复函中"专利权人可以要求实施人支付一定的使用费，但支付的数额应明显低于正常的使用费"，结合涉案工程中标金额及使用产品的总价额，确定河海公司、神禹公司向优凝公司支付 3 万元专利许可使用费。

3. 其他不需要支付使用费的情形

在权利人先前承诺免费使用的情况下，后续的继续使用也仍然延续当初的免费承诺，也不需要支付使用费。而基于专利权人违约行为而销售自己依照合同制造的专利产品的默示许可，同样不需要支付使用费，因为此时恰恰是通过销售专利产品来补偿权利人违约所造成的损失的。

（二）标准涉及专利默示许可的对价问题

考虑到标准实施的广泛性，标准必要专利可能是在世界范围内最有价值的专利。即使标准必要专利在公平、合理、无歧视基础上收取许可使用费，也是

---

❶ 当涂县兴荣草棍厂与中铁电气化局集团德阳制品有限公司侵犯发明专利权纠纷上诉案判决书 [安徽省高级人民法院（2009）皖民三终字第 0013 号]。

一笔不菲的收入。美国高通公司每年通过国际标准必要专利收取的许可费就超过 70 亿美元。初步估算，在工业标准行业，全球因为标准必要专利而产生的年度交易，超过 1000 亿美元，交叉许可产生的交易估计要超过 1 万亿美元。❶然而，标准中的专利默示许可一旦成立是否应当收取许可使用费却成为一个问题，值得专门探讨。

标准化组织在规定标准参与者的标准必要专利信息披露要求时，通常会要求标准参与者作出专利实施许可声明。比如，根据《国家标准涉及专利的管理规定（暂行）》第 9 条，标准参与者作为专利权人（包括专利申请人，下同），可以选择同意在公平、合理、无歧视基础上，收费或免费许可任何组织或者个人在实施该国家标准时实施其专利。

如果标准参与者未尽专利信息披露义务，应当就其拥有的专利给予默示许可时，标准参与者作为专利权人还有选择收费或者免费许可的权利吗？1996年 6 月，美国联邦贸易委员会（FTC）认定 DELL 公司在标准制定过程中违反诚信原则，未披露有关的专利技术，却在事后主张其专利权，构成专利权滥用，最终否决了 DELL 公司收取专利使用费的权利主张。❷但是，我国官方机构对此标准涉及专利默示许可是否免费的问题持保留态度。

简单回顾一下，《国家标准涉及专利的管理规定（暂行）》曾分别于 2004年、2009 年、2012 年公开征求意见，其中，2009 年征求意见稿的第 8 条曾经规定："参与标准起草的专利权人及其关联公司未按上述要求披露视为免费许可，因故意隐瞒专利信息而给国家标准制定或实施造成损失的，应承担相应的法律责任。"但对此条规定，较多的意见认为："免费许可"只适用于当专利权人故意且恶意隐瞒专利信息的情况，建议删除"免费许可"这个词。此后，国家标准化管理委员会在经过研究和分析后，删除了对未按要求披露即视为免费许可的要求。❸2013 年最终发布的《国家标准涉及专利的管理规定》第 5 条针对标准参与者未按要求披露其拥有的专利信息，违反诚实信用原则的，只是比较笼统含糊地规定"应当承担相应的法律责任"，回避了免费许可还是收费许可的问题，但从其制定历程来看，至少是不太赞成一律"免费许可"。

最高人民法院对标准涉及专利默示许可的态度，则是从免费许可转向收费

---

❶ 宋柳平. 全面深刻准确地再认识标准必要专利［EB/OL］.［2015 – 11 – 20］. http：//www. powernation. cn/nshow. asp？nid = hzqdUL = = &ncid = 36&c = 3，2015 年 11 月 20 日。

❷ 张平，马骁. 标准化与知识产权战略［M］. 北京：知识产权出版社，2002：33 - 35.

❸ 王益谊，朱翔华，等. 标准涉及专利的处置规则［M］. 北京：中国标准出版社，2014：142.

许可，再到不置可否。最高人民法院 2003 年公布的《关于审理专利侵权纠纷案件若干问题的规定》（会议讨论稿 2003. 10. 27 – 29）第 36 条第 2 款规定："专利权人参与了有关标准的制定，但在标准发布前未申明其中的有关内容落入其有效专利权的保护范围的，视为已经获得专利权人的免费实施的默认许可，标准管理组织、标准制定者和标准采用人的有关行为，不视为专利侵权。"但是，该"免费许可"的观点最终被否定，2008 年最高人民法院第 4 号复函就标准中涉及的专利默示许可问题指出："专利权人可以要求实施人支付一定的使用费，但支付的数额应明显低于正常的许可使用费；专利权人承诺放弃专利使用费的，依其承诺处理。"此时，最高人民法院则承认标准涉及专利的默示许可，但仍然需要收费，只是"应明显低于正常的许可使用费"。而 2016 年 4 月施行的《最高人民法院关于审理侵犯专利权纠纷案件应用法律若干问题的解释（二）》（法释〔2016〕1 号）则未再就标准涉及的专利默示许可问题作出正面规定，更不论许可是否收费的问题。

2015 年 4 月，国家知识产权局在《关于〈中华人民共和国专利法修改草案（征求意见稿）〉的说明》中指出："默示许可不等于免费许可，专利权人仍有权要求标准实施者支付合理的使用费。"2015 年 12 月，国务院法制办公室公布《中华人民共和国专利法修订草案（送审稿）》第 85 条规定了国家标准必要专利的默示许可问题，并指出"许可使用费由双方协商"。可见，"专利法送审稿"还是支持标准涉及的专利默示许可仍然需要支付许可费，但也未明确地强制要求"应明显低于正常的许可使用费"。

综上所述，无论是最高人民法院还是国家知识产权局（"专利法送审稿"主要系其组织起草），似乎均认同标准涉及的专利默示许可应当支付许可使用费（其他情形的专利默示许可完全可以是免费许可，此处不作讨论），当然，标准参与者作为专利权人仍然有权利放弃索取许可使用费。本研究认为，考虑到标准必要专利的价值巨大，课以默示许可已经剥夺了专利权人的许可自由，不需要强制要求免费许可。但是，如果标准实施人能够证明标准参与者有恶意不披露其拥有的专利信息，并有妨碍公平竞争的恶劣行为，倒也不妨施以免费许可的法律后果。

二、知识产权默示许可对价的确定

可见，知识产权默示许可并不意味着免费，但使用费的数额多少应当根据具体的情形加以斟酌。对于使用费的多少可以由双方协商，协商不成的也可以参考权利人明示许可时的许可费或者同行业相似许可的使用费标准。如前所述，2008 年最高人民法院第 4 号复函指出标准涉及专利的默示许可仍然可以收费，只是"应明显低于正常的许可使用费"。如果知识产权默示许可应当付费，而且其类型为独占许可，本研究认为，此时其许可使用费的数额应当参照正常许可下的使用费加以确定，不必低于正常的许可使用费标准。

考虑到标准专利默示许可近年来争议颇多，也为立法和司法实践所关注，因此有必要特别予以讨论。本研究认为：

1. 标准专利默示许可一般可低于正常的许可使用费

对于标准专利默示许可这样的情形，由于可能涉及众多的专利使用人，因此最高人民法院第 4 号复函认为"支付的数额应明显低于正常的许可使用费"，自有其合理性。虽然，法释〔2016〕1 号解释和"专利法送审稿"未再作明确的规定，但本研究认为，有必要在实践中坚持并执行这一见解。其理由如下：

根据《国家标准涉及专利的管理规定（暂行）》第 9 条的规定，标准参与者作为专利权人作出专利实施许可声明时，应当在以下三项内容中选择一项：（1）同意在公平、合理、无歧视基础上，免费许可任何组织或者个人在实施该国家标准时实施其专利；（2）在公平、合理、无歧视基础上，收费许可任何组织或者个人在实施该国家标准时实施其专利；（3）不同意按照以上两种方式进行专利实施许可。显然，第（3）种选择是最有利于专利权人的，但在专利默示许可的情形下，该种选择已经被剥夺。事实上，在标准制定过程中，如果专利权人选择第（3）种情形，国家标准也可能不会包含该专利。第（1）种选择当然从直接经济效益的角度来看最不利于专利权人，但我国行政及司法机构的态度似乎未强制要求成立标准必要专利默示许可时，必须让专利权人承担免费许可的后果。因此，专利权人可以选择第（2）种收费许可的选择。

但是，前述第（2）种收费许可的选择是给予在标准制定过程中主动披露专利信息的专利权人的，如果未披露专利信息而被施以默示许可的专利权人，仍然可以享有与主动披露专利信息的专利权人同样待遇的收费许可选择，显然不利于鼓励标准必要专利信息的主动披露，因此，本研究认为，在保障专利权人在默示许可情形下仍有收费权利的前提下，确有必要给予其差别待遇，即标准实施者支付的许可使用费应当低于正常的许可使用费。当然如何才算低于"正常的许可使用费"可以由专利权人与标准实施者进行协商，或由有权机构结合各方主张及相关市场的专利许可费等因素加以酌定。

2. 标准专利默示许可使用费不应交由行政裁决

对标准涉及的专利默示许可，由于专利权人并未事先披露专利信息，自然没有预先披露了许可使用费的支付标准，不过，2015 年 4 月，国家知识产权局在《关于〈中华人民共和国专利法修改草案（征求意见稿）〉的说明》中指出："使用费的数额不能由专利权人单方决定，而是由当事人自行协商。"然而协商不成，又将如何？

2015 年 4 月公布的《中华人民共和国专利法修改草案（征求意见稿）》第82 条规定："……许可使用费由双方协商；双方不能达成协议的，由地方人民政府专利行政部门裁决。当事人对裁决不服的，可以自收到通知之日起三个月内向人民法院起诉。"2015 年 12 月，国务院法制办公室公布《中华人民共和国专利法修订草案（送审稿）》第 85 条规定："……许可使用费由双方协商；双方不能达成协议的，可以请求国务院专利行政部门裁决。当事人对裁决不服的，可以自收到通知之日起十五日内向人民法院起诉。"相比之下，两者有一些不同之处：

（1）许可使用费的裁决机构不同。"专利法征求意见稿"规定裁决机构为"地方人民政府专利行政部门"；"专利法送审稿"则将裁决机构的层级提高到专利行政最高主管部门"国务院专利行政部门"。

（2）对裁决不服的起诉期限不同。"专利法征求意见稿"规定当事人对裁决不服的，可以自收到通知之日起三个月内向人民法院起诉；而"专利法送审稿"则将前述"三个月"缩短至"十五日"，某种程度上有利于快速解决许可使用费的争议。

（3）行政裁决是否为前置程序不同。"专利法征求意见稿"规定，对许可使用费"双方不能达成协议的，由地方人民政府专利行政部门裁决"。从字面上理解，行政裁决程序应为司法程序前必须经历的前置程序；而"专利法送审稿"规定"双方不能达成协议的，可以请求国务院专利行政部门裁决"。该条款中的"可以"两字，似乎表明行政裁决程序仅是与司法程序并列的可选项，而非必选项。

本研究认为，基于标准而发生的专利默示许可，其许可使用费的争议本质上是合同纠纷，行政机构没有必要介入私法自治的领域。虽然"专利法送审稿"为防止地方专利行政部门经验不足，把行政裁决机构提升到"国务院专利行政部门"，但"国务院专利行政部门"只有国家知识产权局一家，双方当事人须到北京请求解决许可使用费争议，可能会加大双方的争议解决成本。而行政裁决程序作为解决许可使用费争议的前置程序，更没有必要性。一方面，由"国务院专利行政部门"介入解决，并不会降低双方就近解决争议的成本。另一方面，许可使用费争议最终都须经过法院的司法审查，如此一来，该争议的解决可能经历行政裁决、法院一审和二审三道程序，徒增双方当事人的成本负担和程序负担。因此，本研究认为，双方就许可使用费协商不成的，应当直接向人民法院起诉，但考虑到该争议的专业性，可以交由有专利纠纷管辖权的法院受理。

第七章 结论与展望

第一节 结　论

近年来，在我国知识产权司法实践中，默示许可业已发展成为一种新型的侵权抗辩制度。事实上，在我国知识产权司法实践中适用"默示许可"的案例并不罕见。虽然默示许可在美国知识产权司法实践中可追溯至 1927 年的 De Forest Radio Tel. Co. v. United States 一案，不过，在我国，尽管主张甚至确认专利默示许可的案件不断增多，但目前对于知识产权默示许可，我国《专利法》等知识产权法上并无明文规定，司法实践也无成熟的审判经验，而学界的专门探讨也才刚刚开启。

本书通过全面探讨专利、版权和商标领域的知识产权默示许可，努力归纳各种可能的默示许可情形，提出了知识产权默示许可适用的一般规则和特定判断方法，并得出如下结论：

1. **知识产权默示许可（implied license）是指在一定情形之下，基于政策、惯例或交易目的等因素，从权利人的行为、言语或沉默等默示行为中推定其允许他人使用其知识产权。**

知识产权默示许可的内涵主要包含两个要件：（1）默示许可的来源是存在默示行为。在不同的情形之下，默示行为的表现有多种可能性，但应当排除任何明示的书面、口头或其他形式的许可行为。（2）默示许可的依据在于基于政策、惯例或交易目的等外部因素。但是，基于立法规定而直接推定出行为人存在许可的意思表示，不宜列入所谓"默示许可"的范围，我们更愿意将此种情形称之为法定许可。

2. **知识产权默示许可在法律性质上，首先是一种合同关系，其次可归属于一种侵权抗辩事由，但不是一项权利限制制度。**

将知识产权默示许可界定为合同关系，并以许可合同成立而进行侵权抗辩，那么权利人将无权提起诸如要求停止侵权、损害赔偿等侵权的诉讼请求。这对被控侵权的使用人的利益影响甚巨。

（1）默示许可是一种合同关系。对于知识产权默示许可作为一种合同关系的性质认识，已经有比较悠久的历史，并在我国学术界得到广泛的认同。虽然知识产权默示许可是一种许可合同关系，但它并不依赖于双方合同关系（比如货物买卖等其他合同关系）的存在，或以合同存在作为其成立的前提，而是完全可以独立存在的许可合同关系，这种许可合同关系既可能来源于从现有合同的推定，也可能来源于因权利人非合同行为或者外部政策、习惯等引申而来的推定。

（2）默示许可是侵权抗辩事由。当知识产权默示许可的问题显露出来时，在大多数情形下不是发生在合同纠纷中，而是发生在侵权诉讼中，并作为被控侵权人的抗辩理由而出现。学界普遍承认知识产权默示许可的侵权抗辩性质，并在中国已经获得了法院的明确承认。北京市高级人民法院 2013 年发布的《专利侵权判定指南》第 119 条的规定倒是直接将专利默示许可作为"不视为侵权的抗辩"。

（3）默示许可是否属于权利限制制度，则在学界争议较多。本研究认为，默示许可是否属于权利限制的关键不在于是否有法律规定，而在于许可的成立是不是直接由法律规定。显然，与法定许可或强制许可相比，知识产权默示许可的成立，仍然需要考察或者推定权利人的意愿，因此，本研究认为，默示许可不属于权利限制制度，至少不是与合理使用、法定许可等量齐观的权利限制制度。当然，虽然默示许可不是一项权利限制制度，但客观上它可以起到权利限制的作用，特别是当一些默示许可是基于政策或者惯例而推定出来的时候，更是如此。

权利用尽原则也是知识产权侵权抗辩的事由之一，知识产权默示许可与权利用尽的差异主要体现在：（1）法律性质不同。默示许可本质上属于合同行为，体现了诚实信用和禁止反悔原则。而权利用尽属于平衡知识产权与社会公众利益的权利限制制度。（2）适用情形不同。默示许可的适用范围更有广泛性，比如基于技术标准、产品推广、先前合同等都可以引发默示许可问题，而权利用尽仅适用于知识产权产品出售后的利用情形。（3）适用对象不同。"默示许可"的适用范围更广，不仅适用于有关被售出产品本身的知识产权，还可能影响同一权利人所拥有的其他权利，而权利用尽通常只针对权利人及其被许可人售出的产品本身，而不涉及方法专利本身。（4）适用限制不同。权利人原则上可以通过合同条款排斥适用默示许可权利人但通常不能对权利用尽原则适用与否作出限制或排除。

尽管默示许可与权利用尽存在较大差异，但这两个规则并不是互相排斥的。相反，两者在特定情形下还可以互为补充。北京市高级人民法院 2013 年发布的《专利侵权判定指南》第 119 条就是直接将属于专利默示许可的两种情形，直接解释为《专利法》第 69 条第 1 款第 1 项所规定的权利用尽的具体情形之一。而美国所谓的权利用尽原则似乎还没有从默示许可中完全脱胎出来，两者有时会相互混杂。

默示许可与法定许可是泾渭分明的概念和内涵。法定许可的关键是著作权许可的成立是直接由法律规定的，包括通过法律设定一个法定程序，然后取得著作权的许可。而默示许可的成立并不完全基于法律的直接规定，而不是由当事人的行为或者基于制度、政策、惯例等外部因素而推定成立的。最关键的是，默示许可来源于权利人的某种行为，是主要基于权利人的行为而引发了许可的成立。

在司法实践中，有的被告在侵权抗辩时，会将权利懈怠和默示许可混在一起使用。但是，懈怠的成立并不否定侵权行为的存在，只是表明权利人怠于主张权利，从而不承担赔偿责任。而默示许可则否认了侵权行为的存在，把侵权指控转变为许可合同关系。另外，懈怠成立可以免除侵权人在权利人懈怠期间的赔偿责任，但默示许可并不当然是免费许可。此外，在我国司法实践中，权利人是否主张权利，并不是获得默示许可的依据。

3. 知识产权默示许可的理论基础来自信赖利益的保护、诚实信用的要求、利益平衡的需要、合理对价的存在，以及机会主义的防范。

知识产权默示许可的理论基础，可以从多个角度进行观察和论述。从国内外的学说来看，其理论基础主要来自以下几种学说：

（1）信赖利益的保护。根据美国关于默示许可的学说，推定产生默示许可的理论基础包括默许（Acquiescence）、行为（Conduct）、衡平法上的禁止反言（Equitable estoppel）、普通法上的禁止反言（Legal estoppel）。不论根据哪种理论认定默示许可，其根本目的都是为了保护使用人的信赖利益，以维护民商事交往中的信赖投入并确保交易的可期待性。信赖利益，简言之，可以概括为因当事人合理信赖法律行为（尤其是契约）有效成立而带来的利益。信赖利益的产生可以是多方面的，比如当事人的行为、已存在的书面协议、当事人的合理期待、公平公正的价值观念及知识产权制度赖以建立的公共政策等。

（2）诚实信用的要求。"禁止反言"原则与"诚实信用"原则很接近，根本目的都是为了维护正常的社会秩序。在市场活动中，行为人要谨慎维护对方的利益和合理期待，不使对方的正当期待落空。诚实信用原则赋予了法官自由裁量权，到目前为止，司法实践中还没有一个完全能适用于所有情况下知识产权默示许可的判断标准。法官基于诚实信用原则将默示许可界定为实体法上的合同行为，以保护双方当事人的正当权益。

（3）利益平衡的需要。知识产权默示许可的理论基础，也是利益平衡的需要，亦即在保护权利人利益的同时，也要求顾及社会公共利益。国内屈指可数的默示许可案例中，已经将利益平衡原则纳入了裁判的考量因素。

（4）合理对价的存在。如果允许权利人在获得对价后改变使用人的使用预期，会大大增加交易的不确定性和商业风险。在中美知识产权司法实践中，法院已经明确援引对价原则来评价默示许可成立与否。从本质上讲，"对价"反映或表现的是一种等价有偿的、相互允诺的法律关系，将它运用于知识产权默示许可——一种许可合同关系——的评价上，最为恰当不过。

（5）机会主义的防范。机会主义行为是新制度经济学上的概念，是指当事人在信息不对称的情况下从事的追求利益最大化并且不顾及或者损害他人利益的行为。在知识产权许可交易中引入默示许可的规则，恰恰是限制机会主义行为的发生或蔓延，通过综合考虑使用人的预期、当时的交易背景和通常的商业惯例等因素，推定成立默示许可，防止权利人借其信息优势地位或交易优势地位，滥用知识产权，损害对方的合法权益。

4. 我国知识产权默示许可的适用目前并无明确的法律根据，相关规则主要散落在零星的司法解释和不多的案例实践中。最高法院在 2008 年的复函和北京市高级人民法院发布的《专利侵权判定指南》分别涉及标准专利的默示许可和基于产品销售而产生的专利默示许可。检索发现，我国法院最终认定知识产权默示许可成立的案例共有 14 件，覆盖了专利、商标和著作权三种权利类型。

目前，包括美国、德国、英国、日本在内的发达国家均未将默示许可制度规定在知识产权的成文法中，我国法律也同样如此，但在我国法律制度上仍然可以捕捉到知识产权默示许可，尤其是专利默示许可的踪迹。1986 年《民法通则》第 56 条、2017 年《民法总则》第 135 条都规定，民事法律行为可以采用书面形式、口头形式或者其他形式。1997 年《合同法》第 10 条第 1 款也规定，当事人订立合同，有书面形式、口头形式和其他形式。可以认为，上述条款中的"其他形式"包括默示形式，并为当事人采取默示形式实施民事法律行为——包括知识产权许可——提供了依据。在我国"浙江伦特与乐清伦特商标权案"中，即援引前述《合同法》第 10 条第 1 款来支持默示许可。

2008 年第三次修改的《专利法》第 12 条删除了专利实施许可合同的"书面形式"要件，国家知识产权局条法司认为，此举即是结合专利制度的特点，为在实践中认定专利默示许可奠定法律基础，从而确保专利制度的正常运作，防止滥用专利权的行为。2015 年 12 月，国务院法制办公室公布的《中华人民共和国专利法修订草案（送审稿）》（第四次修改）第 85 条规定了标准必要专利的默示许可问题。在《专利法》第四次修改未完成的情形下，我国知识产权默示许可规则主要散落在零星的司法解释和不多的案例实践。

最高人民法院关于知识产权默示许可的态度，主要体现在标准与专利的关系上。2008 年 7 月 8 日，《最高人民法院关于朝阳兴诺公司按照建设部颁发的行业标准〈复合载体夯扩桩设计规程〉设计、施工而实施标准中专利的行为是否构成侵犯专利权问题的函》[（2008）民三他字第 4 号，以下简称"第 4 号复函"]，则正式就标准制定中的专利信息披露与默示许可问题作出了回应。

2013 年 9 月 4 日，北京市高级人民法院发布的《专利侵权判定指南》倒是直接将部分专利默示许可行为作为《专利法》第 69 条第 1 款第 1 项规定的"不视为侵犯专利权"的抗辩事由。这是从专利法权利用尽的条款上去寻找默示许可行为成立的依据，但有其重大的缺陷：（1）只能承认基于产品销售而引发的专利默示许可，而无法从中引申出基于非产品销售活动而发生的默示许可行为。（2）主要是从侵权抗辩的角度承认了专利默示许可，而没有显现出默示许可的合同关系。

截至 2016 年 8 月 8 日，通过对无讼（http：//www.itslaw.com）网站的案例数据库及相关网站进行检索，剔除案情相似、裁判要旨相同的案例以后，共有 26 件涉及知识产权默示许可的国内案例。以权利类型来区分，专利案例共 9 件，著作权案例共 10 件，商标案例共 7 件，暂未发现涉及默示许可的商业秘密案例；以纠纷类型来区分，侵权纠纷案占据 22 件的绝对优势，许可合同纠纷和行政诉讼纠纷各占 2 例；以审级来看，有 11 个案件只经历了一审法院的判决，而有 11 件案件经过了二审法院的裁判，还有 4 件案件经过了最高人民法院的再审判决（或裁定）。值得注意的是，这 26 件案例中，约占 19.2% 的案件是经过最高人民法院再审或二审裁判的，这在某种程度上显示了知识产权默示许可案件的复杂性。

经过逐一浏览这 26 件涉及默示许可的知识产权案例的案件事实及裁判要旨可以发现，法院最终认定知识产权默示许可成立的案例共有 14 件，认定知识产权默示许可不成立的有 10 件，还有 2 件案例虽然在判决书中有阐述知识产权默示许可的认定标准，但该案的判决结果最终与默示许可成立与否没有什么关系。

5. 在国外，专利默示许可可以追溯到 19 世纪的英国普通法，并可在德国、日本等国司法实践中找到专利默示许可理论的运用。但美国的司法实践进一步发展了知识产权默示许可理论，1984 年美国联邦巡回上诉法院判决的 Bandag Inc. v. Al Bolser's Tire stores, Inc. 一案，还建立了著名的判断专利默示许可的"Bandag 测试框架"。总体上看，美国知识产权司法实践已经深入知识产权默示许可的理论来源、法律性质、成立条件、举证责任、限制适用条件、许可内容等方面，更覆盖到专利、版权和商标等权利类型，涉及产品销售、产品修理、技术标准、委托制造、委托创作等广泛的领域。

默示许可理论可以追溯到 19 世纪的英国普通法。专利默示许可的第一个相关判例产生于英国 1871 年的 Betts v. Wilmott 一案。不久，英国的专利"默示许可"理论引入德国，德国在专利默示许可理论基础之上建立了权利用尽原则（狭义上的权利用尽原则），以更好地维护个人利益和社会利益的平衡。日本与德国同为大陆法系国家，从日本 BBS Kraftfahrzeugtechnik AG v. Racimex Japan Corp 一案可以看出，日本司法实践并不排除对专利默示许可理论的运用。

专利默示许可理论通过美国的司法实践得以进一步发展。1843 年，在 Mc Clurg v. Kingsland 一案中，美国联邦最高法院第一次明确了默示许可，这是在首次销售原则下发展出来的专利默示许可理论。美国联邦最高法院在 1927 年 De Forest Radio Telephone & Telegraph Co. v. United States 一案的判决中，进一步确立了专利默示许可的存在，并且脱离了专利穷竭（权利用尽）问题。

美国早期的专利默示许可案例与专利产品或其专利产品的部件销售有密切的联系。1942 年的 United States v. Univis Lens Co. 一案确立了销售未完成产品情形下获得实施该产品所涉专利的默示许可的认定原则：（1）未完成产品的唯一合理目的（only reasonable and intended use）在于实施专利，即"无合理的非侵权用途"（no reasonable noninfringing use）；（2）未完成产品虽未完全由专利权范围涵盖，但已实施了专利发明的"实质技术特征"（essential features）。

1984 年美国联邦巡回上诉法院判决的 Bandag Inc. v. Al Bolser's Tire stores, Inc. 案，建立了著名的"Bandag 测试框架"，成为基于产品销售而产生的专利默示许可的判断依据。该案判决阐述的默示许可成立条件是：（1）专利权人销售的产品除了用于实施专利权人的专利技术之外，没有其他非侵权用途；（2）销售的具体情况清楚表明能够推断出默示许可的存在。相较于 Univis 案的认定规则，Bandag 测试框架更关注购买者在消费的同时是否产生了合理信赖。

直到 20 世纪 90 年代，美国才出现了首个有关版权的默示许可案例，即 Effects Assocs., Inc. v. Cohen 案。在此之后，"默示许可"成为版权侵权诉讼中被告的抗辩理由之一，许多版权的侵权者都主张得到了版权人的"默示许可"。

相较于英国的默示许可制度而言，美国默示许可的适用范围要广泛得多，也更符合司法实践中所遇到的实际情况。总体上看，美国知识产权司法实践已经深入诸多方面，包括：（1）知识产权默示许可的理论来源；（2）知识产权默示许可的法律性质；（3）知识产权默示许可的成立条件或构成要件；（4）知识产权默示许可的举证责任；（5）知识产权默示许可的限制适用条件；（6）知识产权默示许可的内容等。同时，美国知识产权默示许可的案例，覆盖到专利、版权和商标等众多领域，涉及产品销售、产品修理、技术标准、委托制造、委托创作等广泛的商业领域或合作领域。由此可见，美国是目前世界上将知识产权默示许可理论运用得最为成熟的国家。

6. 通过探析当前国内外知识产权默示许可的各种发生情形，可以将知识产权默示许可的构成要件概括为四个方面：一是存在知识产权权利人的默示行为，此为形式要件；二是被控侵权人（使用人）基于权利人的默示行为产生了被允许使用知识产权的合理信赖，此为实质要件；三是不存在排除默示许可适用以及限制默示许可效力的情形，此为限制条件；四是在被控侵权人提出默示许可抗辩的主张后，法院才能适用默示许可规则，此为程序条件。

根据已有的文献和案例，可以归纳出一些知识产权默示许可常见的发生情形，为知识产权默示许可的类型化和规则化提供事实基础。在专利默示许可领域，基于技术标准、技术推广、产品专用、产品修理、先前使用、原有协议、违约行为、平行进口等情形，均可能产生专利默示许可的成功抗辩。而在著作权默示许可领域，基于委托创作、作品销售、软件试用、合作关系、网页快照等情形，也可能产生著作权默示许可。在商标默示许可领域，主要基于股东和任职关系、股东分家、原有协议、销售渠道、平行进口等情形而产生的商标默示许可。通过对这些发生情形的观察，可以将知识产权默示许可的构成要件概括为四个方面：

（1）默示许可的形式条件：存在默示行为。

默示是"行为人以使人推知的方式间接表示其内在意思的表意形式"，以默示形式表现出来的行为，就是默示行为。沉默在特定情形下可以归属于不作为的默示，因此，不需要将"沉默"单独突显。存在权利人的"默示行为"，是知识产权默示许可适用的形式要件或者前提条件。在不同的情形之下，默示行为的表现有多种可能性。但值得强调的是，用以推定知识产权许可成立的来源是权利人自身作出的默示行为，不能把使用人的单方面行为强加给未表示反对的权利人。换言之，是否存在许可的意愿应当从权利人的言行中，而不是使用人施加给权利人的义务中去推定。

（2）默示许可的实质条件：权利人的默示行为让被控侵权人产生了允许使用其知识产权的合理信赖或合理期待。

首先，合理信赖产生的社会基础为诚实信用原则。如果权利人的默示行为，给他人产生了允许使用其知识产权的意思表示，自然禁止反悔，以免破坏他人的合理预期和正常的市场秩序。其次，合理信赖产生的事实基础为特定的行为情境，即在特定的情境下，基于权利人的默示行为，可以依照常识、惯例或可预见性的结果等，让他人能够从中推断出默示许可的意思表示。根据目前的判例，可以将这些产生合理信赖的外部因素不完全地归纳为以下情形：①与权利人的合作关系，包括委托关系、与权利人既有的许可协议。②双方特定的紧密关系，比如基于股东关系或者母子公司关系。③权利人的鼓励使用行为，比如将专利提交技术标准，对超过试用期的软件不采取措施停止其正常使用。④权利人的销售活动，比如，权利人销售给使用人的零部件，只能专用于制造权利人的专利产品等。⑤权利人先前的行为，包括权利人的指导或推荐实施其专利，以及权利人的违约行为。⑥存在商业或行业惯例，比如，在美国 Field v. Google, Inc. 一案中，在网页缓存的规则已成为行业通行惯例的情况下，当事人意识到可以采取某行为以阻止未经许可的使用而没有采取的，此种不作为即应当认为"鼓励使用"，即提供了使用人以默示许可。最后，合理信赖产生的理性基础为理性人标准。默示许可产生于当事人的客观行为，而一个理性的人可以将此作为一种暗示，认为已经达成了一个协议，从而在特定的情境中预见到权利人的默示行为能够产生默示许可的结果。

合理信赖的生成是通过"默示行为"而"推定"出来的。虽然知识产权默示许可未有明示的许可行为，但权利人与使用人之间必然存在某种联系，否则无从推定权利人的许可意图。从目前已经发生的判例来看，使用人与权利人建立默示许可信赖的某种关系或者交流，可能是直接的，大多数适用默示许可的案例都是以权利人和使用人存在直接业务、合同等各种直接联系为主要表现形态；但这种关系或者交流也可能是间接的，必须存在一个中介者才能够建立起默示许可的信赖，比如权利人的专利进入了技术标准或者技术推广项目，而使用人恰恰实施了该标准或技术推广项目。

默示许可须检验当事人的主观意图。从 Nelson – Salabes，Inc. v. Morningside Dev. 和 John G. Danielson，Inc. v. Winchester – Conant Props.，Inc 等美国判例来看，是否存在主观意图是关系到默示许可成立与否的"决定性问题"，相应地，默示许可的范围也取决于许可方的意图。在推断或确定权利人具有许可的主观意图时，一方面，应该从权利人的行为入手进行考察，比如，在 Field v. Google，Inc. 案中，美国法院确立了两个从版权人主观上判断的标准：一是知道使用，二是鼓励使用。另一方面，还必须结合具体的情境从使用人的合理期待入手进行考察。多数情形下，权利人的"主观意图"通常是基于使用人的合理期待被"客观"推导出的，特别是那些基于交易习惯、行业惯例和当事人之间的惯有规则而推定的默示许可。比如，使用人已经支付了合理对价，或者权利人的行为本身能让使用人产生合理期待。有时，法院还会从诸如专利权人违约不给付债务等客观事实，拟制出专利权人的许可意图，从而以专利产品的销售及附随之上的专利许可，替代其债务的履行，使合同相对方获得救济。

（3）默示许可的限制条件：权利人自身对默示许可成立的限制，以及权利人遵循法令的行为。

一方面，权利人自身对默示许可成立的限制，直接否定了权利人默示许可的意图。国内外的司法实践均表明，权利人如果明确地行使反对的意思表示，默示许可就不能够再适用。这是默示许可与权利用尽的重要区别。既然默示许可是基于权利人的行为而推定出权利许可的意图，那么，当权利人已经明确限制或可以合理推导出其已限制默示许可的成立时，自然首先要尊重权利人的意愿。虽然权利人可以相对自由地排除默示许可的适用，但权利人排除知识产权默示许可的限制条件必须符合有效性的要求，须明确、合法、合理，且事先告知，从而抑制使用人对其知识产权获得使用许可的期待。

另一方面，权利人遵循法令的行为，不能以此直接推定为其有默示许可的意图。在个别情形下，权利人作出的可以推定出默示许可的默示行为是为了遵循法令的强制性要求，并非权利人真实意思的表示，因而默示许可的意思表示应该被排除。

（4）默示许可的程序条件：被控侵权人提出默示许可抗辩的主张后，法院才能适用默示许可规则。

通常，只有在被告提出默示许可的侵权抗辩主张后，法院才有可能援引默示许可规则进行审判，这就是默示许可的程序要件。如果没有当事人针对默示许可进行举证和辩论，法院可能无法清楚地查明是否存在默示许可。需要指出的是，只要被告主张的抗辩理由实质上就是默示许可或者类似的意思，甚至被告只要主张其"有权使用"或"合法使用"权利人的相关权利，就应当认为被告已经行使了默示许可的抗辩。考虑到我国知识产权法上并无明文的默示许可规则，强求被告在诉讼中明确提出"默示许可"的字样，并按照默示许可的理论系统阐述其抗辩主张，显然是强人所难。

7. 在不同情形下，知识产权默示许可的具体内容难以存在统一的标准。知识产权默示许可的对象有时是不特定的，有时是特定的；在不能推断出确定的许可方式时，知识产权默示许可的方式应当是普通许可；知识产权默示许可的使用范围受到其据以产生的条件的制约或限制。有的默示许可可以覆盖整个权利内容，进行广泛的利用。有的默示许可则受制于特定的知识产权产品，只能实施与特定产品相关的行为；知识产权默示许可的期限有的存在于知识产权有效期间，有的则依附于知识产权产品的寿命或受制于另一个协议的有效期间；知识产权默示许可的成立并不意味着免费，是否需要支付许可费，主要根据权利人是否已经从中获得相应的对价来衡量。

知识产权默示许可的内容只能从其产生的特定情境中加以探查和确定，如此一来，不同的情形下的知识产权默示许可，在其许可的具体内容上自然难以存在统一的标准。

（1）知识产权默示许可的对象。在默示许可时，权利人在较多情形下对其被许可人并不预先了解和知悉，尤其是因技术标准和技术推广等情形而产生的默示许可，权利人面对的被许可对象恰恰是不特定的。当然，有的默示许可的产生基础也决定了其被许可对象是特定的，甚至是已经和权利人发生了交易关系或特定联系的对象，并且可能事先为权利人所知悉。

（2）知识产权默示许可的方式。考虑到默示许可是一种非明示的许可形式，如果从赖以建立知识产权默示许可的情形中无法确定许可的方式，应当将该默示许可局限于普通许可。但是，如果能够推断出确定的许可方式，知识产权默示许可自然也可能存在普通许可或者独占许可等许可方式，甚至有转许可（再许可）的可能性。不过，由于知识产权默示许可无法以许可备案等方式向社会公众彰显，并且双方的默示许可关系是否成立，即使是当事人也未必能够确认，因此，无论其默示许可的方式为何，使用人均无法像明示许可那样拥有对第三人侵权的任何诉讼地位。

（3）知识产权默示许可的范围。知识产权默示许可的使用范围也要受到其据以产生的条件的制约或限制。有的专利默示许可的使用对象可以延及专利权人的整个专利技术，利用方式可能包括制造、使用、许诺销售、销售等行为。基于委托创作产生的著作权默示许可，委托人就相关作品的著作权在符合委托目的的范围内，可以进行相当广泛的利用。但是，有的默示许可的使用范围受制于特定的知识产权产品，而不是可以整体性地利用知识产权。尤其是在基于产品销售、产品修理、违约行为等情形而产生的专利默示许可中，被许可人的使用范围将受到极大的限制，只能实施与特定产品（专利产品本身，或用于制造专利产品或使用专利方法的产品等）相关的行为。

（4）知识产权默示许可的期限。取决于其赖以成立的基础或条件，知识产权默示许可的期限会有多种表现形式：①默示许可的期限存在于知识产权有效期间。比如，获得默示许可的标准实施者在该标准必要专利的整个有效期间内，都可以使用该专利。②默示许可的期限依附于知识产权产品的寿命。比如，专利权人所售零部件专用于制造专利方法的情形下，默示许可的期限仅限于所售零部件的寿命。③默示许可的期限受制于另一个协议的有效期间。比如，在基于原许可协议而对许可人事后取得专利产生默示许可的情形下，默示许可的期限完全取决于原许可协议的期限。如果信赖知识产权默示许可的事实基础发生了实质改变，并且权利人反对许可不会损害被许可人的信赖利益，那么，权利人有权以通知终止许可等方式，改变或缩短默示许可的期限。在徐瑞新与上海能控公司商标侵权纠纷案、浙江伦特与乐清伦特商标权案等判例中，都不同程度地支持前述观点。不过，很多知识产权默示许可得以产生的事实基础难以改变，此时，权利人通常无法干预默示许可的期限长短。

（5）知识产权默示许可的对价。虽然默示许可可以免除被控侵权人的侵权责任，但不能绝对地排除金钱给付的责任。是否需要支付默示许可的费用，则应当主要根据权利人是否已经从中获得相应的对价来衡量。①在权利人先前已经获得对价的情形下，一般不需要再支付许可使用费，这也是为了防止权利人就其知识产权双重获利。②在权利人先前并未获得对价的情形下，使用人应当支付一定的许可费。③其他不需要支付使用费的情形。比如，权利人先前承诺免费使用的情况下，后续的继续使用也仍然延续当初的免费承诺，也不需要支付使用费。可见，知识产权默示许可并不意味着免费，但使用费的数额多少可以由双方协商，协商不成的也可以参考权利人明示许可时的许可费或者同行业相似许可的使用费标准。

第二节　未来展望

尽管我国现行法律层面仍然欠缺知识产权默示许可的明确规定，但司法实践中的规范性文件已经有限认可了专利默示许可的法律地位。但是，知识产权默示许可在我国司法层面尚未获得全面承认，因为最高人民法院"第4号复函"仅仅承认了基于标准实施而产生的专利默示许可，北京市高级人民法院2017年修订的《专利侵权判定指南》第131条也只适用于基于产品销售而引发的专利默示许可。最重要的是，在商标、版权领域，虽然有一些案件出现，但无论在法律法规中，还是在规范性文件上，尚未有直接肯定默示许可行为成立的条款或阐述。

我国作为成文法系国家，在制度层面缺乏知识产权默示许可的全面规定，对于司法实践中是否适用、如何适用知识产权默示许可规则，有可能带来极大的困惑和混乱，因此，在适当时机将知识产权默示许可上升为法律规则的确显得十分必要，可以借此增强知识产权默示许可规则的稳定性和明确性。

不过，考虑到知识产权默示许可适用的情形复杂多样，各有特点；考虑到知识产权默示许可规则的构建，不仅涉及利益平衡的考量，更受到知识产权政策的制约，因此，在目前知识产权默示许可学术研究不充分、司法经验不成熟的状况下，短期内不宜在法律上固定知识产权默示许可的法律规则。有学者指出，我国《专利法》第四次修改应当引入诚实信用原则，并以此作为专利默示许可建立的规范基础，而专利默示许可的具体规则仍应保持其案例法的本色，不宜制定为明确的成文法规则。❶

---

　　❶ 杨德桥. 合同视角下的专利默示许可研究——以美中两国的司法实践为考察对象 [J]. 北方法学，2017，11（1）：56–70.

2015 年 12 月，国务院法制办公室公布《中华人民共和国专利法修订草案（送审稿)》（以下简称"专利法送审稿"），征求社会各界意见，该"专利法送审稿"第 85 条直接涉及标准必要专利的默示许可："参与国家标准制定的专利权人在标准制定过程中不披露其拥有的标准必要专利的，视为其许可该标准的实施者使用其专利技术。许可使用费由双方协商；双方不能达成协议的，可以请求国务院专利行政部门裁决。当事人对裁决不服的，可以自收到通知之日起十五日内向人民法院起诉。"该条规定一经公布，旋即在业内引发巨大的争议，尤其是产业界似乎有不同的见解，甚至强烈反对。北京市高级人民法院 2017 年修订发布《专利侵权判定指南》时，虽然涉及有标准必要专利的明示许可问题，但回避了标准必要专利的默示许可，大约是希望留给个案裁判足够的探索空间。

可见，在立法上对新问题有必要保持相当的谨慎。我们建议，最好先在司法解释中原则上承认知识产权默示许可的适用，并加强知识产权默示许可司法适用的研究和指导，等待时机成熟后再上升为专利法、著作权法等法律层面的条文规定。我们相信，近年来随着学术界对知识产权默示许可的深入研究，随着司法实践对知识产权默示许可的热切关注，我国知识产权默示许可适用的成果将越来越丰富，经验将越来越丰富，其最终上升到司法解释层面或者更高位阶的立法层面，将指日可待。

参考文献

1. **中文参考文献**

[1] 阿列克斯·夏妥夫. 1998 美国联邦巡回上诉法院专利案件年鉴 [M]. 顾柏棣, 译. 北京: 知识产权出版社, 2000.

[2] 北京市高级人民法院民三庭. 知识产权诉讼研究 [M]. 北京: 知识产权出版社, 2004.

[3] 陈桂明. 论推定 [J]. 法学研究, 1993 (5): 45.

[4] 陈继华, 张永平, 汪玲. 网络时代著作权法定许可与默示许可的思考 [J]. 科技与出版, 2004 (6) 32: 34.

[5] 陈健. 知识产权默示许可理论研究 [J]. 暨南学报 (哲学社会科学版), 2016, 38 (10): 82 - 93.

[6] 陈倩婷. 著作权默示许可制度研究 [D]. 北京: 中国政法大学, 2012.

[7] 陈瑜. 专利默示许可与权利穷竭的比较分析——以社会政策背景为视角 [J]. 西南政法大学学报, 2016, 18 (2) 92: 99.

[8] 陈元雄. 民法总则新论 [M]. 台北: 三民书局, 1982.

[9] 储敏. 平行进口的法律性质分析 [J]. 现代法学, 2001, 23 (6): 78 - 81.

[10] 德雷特勒. 知识产权许可 (上) [M]. 王春燕, 等, 译, 北京: 清华大学出版社, 2003.

[11] 邓丽星. 专利默示许可制度研究 [D]. 武汉: 华中科技大学, 2012.

[12] 蒂娜·哈特, 琳达·法赞尼. 知识产权法 (影印本) [M]. 北京: 法律出版社, 2003.

[13] 丁南. 信赖保护与法律行为的强制有效——兼论信赖利益赔偿与权利表见责任之比较 [J]. 现代法学, 2004, 26 (1): 70 - 74.

[14] 董安生. 谈民事法律行为 [M]. 北京: 中国人民大学出版社, 1994.

[15] 董美根. 论专利产品销售所附条件的法律效力 [J]. 华东政法大学学报, 2009, 12 (3): 53 - 60.

[16] 董美根. 美国专利使用权穷竭对我国的借鉴 [J]. 知识产权, 2008 (6): 94 - 99.

［17］冯晓青．知识产权法的价值构造：知识产权法利益平衡机制研究［J］．中国法学，2007（1）：67－77．

［18］冯晓青，邓永泽．数字网络环境下著作权默示许可制度研究［J］．南阳师范学院人文社会科学学报，2014（5）：64－69．

［19］高国雅．知识产权默示许可的构成要件分析［D］．上海：上海大学，2014．

［20］关晓海．如何界定委托作品的使用范围？［N］．中国知识产权报，2015－04－10．

［21］郭威．默示许可在版权法中的演进与趋势［J］．东方法学，2012（3）：78－86．

［22］国家知识产权局条法司．《专利法》第三次修改导读［M］．北京：知识产权出版社，2009．

［23］韩立余．知识产权权利限制研究［EB/OL］．（2008－04－19）［2010－01－27］．http：//www．sipo．gov．cn/sipo2008/dtxx/zlgzdt/2007/200804/t20080419_384713.html．

［24］胡林龙．合同条款初探［J］．河北法学，2004（2）．

［25］黄汇．版权法上公共领域的衰落与兴起［J］．现代法学，2010，32（4）：30－40．

［26］卡尔·拉伦茨．德国民法通论［M］．王晓晔，邵建东，程建英，等，译．北京：法律出版社，2003．

［27］康添雄，田晓玲．美国专利间接侵权的判定与抗辩［J］．知识产权，2006，16（6）：86－90．

［28］康添雄．美国专利间接侵权研究［D］．重庆：西南政法大学，2006．

［29］孔燕．专利法上默示许可与权利穷竭理论研究［D］．上海：华东政法大学，2013．

［30］雷敏敏．论美国专利侵权中的懈怠抗辩及其借鉴［D］．北京：北京化工大学，2011．

［31］李江，王津晶，熊延峰，等．中国专利默示许可实践探究［J］．中国专利与商标，2014（4）：67－78．

［32］李捷．论网络环境下的著作权默示许可制度［J］．知识产权，2015（5）：67－71．

［33］李双元，温世扬．比较民法学［M］．武汉：武汉大学出版社，1998．

［34］李香清．著作权默示许可制度研究［D］．厦门：厦门大学，2014．

［35］李文江．我国专利默示许可制度探析——兼论《专利法》修订草案（送审稿）第85条［J］．知识产权，2015（12）78：82．

［36］林承日．合同默示制度研究［D］．厦门：厦门大学，2001．

［37］凌洪斌．知识产权非自愿许可制度研究［D］．广州：暨南大学，2006．

［38］刘春茂．知识产权原理［M］．北京：知识产权出版社，2002．

［39］刘强，金陈力．机会主义行为与知识产权默示许可研究［J］．知识产权，2014（7）：54－60．

［40］刘仁．"挡土块"专利挡不住"擅自使用"——法院认定涉案两被告实施国家科技推广项目中的专利视为实施标准中的专利［N］．中国知识产权报，2009－11－19．

［41］刘晓春．标准化组织专利披露政策在美国的新发展——解读高通诉博通案［J］．电子知识产权，2009（2）：30－34．

［42］柳经伟，芥树洁，施信贵．中国民法［M］．厦门：厦门大学出版社，1994．

［43］吕炳斌．反思著作权法——从 Google 数字图书馆说起［J］．图书馆杂志，2007，26（5）：3－7．

［44］吕炳斌．网络时代的版权默示许可制度——两起 Google 案的分析［J］．电子知识产权，2009（7）：73－76．

［45］罗伯特·考特，托马斯·尤伦．法和经济学［M］．上海：上海三联书店，上海人民出版社，1994．

［46］马德帅，刘强．网络著作权默示许可研究［J］．中国出版，2015（17）：29－31．

［47］马克·A. 莱姆利．标准制定机构知识产权规则的反垄断法分析．金朝武，译［M］//杨紫烜．经济法研究：第3卷．北京：北京大学出版社，2003．

［48］马强．商标权国际穷竭原则研究［J］．知识产权，2003，13（5）：19－25．

［49］梅术文．信息网络传播权默示许可制度的不足与完善［J］．法学，2009（6）：50－58．

［50］梅术文．著作权法上的传播权研究［M］．北京：法律出版社，2012．

［51］苗雨．论版权默示许可［D］．重庆：西南政法大学，2013．

［52］钱琼．专利平行进口权利限制问题研究［D］．上海：华东政法大学，2011．

［53］曲三强．平行进口与我国知识产权保护［J］．法学，2002（8）：72－75．

［54］渋谷达纪．知识产权法讲义［M］．东京：有斐阁，2004．

［55］沈艳．基于产品销售的专利默示许可［D］．上海：上海大学，2014．

［56］石磊．论专利默示许可的适用［D］．北京：北京化工大学，2013．

［57］史尚宽．债法总论［M］．台北：台湾荣泰印书馆，1978．

［58］宋戈．版权默示许可的确立与展望——以著作权法第三次修改为视角［J］．电子知识产权，2016（4）：25－34．

［59］宋柳平．全面深刻准确地再认识标准必要专利［EB/OL］．［2015－11－20］．http：// www. powernation. cn/nshow. asp? nid = hzqdUL = = &ncid = 36&c = 3.

［60］孙南申，徐曾沧．美国对技术标准中专利信息不披露行为的反垄断措施［J］．华东政法大学学报，2009（1）：57－65．

［61］汤锋．论合同的默示条款［D］．长沙：湖南师范大学，2013．

［62］陶鑫良，袁真富．知识产权法总论［M］．北京：知识产权出版社，2005．

［63］田村善之．修理、零部件的更换与专利侵权的判断［A］．李扬，译//吴汉东．知识产权年刊（2006）．北京：北京大学出版社，2006．

［64］田耀．影响美国历史进程的经典案例［M］．天津：天津大学出版社，2009．

［65］王凤．专利产品修理和再造法律问题研究［D］．长沙：湖南大学，2009．

［66］王国柱．知识产权默示许可制度研究［D］．长春：吉林大学，2013．

［67］王琳泷．我国著作权默示许可适用研究［D］．上海：华东政法大学，2013．

［68］王迁．搜索引擎提供"快照"服务的著作权侵权问题研究［J］．东方法学，2010（3）：126 – 139．

［69］王玮婧．网络著作权侵权认定中的默示许可研究［D］．上海：华东政法大学，2012．

［70］王先林．涉及专利的标准制定和实施中的反垄断问题［J］．法学家，2015，1（4）：62 – 70．

［71］王晓蓓．版权法中默示许可适用案例研究［D］．上海：华东政法大学，2012．

［72］王晓晔．标准必要专利反垄断诉讼问题研究［J］．中国法学，2015（6）：217 – 238．

［73］王秀丽，于秀丽．授权要约：数字版权贸易的新模式［J］．出版发行研究，2008（9）：21 – 24．

［74］王益谊，朱翔华，等．标准涉及专利的处置规则［M］．北京：中国标准出版社，2014．

［75］韦晓云．专利的默认许可——从一起药品发明专利侵权案谈起［J］．人民司法，2007（17）：93 – 97．

［76］韦之．著作权法原理［M］．北京：北京大学出版社，1998．

［77］魏有花．专利侵权抗辩法律研究［D］．泉州：华侨大学，2006．

［78］吴玲丽．从 Google 数字图书馆版权纠纷看网络时代版权制度的理念变革［J］．华中师范大学研究生学报，2010（2）：12 – 15．

［79］徐新宇．标准必要专利许可行为的反垄断规制思考［J］．中国价格监管与反垄断，2017（3）：16 – 19．

［80］徐瑄．知识产权的对价理论［M］．北京：法律出版社，2013．

［81］闫宏．专利默示许可规则探析［D］．北京：清华大学，2007．

［82］严桂珍．平行进口法律规制研究［M］．北京：北京大学出版社，2009．

［83］严桂珍．我国专利平行进口制度之选择——默示许可［J］．政治与法律，2009（4）：83 – 90．

［84］杨崇森．专利法理论与应用［M］．台北：三民书局，2008．

［85］杨德桥．合同视角下的专利默示许可研究——以美中两国的司法实践为考察对象［J］．北方法学，2017，11（1）：56 – 70．

［86］杨圣坤．合同法上的默示条款制度研究［J］．北方法学，2010，24（2）：51 – 59．

［87］杨圣坤．合同法上的默示条款制度研究——一个经济学的进路［D］．山东：山东大学，2009．

［88］尹卫民．著作权默示许可的法律性质分析［J］．西南石油大学学报（社会科学版），

2014，16（1）：73 – 76.

［89］尹新天．专利权的保护［M］．北京：知识产权出版社，2005.

［90］于洪涛．商标平行进口法律问题研究［D］．北京：中国政法大学，2007.

［91］袁真富．基于侵权抗辩之专利默示许可探究［J］．法学，2010（12）：108 – 119.

［92］袁真富．标准涉及的专利默示许可问题研究［J］．知识产权，2016（9）：81 – 87.

［93］约内森·罗森诺．网络法：关于因特网的法律［M］．张皋彤，译．北京：中国政法大学出版社，2003.

［94］运敏敏．版权默示许可制度研究——以"方正诉宝洁"案为视角［D］．重庆：西南政法大学，2012.

［95］张淳，吴强军．关于贯彻执行《中华人民共和国民法通则》若干问题的意见（试行）中的若干瑕疵及其补救［J］．南京大学法律评论，1998（2）：138 – 144.

［96］张冬．专利权滥用认定专论［M］．北京：知识产权出版社，2009.

［97］张今，陈倩婷．论著作权默示许可使用的立法实践［J］．法学杂志，2012（2）：71 – 76.

［98］张今．欧盟平行进口与商标权保护的新进展［J］．中华商标，2001（4）：25 – 29.

［99］张平，马骁．标准化与知识产权战略［M］．北京：知识产权出版社，2002.

［100］张伟华．著作权默示许可问题研究［D］．长沙：湖南师范大学，2014.

［101］张伟君．默示许可抑或法定许可：论《专利法》修订草案有关标准必要专利默示许可制度的完善［J］．同济大学学报（社会科学版），2016，27（3）：103 – 116.

［102］赵莉．网络环境下默示许可与版权之权利限制分析［J］．信息网络安全，2009（2）：44 – 46.

［103］赵启杉．标准化组织专利政策反垄断审查要点剖析——IEEE 新专利政策及美国司法部反垄断审查意见介评［J］．电子知识产权，2007（10）：23 – 27.

［104］郑成思．知识产权保护实务全书［M］．北京：言实出版社，1995.

［105］郑成思．知识产权论［M］．北京：法律出版社，2007.

［106］中山信弘．专利法注释（上）［M］．东京：青林书院，2000. 转引自李扬．修理、更换、回收利用是否构成专利权侵害［J］．法律科学，2008（6）：78.

［107］朱广新．信赖保护理论及其研究述评［J］．法商研究，2007（6）：71 – 82.

［108］朱海娇．规范默示许可能否解海量作品授权之困？［N］．中国知识产权报，2012 – 01 – 13.

［109］朱雪忠，李闯豪．论默示许可原则对标准必要专利的规制［J］．科技进步与对策，2016，33（23）：98 – 104.

［110］最高人民法院知识产权案件年度报告（2014 年）摘要［N］．人民法院报，2015 – 4 – 22（3）.

2. 外文参考文献

［1］AFORI O F. Copyright Infringement without Copying – Reflections on the Théberge Case ［EB/OL］. （2007 – 09 – 19）. http：//ssrn. com/abstract = 1015453.

［2］AMBER H R. Practical Cuide to Application of（or Defense Against）Product – Based Infringement Immunities Under The Doctrines Of Patent Exhaustion And Implied License ［J］. Texas Intellectual Property Law Journal, 2004（2）：227 – 286.

［3］HATFIELD A L. . Patent Exhaustion, Implied Licenses, and Have – Made Rights：Gold Mines or Mine Fields? ［J］. Computer Law Review and Technology Journal, 2000, 4（1）：42.

［4］Association of American Publishers Press Release. Google Library Project Raises Serious Questions for Publishers and Authors ［R］. Washington D. C. ：Association of American Publishers, 2005.

［5］BEALE H. Chitty on Contracts ［M］. 27th ed. London：Sweet&Maxwell, 1994.

［6］DARYL LIM. Standard Essential Patents, Trolls, and the Smartphone Wars：Triangulating the End Game ［J］. Penn State. Law Review, 2014, 119（1）：1 – 91.

［7］Elizabeth McKenzie. A Book by Any Other Name：E – Books and the First Sale Doctrine ［J］. Chicago – Kent Journal of Intellectual Property, Spring, 2013（12）：57 – 73.

［8］Enrico Bonadio. Standardization Agreements, Intellectual Property Rights and Anti – Competitive Concerns ［J］. Social Science Electronic Publishing, 2013, 3（1）：22 – 42.

［9］FEILER L. Birth of The First – Download Doctrine—The Application of the First – Sale Doctrine to Internet Downloads under EU and US Copyright Law ［J］. Journal of Internet Law, 2012.

［10］BRENNING M. Competition and Intellectual Property Policy Implications of late or no IPR Disclosure in Collective Standard – Setting ［C］//American Bar Association's International Roundtable on International Standards, 2002.

［11］LEMLEY M A. Intellectual Property Rights And Standard – Setting Organizations ［J］. California Law Review, 2002, 90（6）：1889 1980.

［12］JANIS M D. . A Tale of the Apocryphal Axe：Repair, Reconstruction, and the Implied License in Intellectual Property Law ［J］. Maryland Law Review, 1999,（2）：423 – 527.

［13］O'ROURKE M A. . Rethinking Remedies at The Intersection of Intellectual Property and Contract：Toward a Unified Body of Law ［J］. Iowa Law Review, 1997, 82（4）：1137 – 1208.

［14］MCCARTHY J T. McCarthy's Desk Encyclopedia of Intellectual Property ［M］. Arlington：Bna Books, 1991.

［15］ NIMMER M B. , NIMMER D. . Nimmer on Copyright ［M］. Alban: Matthew Bender, 1989.

［16］ SWOPE M J. . Recent Developments in Patent Law: Implied License – An Emerging Threat to Contributory Infringement Protection ［J］. Temple Law Review, 1995, 68 (1): 282.

［17］ MOHRI M. . Patents, repair and recycling from a comparative perspective ［J］. International Review of Intellectual Property and Competition Law, 2010, 41 (7): 779 – 805.

［18］ KOMURO N. . Japan's BBS Judgment on Parallel Imports ［J］. International Trade Law & Regulation, 1998: 27 – 28.

［19］ WILLIAMSON O E. . Transaction – Cost Economics: The Governance of Contractual Relations ［J］. Journal of Law and Economics, 1979, 22 (2): 233 – 261.

［20］ OSBORNE J W. A Coherent View of Patent Exhaustion: A Standard Based on Patentable Distinctiveness ［J］. Santa Clara Computer and High Technology Law Journal, 2004 (3): 643 – 693.

［21］ HUGHEY R C. . Implied Licenses by Legal Estoppel ［J］. Albany Law Journal of Science & Technology, 2003 (14): 53 – 80.

［22］ MERGES R P. , KUHN J M. . An Estoppel Doctrine For Patented Standards ［J］. California Law Review, 2009, 97 (1): 1 – 50.

［23］ SIEMAN J S. Using the Implied License To Inject Common Sense into Digital Copyright ［J］. North Carolina Law Review Association, 2007, 85: 885 – 930.

［24］ GIFIS S. H. Law Dictionary ［M］. V. S. 3th ed New York: Barron's Educational Series Inc. , 1984.

［25］ SWOPE M J. Recent Developments in Patent Law: Implied License – An Emerging Threat to Contributory Infringement Protection ［J］. Temple Law Review, 1995, 68 (1): 281 – 306.

附　录

一、中国案例名称一览

序号	案例简称	案例全称
1. 专利默示许可相关的案例		
（1）	天工公司与邕江公司专利侵权案	河南省天工药业有限公司与广西南宁邕江药业有限公司、南宁神州医药有限责任公司侵犯发明专利权纠纷案
（2）	季强与兴诺公司专利侵权案	季强、刘辉与朝阳市兴诺建筑工程有限公司专利侵权纠纷案
（3）	晶源公司与富士株式会社专利侵权案	武汉晶源环境工程有限公司与日本富士化水工业株式会社、华阳电业有限公司侵犯发明专利权纠纷案
（4）	诚田公司与蓝畅公司专利许可案	北京诚田恒业煤矿设备有限公司与北京蓝畅机械有限公司专利实施许可合同纠纷案
（5）	中铁公司与兴荣草棍厂案	中铁电气化局集团德阳制品有限公司与当涂县兴荣草棍厂侵犯发明专利权纠纷案
（6）	优凝公司与河海公司专利侵权案	江苏优凝舒布洛克建材有限公司与江苏河海科技工程集团有限公司、江苏神禹建设有限公司、扬州市勘测设计研究院有限公司侵犯专利权纠纷案
（7）	微生物研究所与海王公司专利侵权案	江苏省微生物研究所有限责任公司与福州海工福药制药有限公司、辽宁省知识产权局、辽宁民生中一药业有限公司、常州方圆制药有限公司专利侵权纠纷处理决定再审案
（8）	张晶廷与子牙河公司专利侵权案	张晶廷与衡水子牙河建筑工程有限公司、衡水华泽工程勘测设计咨询有限公司侵害发明专利权纠纷案
（9）	范俊杰与亿辰公司专利侵权案	范俊杰与吉林市亿辰工贸有限公司侵害实用新型专利权纠纷案

序号	案例简称	案例全称
2. 著作权默示许可相关的案例		
(10)	王定芳与东方商厦著作权案	王定芳与上海东方商厦有限公司侵害著作权纠纷案
(11)	刘金迷与都市丽缘美容院著作权案	刘金迷与北京菲瑞佳商贸有限公司都市丽缘美容院、家庭百科报社侵犯著作权纠纷案
(12)	法博公司与蓝海公司信息网络传播权纠纷案	上海法博投资咨询有限公司与东莞市蓝海网苑网络有限公司侵犯信息网络传播权纠纷案
(13)	方正公司与宝洁公司著作权案	北京北大方正电子有限公司与广州宝洁有限公司、北京家乐福商业有限公司侵犯著作权纠纷案
(14)	陈文福与商标评审委员会商标行政案	陈文福与商标评审委员会等商标争议行政纠纷案
(15)	磊若公司与华美医院著作权案	磊若软件公司与重庆华美整形美容医院有限公司著作权侵权纠纷案
(16)	博仕华公司与达润公司软件著作权案	博仕华（北京）教育科技有限公司与北京达润世纪国际教育科技股份有限公司计算机软件著作权许可使用合同纠纷案
(17)	屠立毅与动景公司著作权案	屠立毅与广州市动景计算机科技有限公司、北京微梦创科网络技术有限公司著作权权属、侵权纠纷案
(18)	刘珍珍与高宝公司著作权案	刘珍珍与高宝化妆品（中国）有限公司、浙江淘宝网络有限公司著作权侵权纠纷案
(19)	重庆青年报与光明网著作权案	重庆青年报社与光明网传媒有限公司著作权权属、侵权纠纷案
3. 商标默示许可相关的案例		
(20)	巨工公司与东巨电器厂商标权案	贵州巨工电器有限责任公司与贵阳东巨电器厂商标使用权纠纷案
(21)	能控公司与徐瑞新商标权案	上海能控自动化科技有限公司与徐瑞新商标侵权纠纷案
(22)	奥婷公司与盈魅公司商标权案	北京奥婷环燕美容化妆品有限公司与北京盈魅怡人美容化妆品有限公司侵犯商标权纠纷案
(23)	浙江伦特与乐清伦特商标权案	浙江伦特机电有限公司与乐清市伦特电子仪表有限公司侵犯商标专用权纠纷、商标专用权权属纠纷案

序号	案例简称	案例全称
3. 商标默示许可相关的案例		
(24)	大班公司与恒瑞泰丰商标权案	大班面包西饼有限公司与北京恒瑞泰丰科技发展有限公司商标权权属、侵权纠纷案
(25)	中和泉润与骆驼公司商标权案	中和泉润（北京）商贸有限公司与广东骆驼服饰有限公司等商标权权属、侵权纠纷案
(26)	锦尚公司与宏焘经营部商标权案	成都锦尚贸易有限公司与昆明市五华区宏焘日用百货经营部、施海明侵害商标权纠纷案

二、涉及默示许可的中国知识产权案例汇编

说明：

1. 截至 2016 年 8 月 8 日，在无讼（http：//www.itslaw.com）网站的案例数据库及相关网站中进行检索，并按照下列标准进行筛选，仅余 26 个国内案例勉强符合标准。

（1）收录的案例皆以是否存在学术研究价值作为考量标准，因此，有的判决书虽有提及知识产权的"默示许可"或"默认许可"字样，但并没有值得收录的案件事实或者值得研究的裁判要旨，甚至仅仅只是涉及"默示许可"或"默认许可"这个字词而已，对于此类案例，在此恕不收录。

（2）部分同一原告诉同一被告或同一原告诉不同被告的系列案件，因其案情相似，裁判要旨无异，也不作重复收录。

2. 在这 26 件案例中，以权利类型来区分，专利案例共 9 件，著作权案例共 10 件，商标案例共 7 件，暂未发现涉及默示许可的商业秘密案例；以纠纷类型来区分，侵权纠纷案占据 22 件的绝对优势，许可合同纠纷和行政诉讼纠纷各占 2 例；以审级来看，有 11 个案件只经历了一审法院的判决，而有 11 个案件经过了二审法院的裁判，还有 4 个案件经过了最高人民法院再审判决（或裁定）（不含最高人民法院二审裁判）。值得注意的是，这 26 件案例中，竟有 5 件是经过最高人民法院再审（4 件）或二审（1 件）裁判的，占比为 19.2%，这在某种程度上显示了知识产权默示许可案件的复杂性。

3. 经过逐一浏览这 26 件涉及默示许可的知识产权案例的案件事实及裁判要旨可以发现，法院最终认定知识产权默示许可成立的案例共有 14 件，认定

知识产权默示许可不成立的有 10 件，还有 2 件案例虽然在判决书中有阐述知识产权默示许可的认定标准，但该案的判决结果最终与默示许可成立与否没有什么关系。

（一）专利案例

1. 河南省天工药业有限公司与广西南宁邕江药业有限公司、南宁神州医药有限责任公司侵犯发明专利权纠纷案

审理法院：广西壮族自治区高级人民法院

案号：（2007）桂民三终字第 46 号二审民事判决书

当事人：

上诉人（一审被告）：河南省天工药业有限公司（以下简称"河南天工公司"）

被上诉人（一审原告）：广西南宁邕江药业有限公司（以下简称"邕江药业公司"）

一审被告：南宁神州医药有限责任公司（以下简称"南宁神州公司"）

案情简介：

邕江药业公司于 2000 年 3 月 24 日获得"一种治疗颅脑外伤及其综合症的药物组合物"的发明专利，专利号 ZL95109783.0，专利权期限 20 年，即从 1995 年 8 月 24 日起至 2015 年 8 月 24 日止。

2006 年 4 月，邕江药业公司发现南宁神州公司在广西南宁市场上销售由河南天工公司生产的被控侵权药品"贝智高"复方赖氨酸颗粒，药品销售价格为每盒（含 10 小包，每包 3g）29 元。该药品的说明书记载：本品为复方制剂，每包规格为 3g，主要成分为含盐酸赖氨酸 2.7g，葡萄糖酸钙 150mg，维生素 B110.5mg，维生素 B66mg；适应症：补充赖氨酸及维生素；用于赖氨酸缺乏所致的脑发育和记忆减退，也用于改善脑损伤所致的神经症状。在该产品的宣传资料、包装盒、包装袋上也印有相同的适应症、药品成分等内容。

一审中，邕江药业公司认为河南天工公司和南宁神州公司的行为侵犯了其专利权，遂向法院提起诉讼。一审判决后，河南天工公司提起上诉，认为公司没有构成侵权，一审判决认定事实错误，适用法律不当，请求二审法院依法撤销一审判决，驳回邕江药业公司的诉讼请求，本案一、二审诉讼费均由邕江药业公司承担。

二审法院认为，邕江药业公司在申请发明专利并将专利技术转化成国家药

品标准过程中，已将其专利技术公开公布，但邕江药业公司公开专利技术的行为并不意味着专利技术进入公有领域，允许他人可以未经许可自由使用，恰恰相反，专利权人正是通过这种对专利技术的公开换取对专利技术垄断性的权利。本案中，河南天工公司这种实施专利的行为没有经得专利权人邕江药业公司许可，已经构成侵犯专利权。由于专利授权情况已在国务院专利行政部门的专利公报中公布，权利状态已经由专利行政部门的行政行为予以确定，任何人想实施专利均可在专利公报中查询，法律没有规定专利权人还负有另行向公众告知的义务。

河南天工公司认为邕江药业公司在一定时间内不向其主张专利权，视为默许其无偿使用专利的问题。在民事法律行为中，默许的意思表示必须有法律明确规定才能确定，不能任意推定，邕江药业公司的行为在法律上没有规定为默许，双方也没有合同的约定，因此，不能视为邕江药业公司默许河南天工公司使用其专利。因此，河南天工公司关于邕江药业公司默许其无偿使用专利的上诉理由亦不能成立，本院不予支持。

判决结果：驳回上诉，维持原判。

2. 季强、刘辉与朝阳市兴诺建筑工程有限公司专利侵权纠纷案

审理法院：辽宁省高级人民法院

案号：（2007）辽民四知终字第 126 号二审民事判决书

当事人：

上诉人（一审被告）：朝阳市兴诺建筑工程有限公司（以下简称"朝阳兴诺公司"）

被上诉人（一审原告）：季强、刘辉

案情简介：

2006 年 5 月 19 日，原告季强、刘辉获得"混凝土桩的施工方法"发明专利（专利号 ZL98101041.5）的独占实施许可并支付使用费 8 万元，该专利经专利权人同意，已纳入建设部的行业标准《复合载体夯扩桩设计规程》，并向全国建筑行业推广。同年，原告发现被告朝阳市兴诺公司在某项目的施工中使用的施工方法落入了涉案专利权利要求书记载的保护范围内，遂向法院起诉。一审法院判决朝阳兴诺公司承担侵权责任，赔偿原告经济损失及制止侵权的合理费用共计 13.5 万元。被告朝阳兴诺公司不服，认为自己按照建设部的行业标准设计、施工并无不当，上诉至辽宁高院。

此案审理过程中，辽宁高院就被告朝阳兴诺公司是否构成专利侵权向最高

法院请示。2008 年 7 月 8 日，最高法院复函称："鉴于目前我国标准制定机关尚未建立有关标准中专利信息的公开披露及使用制度的实际情况，专利权人参与了标准的制定或者经其同意，将专利纳入国家、行业或者地方标准的，视为专利权人许可他人在实施标准的同时实施该专利，他人的有关实施行为不属于专利法第十一条所规定的侵犯专利权的行为。专利权人可以要求实施人支付一定的使用费，但支付的数额应明显低于正常的许可使用费；专利权人承诺放弃专利使用费的，依其承诺处理。"据此，辽宁高院判决朝阳兴诺公司不构成侵权，但应向原告季强、刘辉支付专利使用费 4 万元。

3. 武汉晶源环境工程有限公司与日本富士化水工业株式会社、华阳电业有限公司侵犯发明专利权纠纷案

审理法院：最高人民法院

案号：（2008）民三终字第 8 号二审民事判决书

当事人：

上诉人（原审原告）：武汉晶源环境工程有限公司（以下简称"晶源公司"）

上诉人（原审被告）：日本富士化水工业株式会社（以下简称"富士化水"）

上诉人（原审被告）：华阳电业有限公司（以下简称"华阳公司"）

案情简介：

1995 年 12 月 22 日，晶源公司向中国专利局提出"曝气法海水烟气脱硫方法及一种曝气装置"发明专利的申请。该专利申请于 1996 年 11 月 6 日公开。1999 年 9 月 25 日，中国专利局授予晶源公司"曝气法海水烟气脱硫方法及一种曝气装置"发明专利权（以下简称"本案专利权"），专利号为 95119389.9。

1997 年 1 月 29 日，华阳公司（甲方）与深圳晶源环保科技有限公司（乙方）在福建厦门签订了《漳州后石电厂烟气脱硫工程可行性研究报告委托合同书》。1997 年 4 月，华阳公司（买方）与富士化水（卖方）签订了用于 CP – 1 项目"烟气脱硫系统"的合同（合同编号：No. 05LW033）。

1999 年 7 月 26 日，晶源公司以《关于漳州后石电厂烟气脱硫装置知识产权的函》致函华阳公司称："我公司拥有 ZL95119389.9 号'曝气法海水烟气脱硫方法及一种曝气装置'的发明专利权。鉴于贵公司在福建漳州后石电厂建造纯海水法烟气脱硫装置并采用该专利方法，直接涉及我公司上述专利权

益，为保护知识产权，请贵公司于 1999 年 8 月 25 日前派员来汉，洽谈上述专利许可事宜。"1999 年 9 月 24 日，华阳公司以《关于漳州后石电厂烟气脱硫装置知识产权的复函》回函称："漳州后石电厂烟气脱硫装置工程可行性研究报告由贵公司负责，烟气脱硫工艺及工程设计由富士化水负责。"2001 年 5 月 12 日，华阳公司通过厦门天翼律师事务所复函称："华阳公司采用的烟气脱硫装置系采用富士化水的设计，为此华阳公司已向富士化水付费。1997 年 2 月，华阳公司委托晶源公司对此进行可行性研究，并支付了相关费用。且晶源公司在同年 8 月应富士化水邀请前往日本、泰国考察由富士化水设计的烟气脱硫工厂。在此期间晶源公司从未提出专利权的事宜，相反还依华阳公司要求作了可行性报告。通过上述事实认为，晶源公司明知华阳公司采用的是富士化水的上述方案及装置从未提出任何异议，且进行了可行性研究，由此，晶源公司已认可华阳公司的装置与其专利不同，也认可了华阳公司的上述行为不构成侵权。"

上诉人认为，其脱硫装置是晶源公司的专利技术产品，两公司未经专利权人许可，以生产经营目的实施了专利侵权行为，严重损害了晶源公司的合法权益。请求法院判令：1. 富士化水、华阳公司停止侵权行为；2. 富士化水、华阳公司赔偿晶源公司专利侵权损失费人民币 3100 万元（后晶源公司将赔偿数额追加至人民币 7600 万元）；3. 富士化水、华阳公司赔偿因侵权行为给晶源公司造成的诉讼代理费、调查费、差旅费等损失费；4. 富士化水、华阳公司对已发生的专利侵权行为消除影响；5. 本案诉讼费由富士化水、华阳公司承担。

一审法院认为，富士化水提供给华阳公司的脱硫方法及装置的技术特征全面覆盖本案专利权权利要求 1 和权利要求 5 的技术特征，该行为构成专利侵权。同时，在可行性研究总报告中，晶源公司只是提出漳州后石电厂脱硫工艺可使用纯海水法，该方法的工程方案可行性以及使用该方法的环境及社会效益等，并未提及本案专利的完整技术方案，也没有许可华阳公司无偿使用本案专利，因此不属于许可行为。

二审法院认为，被控侵权的脱硫方法和曝气装置落入专利权的保护范围，富士化水和华阳公司针对权利要求 5 的现有技术抗辩难以成立，本案专利侵权成立。富士化水、华阳公司共同实施了侵犯晶源公司专利权的行为，依法应承担连带责任。

判决结果：

一、维持福建省高级人民法院（2001）闽知初字第 4 号民事判决的第一项、第三项、第四项；

二、变更福建省高级人民法院（2001）闽知初字第 4 号民事判决的第二项为：日本富士化水工业株式会社和华阳电业有限公司于本判决生效之日起十五日内，共同赔偿武汉晶源环境工程有限公司经济损失人民币 5061.24 万元。

4. 北京诚田恒业煤矿设备有限公司与北京蓝畅机械有限公司专利实施许可合同纠纷案

审理法院：最高人民法院

案号：（2009）民申字第 802 号再审民事裁定书

当事人：

申请再审人（一审被告、二审上诉人）：北京蓝畅机械有限公司（以下简称"蓝畅公司"）

被申请人（一审原告、二审被上诉人）：北京宇田世纪矿山设备有限公司（以下简称"宇田世纪公司"）

被申请人（一审原告、二审被上诉人）：北京诚田恒业煤矿设备有限公司（以下简称"诚田恒业公司"）

被申请人（一审原告、二审被上诉人）：北京辉越景新矿山支护设备有限公司（以下简称"辉越景新公司"）

裁判要点：

本案中，涉及相同主题的发明和实用新型专利同日向国家知识产权局提出申请，实用新型专利权终止前，同日申请的相同主题的发明专利已经获得授权。高学敏、李信斌与蓝畅公司签订专利技术使用合同，即负有维持该合同所涉专利权处于有效状态的义务，蓝畅公司即取得合同所涉专利技术的使用权，并默示许可蓝畅公司使用其所拥有的与合同所涉专利技术属于相同技术的另一专利权，否则将无法实现合同的目的。而且，在本案诉讼中，涉及相同技术的发明专利的专利权人高学敏、李信斌也明确表示，发明专利是实用新型专利权利的延续，其有权主张使用费。综上，二审判决认定蓝畅公司应当按照合同的约定支付相应的技术使用费，并无不当。

5. 中铁电气化局集团德阳制品有限公司与当涂县兴荣草棍厂侵犯发明专利权纠纷案

审理法院：安徽省高级人民法院

案号：（2009）皖民三终字第 0013 号民事判决书

当事人：

上诉人（原审被告）：当涂县兴荣草棍厂

被上诉人（原审原告）：中铁电气化局集团德阳制品有限公司（原企业名称为中铁电气化局集团德阳制品厂，以下简称"德阳公司"）

裁判要点：

一审法院（安徽省合肥市中级人民法院）认为：德阳公司所持有的涉案"草支垫及其加工方法"发明专利合法有效，应受法律保护。确定涉案专利权的保护范围，应以国家授权机关最终公告的专利权利要求书文本或者已发生法律效力的复审决定所确定的专利权利要求的内容为准，说明书及附图可以用于解释。有关行业标准与专利许可问题：该院认为，如专利权人参与了有关行业标准的制定，但在标准发布前未申明其中有关技术内容系其专利的，视为已经得到了专利权人的免费实施默认许可，标准管理组织、标准制定者和标准采用人的有关行为，不视为侵权。（安徽省合肥市中级人民法院（2008）合民三初字第208号民事判决书）

二审法院未就标准与专利许可问题发表意见。

6. 江苏优凝舒布洛克建材有限公司与江苏河海科技工程集团有限公司、江苏神禹建设有限公司、扬州市勘测设计研究院有限公司侵犯专利权纠纷案

审理法院：江苏省高级人民法院

当事人：

原告：江苏优凝舒布洛克建材有限公司（以下简称"优凝公司"）

被告：江苏河海科技工程集团有限公司（以下简称"河海公司"）

被告：江苏神禹建设有限公司（以下简称"神禹公司"）

被告：扬州市勘测设计研究院有限公司（以下简称"扬州公司"）

裁判要点：

原告优凝公司系"挡土块"发明专利权人。2006年6月2日，原告将"挡土块"发明专利纳入水利部"948"推广项目，推广起止时间为2006年6月至2007年12月。2006年6月5日，原告向被告扬州公司出具《专利许可授权书》，同意扬州公司在工程设计中推广应用200410014654.6"挡土块"发明专利内容。但上述水利部"948"推广项目和《专利许可授权书》均未就推广应用"挡土块"发明专利时如何标注专利信息、是否需支付许可使用费等问题进行明确规定。

案外人泰州市城市水利投资开发有限公司（以下简称"泰州公司"）系泰

州市翻身河综合整治工程的建设单位，2007 年 5 月，泰州公司委托被告扬州公司设计泰州市翻身河综合整治工程的施工图纸并作为招标文件，被告扬州公司在其设计的施工图纸"素砼预制块大样图"中采用了涉案"挡土块"发明专利所记载的技术方案。被告河海公司系泰州市翻身河综合整治工程 01 标段中标人，按泰州公司提供的施工图纸组织施工，并按泰州公司提供的"素砼预制块大样图"向神禹公司采购"生态挡墙块"2000 平方米共支付279876 元。

2007 年 10 月 11 日，原告对泰州市翻身河综合整治工程施工现场的"生态挡墙块"及使用方法进行了公证取证，并以此为据向法院提起侵犯专利权诉讼。

法院认为：涉案的"挡土块"发明专利已纳入"948"科技推广项目，泰州市翻身河综合整治工程属于"948"科技推广项目项下的工程。原告参与了"948"科技推广项目的制定和实施，应当视为其许可他人在实施该科技推广项目时实施该专利权。被告河海公司依法中标按图施工，神禹公司按图制造专利产品都属于正当的生产经营行为。故原告起诉被告河海公司、神禹公司侵犯其专利权，要求停止侵权、赔偿损失的诉讼请求，没有事实和法律依据，应予驳回。优凝公司不服一审判决提起上诉，江苏省高级人民法院驳回优凝公司的上诉，维持一审判决，并鉴于优凝公司二审中提出支付许可费的主张，从减轻当事人诉累和平衡各方当事人利益出发，酌情加判河海公司、神禹公司向优凝公司支付专利许可使用费 3 万元。❶

二审判决认为，优凝舒布洛克公司参与水利部"948"技术创新与转化项目及向扬州勘测院授权在设计中使用，是推广其专利实施与应用而采取的手段，且项目并未明确披露"挡土块"发明专利信息，也未约定专利许可使用费。河海公司、神禹公司在项目推广期间，实施专利的行为均是严格按照设计图纸施工的行为，属于在合理信赖的情形下实施专利的行为，与最高人民法院在（2008）民三他字第 4 号复函所体现的不认定侵权的条件完全吻合，因此河海公司、神禹公司实施专利的行为不构成侵权。同时，最高人民法院在（2008）民三他字第 4 号复函中指出，"专利权人可以要求实施人支付一定的使用费，但支付的数额应明显低于正常的使用费"，江苏高院结合涉案工程中标金额及使用产品的总价额，确定河海公司、神禹公司向优凝舒布洛克公司支

---

❶ 2009 年江苏法院知识产权司法保护典型案例。

付 3 万元专利许可使用费。❶

7. 江苏省微生物研究所有限责任公司与福州海王福药制药有限公司、辽宁省知识产权局、辽宁民生中一药业有限公司、常州方圆制药有限公司专利侵权纠纷处理决定再审案

审理法院：最高人民法院

案号：（2011）知行字第 99 号再审行政裁定书

当事人：

申请再审人（一审第三人、二审被上诉人）：江苏省微生物研究所有限责任公司（以下简称"微生物公司"）

被申请人（一审原告、二审上诉人）：福州海王福药制药有限公司（以下简称"福药公司"）

一审被告、二审被上诉人：辽宁省知识产权局

一审第三人、二审被上诉人：常州方圆制药有限公司（以下简称"方圆公司"）

原审第三人：辽宁民生中一药业有限公司（原辽宁民生医药发展有限公司，以下简称"民生公司"）

裁判要点：

最高人民法院认为，被请求人（指福药公司）的行为构成侵犯专利权应具备三个条件：被请求人存在实施专利技术方案的行为；被请求人实施专利未经许可；不存在合法的抗辩事由。本案中，当事人对于福药公司实施了本案专利并无争议，其争议在于福药公司实施本案专利的行为是否经过许可以及福药公司是否具有合法的抗辩事由。对此，福药公司主要提出了如下抗辩理由：专利权人已将生产硫酸依替米星原料药、水针剂的专利使用权以独占的方式许可给了山禾公司；福药公司经过专利许可使用权人山禾公司的同意生产药品，不构成侵权；专利权人不准福药公司使用从专利使用权人处合法购买的原料药生产注射液，违反了专利权用尽原则。同时，福药公司针对上述理由提供了相应证据。因此，辽宁省知识产权局应对福药公司的上述理由尤其是本案专利权人的行为是否构成默示许可或者是否符合专利权用尽原则进行审查。

根据《专利法》（2000 修正）第 12 条的规定，任何单位或者个人实施他

---

❶ 刘仁. "挡土块" 专利挡不住 "擅自使用" ——法院认定涉案两被告实施国家科技推广项目中的专利视为实施标准中的专利 [N]. 中国知识产权报，2009 – 11 – 19.

人专利的，应当与专利权人订立书面实施许可合同，向专利权人支付专利使用费。该规定并非效力性强制性规定，未订立书面实施许可合同并不意味着必然不存在专利实施许可合同关系。因此，专利实施许可并不只有书面许可一种方式，默示许可亦是专利实施许可的方式之一。例如，如果某种物品的唯一合理的商业用途就是用于实施某项专利，专利权人或者经专利权人许可的第三人将该物品销售给他人的行为本身就意味着默示许可购买人实施该项专利。根据查明的事实，福药公司生产硫酸依替米星氯化钠注射液的原料药购自专利权人与他人合资设立的企业方圆公司或者得到专利权人许可的第三人山禾公司。虽然硫酸依替米星原料药本身不属于本案专利保护范围，但如果硫酸依替米星原料药唯一合理的商业用途就是用于制造本案专利产品，那么专利权人自己建立的企业或者经专利权人许可的第三人销售该原料药的行为本身就意味着默示许可他人实施专利。辽宁省知识产权局未对可能构成默示许可的相关事实进行查明并予以评价，简单地以侵权产品在福药公司处生产和销售、福药公司未与专利权人签订书面授权许可合同为由作出被诉专利侵权纠纷处理决定，认定福药公司的行为侵犯本案专利权，认定事实不清，主要证据不足。二审判决判令撤销一审判决和被诉专利侵权纠纷处理决定，并无不当。微生物公司的相应申请再审理由不能成立，本院不予支持。

8. 张晶廷与衡水子牙河建筑工程有限公司、衡水华泽工程勘测设计咨询有限公司侵害发明专利权纠纷案

审理法院：最高人民法院

案号：（2012）民提字第 125 号再审民事判决书

当事人：

再审申请人（一审原告、二审被上诉人）：张晶廷，石家庄晶达建筑体系有限公司（以下简称"晶达公司"）董事长

被申请人（一审被告、二审上诉人）：衡水子牙河建筑工程有限公司（以下简称"子牙河公司"）

一审被告、二审被上诉人：衡水华泽工程勘测设计咨询有限公司（以下简称"华泽公司"）

案情简介：

张晶廷于 2006 年 1 月 17 日向国家知识产权局申请发明专利，名称为"预制复合承重墙结构的节点构造施工方法"，2008 年 9 月 3 日被授予专利权，专利号为 ZL20061001×××ｘ.7。张晶廷于 2008 年 10 月将"预制复合承重墙

结构的节点构造施工方法"许可晶达公司使用。

2008 年 7 月 25 日，子牙河公司（发包人）与华泽公司（设计人）就"武邑县和谐嘉园 5#6#7#8#住宅楼"签订《建设工程设计合同》。华泽公司的建筑施工图设计所依据的是《CL 结构设计规程》DB13（J）43 - 2006。该规程前言部分记载："本规程的某些内容可能涉及专利，经专利人同意，本规程的发布机构不承担识别与保护专利的责任"。2010 年 4 月 22 日，张晶廷出具书面承诺称，在本案中仅限于同意华泽公司有权使用涉案专利，不要求华泽公司承担任何专利侵权责任。河北省建设厅批准的《CL 结构构造图集》，晶达公司为参编单位，张晶廷为参编人员之一。张晶廷对该图集为河北省工程建设地方标准没有异议。

一审原告张晶庭认为，子牙河公司在承建的衡水市武邑县县城"和谐嘉园"小区 5#、6#、7#、8#楼工程中，没有取得涉案专利权人的合法授权，采用的材料和施工方法侵害了涉案专利权。请求法院判令：子牙河公司停止侵权行为；赔偿张晶廷经济损失 114.464 万元。

子牙河公司不服一审判决，向河北省高级人民法院提起上诉。其主要理由为：1. 涉案专利技术是早已为公众所知的现有技术，子牙河公司使用该技术方案，依法不构成侵权。2. 子牙河公司使用的墙体构造技术是依法受让而来，子牙河公司不知道该技术已被授予专利，故不构成侵权，不需承担侵权责任。3. 根据建筑法的规定，子牙河公司必须按照工程设计图纸施工，也是不得已的必须使用，无论按照法定义务，还是建筑行业标准，使用涉案技术不产生违法侵权行为。4. 张晶廷请求的赔偿数额，没有证据和法律依据，依法应予驳回。请求二审法院撤销一审判决，驳回张晶廷的诉讼请求。

张晶廷不服二审判决，向本院申请再审。再审申请人认为，二审判决认定事实不清，适用法律不当。本案中，河北省建设厅发布的《CL 结构设计规程》前言载明：本规程所涉及的专利技术为石家庄晶达建筑体系有限公司所有，使用授权许可，应与之联系。专利权人张晶廷参与了行业的设计规程、图集和验收规程等公开发行标准的制定，并不应视为其许可他人实施标准的同时实施该专利。同时，这些设计规程、图集也清楚地表明这些标准涉及专利，须取得相关授权。故请求请求本院撤销二审判决，依法改判。

裁判要点：

一审法院认为，子牙河公司按照已纳入专利权人参与制定的河北省地方标准的涉案专利进行施工，构成对张晶廷专利权的侵害。

二审法院认为，本案中涉案专利被纳入河北省地方标准，专利权人张晶廷参与了该标准的制定，故应视为专利权人张晶廷许可他人在实施标准的同时实施该专利，子牙河公司的有关实施行为不属于专利法第十一条所规定的侵害专利权的行为。

再审法院认为，2006 年规程为推荐性标准，子牙河公司作为建筑施工领域的经营者，有不选择该规程的权利。子牙河公司在对 CL 建筑体系工地施工现场进行市场观摩调查后，向华泽公司提出设计要求，且根据其与华泽公司签订的《建设工程设计合同》，华泽公司设计采用的标准是由子牙河公司自费向有关出版部门购买的。而且，华泽公司的设计施工图依据的 2006 年规程在前言部分明确记载了需要识别的专利技术以及专利权人的联系方式。此外，子牙河公司在和谐嘉园的售楼宣传材料中，载有 CL 复合剪力墙建筑结构户型的优点，并配合有与 CL 建筑体系网架板一致的图片。子牙河公司辩解其使用的是现有技术，但不论是 2000 年规程还是 2003 年规程，均记载有该技术规程包含有专利权的情形。子牙河公司关于被诉侵权施工方法中不存在张晶廷的专利权的辩解，不予支持。同时，因子牙河公司知道或应当知道华泽公司设计的施工方法中包含有涉案专利技术，在张晶廷进行了专利披露、子牙河公司能够识别专利并能够与张晶廷进行联系的情况下，未经张晶廷许可，使用涉案专利技术，且在发生纠纷后，在本案中拒绝向专利权人支付专利许可费。子牙河公司的行为，构成侵权。

关于二审判决法律适用问题，本案 2006 年规程为推荐性标准，张晶廷履行了专利披露义务，在被诉侵权施工方法所依据的 2006 年规程前言部分，明确记载有识别的专利技术和专利权人的联系方式。该规程的实施者不能从中推断出，2006 年规程不包含专利技术或者专利权人向公众开放了免费的专利使用许可的意图。实施该标准，应当取得专利权人的许可，根据公平合理无歧视的原则，支付许可费。在未经专利权人许可使用，拒绝支付许可费的情况下，原则上，专利侵权救济不应当受到限制。本案不存在专利权人隐瞒专利的行为导致标准的实施者产生该技术为无须付费的公知技术的信赖。张晶廷的再审申请理由成立，再审予以支持。

判决结果：

一、撤销河北省高级人民法院（2011）冀民三终字第 15 号民事判决；

二、撤销河北省石家庄市中级人民法院（2009）石民五初字第 163 号民事判决第一项；

三、维持河北省石家庄市中级人民法院（2009）石民五初字第163号民事判决第三项；

四、变更河北省石家庄市中级人民法院（2009）石民五初字第163号民事判决第二项为"衡水子牙河建筑工程有限公司自本判决生效之日起十日内，赔偿张晶廷经济损失40万元"。

9. 范俊杰与吉林市亿辰工贸有限公司侵害实用新型专利权纠纷案

审理法院：最高人民法院

案号：（2013）民提字第223号再审民事判决书

当事人：

再审申请人（一审原告、二审被上诉人）：范俊杰

被申请人（一审被告、二审上诉人）：吉林市亿辰工贸有限公司（以下简称"亿辰公司"）

案情简介：

范俊杰为"棘齿防盗螺栓及紧固工具"实用新型专利（专利号为ZL200520068286.6）的专利权人。

范俊杰发现宏远公司承建的营城子到梅河口高速公路建设项目交通安全设施工程01标段施工过程中，亿辰公司擅自向宏远公司销售了侵犯涉案专利的产品。2011年，范俊杰以吉林宏远公路工程有限公司（以下简称"宏远公司"）、亿辰公司、通化市永红贸易有限公司、永年县运昌紧固件制造有限公司为被告，向一审法院吉林省长春市中级人民法院提起诉讼。

宏远公司营梅高速公路交通工程01标段项目部作为需方与亿辰公司签订《供货合同》，约定由亿辰公司承担营梅高速公路交通工程01合同路护栏螺栓供货任务，包括三种螺栓（即被诉侵权产品），合同总价为850550元。《供货合同》约定亿辰公司按照宏远公司提供的设计图纸进行加工制作，要求供货产品符合设计标准。将亿辰公司按照《供货合同》销售给宏远公司的被诉侵权产品图纸与涉案专利权利要求相对比，确认被诉侵权产品与权利要求1和权利要去3记载的技术特征相同。

原告认为，亿辰公司未经许可使用其专利进行制造销售，侵犯其专利权，且其向宏远公司提供图纸的行为并非许可行为。故原告诉请：1. 亿辰公司停止侵权行为；2. 亿辰公司赔偿其因侵犯专利权而造成的经济损失547360元人民币。

裁判要点：

一审法院认为，被告无法证明范俊杰向设计院或者宏远公司销售过图纸，

也无法证明范俊杰从提供图纸的行为中取得相应的报酬，且涉案专利及相应技术方案已经向社会公开，该领域一般技术人员通过阅读权利要求及技术方案可以绘出相应图纸或者制造出产品。宏远公司与亿辰公司签订供货合同，提供图纸也只是提供所需产品的技术标准、图样等，不能推断出宏远公司许可亿辰公司以侵权手段取得所需产品。被诉侵权产品的技术特征，已经完全落入涉案专利权利要求的保护范围，构成侵权，应该依法承担相应的民事责任。

二审法院认为，范俊杰将其专利技术提供给设计院，将其享有专利权的产品，以图纸的形式对外公开进行设计，并要求将该产品用于重点工程营梅高速公路的护栏上。范俊杰并未按照法律规定对其专利技术加以保护，而是无偿地将其专利技术提供给公路设计部门，公路设计部门也未将其权利归属披露给第三方，因而，亿辰公司并无过错，范俊杰的行为属于许可使用行为，故亿辰公司并不构成侵权。

再审法院认为，范俊杰虽曾向设计院提供涉案专利图纸进行推广，设计院也是在范俊杰所提供图纸的基础上作了《供货合同》所附图纸的设计，但由于设计院本身并不涉及专利产品的制造、销售和使用，范俊杰也未与设计院签订实施许可合同，未要求或主张支付使用费，设计院甚至主张范俊杰从未告知涉及专利技术，因此从范俊杰的上述推广行为中并不能得出范俊杰许可设计院实施其专利的意思表示。范俊杰和设计院均认为范俊杰的本意是希望设计院将其专利技术纳入设计方案中，然后通过设计方案具体实施者购买其专利产品或者依法获得其实施许可而获利。亿辰公司未经范俊杰的许可，销售了落入涉案专利权保护范围的被诉侵权产品，侵害了范俊杰的专利权。

判决结果：

一、撤销吉林省高级人民法院（2013）吉民三知终字第 15 号民事判决；

二、亿辰公司停止侵犯范俊杰享有的专利，驳回范俊杰的其他诉讼请求；

三、亿辰公司赔偿范俊杰经济损失人民币 20 万元。

（二）著作权案例

1. 王定芳与上海东方商厦有限公司侵害著作权纠纷案

审理法院：上海市徐汇区人民法院

案号：（1993）徐民初字第 1360 号民事判决书

当事人：

原告：王定芳

被告：上海东方商厦有限公司

案情简介：

1992 年 7 月 3 日，被告上海东方商厦有限公司在上海《每周广播电视》报上刊登广告语有奖征集活动启事，向社会公开征集企业广告语，要求文字短小简洁、流畅，易记易上口，充分体现"东方"的企业形象。原告王定芳阅看该征集启事后，在规定的投稿期限内，以"世界风采，东方情韵——上海东方商厦"一稿应征。经初评、复评、终评，原告应征广告语被与会专家润色修改为"世界风采东方情——上海东方商厦"后被评为二等奖。

同年 9 月 4 日，被告在上海《解放日报》上刊登企业标志、广告用语评选结果公告，宣布"世界风采东方情……—上海东方商厦"为广告用语之一，作者为王定芳，在该公告中被告同时刊有"获奖作品版权归公司所有"字样。1993 年 1 月 8 日，原告接到被告工作人员的电话后，始知应征广告语已获奖。两天后，原告应邀参加了被告的开业典礼，在庆祝晚宴上，原告上台畅谈获奖广告语的创意构思，并接受了被告颁发的录用奖荣誉证书及奖金 500 元。事后，原告发现被告已在广播、电视、报刊、出租汽车、商品袋等处使用该广告语。

原告认为被告的行为已构成侵权，故提起诉讼。要求确认"世界风采东方情"广告语的著作权归原告所有，被告应向原告公开赔礼道歉；同时，原告以被告开业半年营业收入逾 3 亿为由，要求被告赔偿损失人民币 1 万元。

法院认为，"世界风采东方情"广告语属于著作权法上的文字作品，它不仅具有独创性，而且能以有形形式复制，符合法律所规定的特征要件。国家版权局法律处的复函中明确表示：广告语"世界风采东方情"具有作者的创作个性和法律规定的其他要件，因此本研究认为这一广告语，属于著作权法保护的文字作品。被告以征集的方式，通过报刊向社会公众提出了应征广告语的具体要求及奖励办法，原告据此应征创作出"世界风采，东方情韵"的广告语，并对该广告语享有著作权。被告虽然在确定中选作品过程中，对原告的参选作品进行了文字润色，但没有改变由原告创作的实质，最终确定的广告语虽与原告交付的广告语稍有差异，但其著作权仍归属于原告。

被告在公布评选结果时单方宣布"获奖作品归公司所有"显然是不合法的，受诉法院不予支持。被告向社会公众公开征集广告语，其目的显然在于通过广告语，宣传企业形象，扩大企业影响。原告对被告的此项目的也是了解的。受诉法院认为，原告投稿参加评选并接受被告支付的中选费用，表明原告同意被告在合理的范围内使用该广告语。因此，被告在企业的广告业务范围内使用该广告语，并不构成对原告著作权的侵害。

最终，法院对原、被告双方进行了调解，双方在平等、自愿的基础上，经协商达成如下调解协议：1. "世界风采东方情"广告语著作权归原告王定芳所有。2. 被告上海东方商厦有限公司对"世界风采东方情"广告语享有专有使用权，使用期限为5年，自1992年9月4日起至1997年9月3日止。3. 被告一次性给付原告人民币5000元。4. 案件受理费人民币460元，由原告负担。

2. 刘金迷与北京菲瑞佳商贸有限公司都市丽缘美容院、家庭百科报社侵犯著作权纠纷案

审理法院：北京市第一中级人民法院

案号：（2005）一中民终字第12299号二审民事裁定书

当事人：

上诉人（原审被告）：北京菲瑞佳商贸有限公司都市丽缘美容院（以下简称"都市丽缘美容院"）

被上诉人（原审原告）：刘金迷（笔名刘金泪）

原审被告：家庭百科报社

案情简介：

刘金迷系专业发型设计师，在中国美发行业具有较高知名度，其在普通中长发基础上设计出涉案发型。2004年6月17日，刘金迷与朱静签订合作协议，约定朱静为刘金迷做发型模特，刘金迷则自2004年6月17日至2005年6月17日为朱静做一年的发型服务。同日，刘金迷分别向化妆师梁孝鸣和摄影师朱自力支付化妆费用1.5万元和摄影费用2万元。摄影师朱自力拍摄了刘金迷为朱静剪发、烫发直至成型的全过程系列图片20余张，其中包括涉案图片。

法院认为，本案中，刘金迷为朱静设计涉案发型，委托朱自力拍摄包括涉案图片的系列图片20余张，并为此支付了相应的对价，故涉案图片应视为委托创作作品。因刘金迷未能提供其与朱自力的合同，朱自力亦未出庭作证证明涉案图片的著作权归属及使用范围，依据上述法律规定，本院认为朱自力享有涉案图片的著作权，并默示许可刘金迷为其商业宣传可免费使用涉案图片。因此，原审法院认定涉案图片的著作权人为朱自力，于法有据，并无不当。但原审法院仅凭朱自力的摄制费收条及刘金迷聘请模特、化妆师、摄影师的特定商

业目的，在无其他证据予以佐证的情况下，推定刘金迷对涉案图片享有专有使用权，并在此基础上认定都市丽缘美容院与家庭百科报社承担连带侵权责任，缺乏事实和法律依据，本院应予纠正。因刘金迷的现有证据不能证明其对涉案图片享有专有权利，故其不是被控侵权行为的利害关系人，不能作为原告起诉，本院对其起诉依法应予驳回。

裁定结果：

一、撤销北京市海淀区人民法院（2005）海民初字第 8065 号民事判决书；

二、驳回刘金迷对北京菲瑞佳商贸有限公司都市丽缘美容院和家庭百科报社的起诉。

3. 上海法博投资咨询有限公司与东莞市蓝海网苑网络有限公司侵犯信息网络传播权纠纷案

审理法院：广东省高级人民法院

案号：（2009）粤高法民三终字第 250 号二审民事判决书

当事人：

上诉人（原审被告）：东莞市蓝海网苑网络有限公司（以下简称"蓝海公司"）

被上诉人（原审原告）：上海法博投资咨询有限公司（以下简称"法博公司"）

裁判要点：

一审判决后，上诉人蓝海公司不服一审判决提起上诉，并称：被上诉人在 2008 年 6 月发现蓝海公司侵权后，并未对蓝海公司的行为提出任何抗议、警告、勒令删除，实际上是默认和许可了蓝海公司的行为。

二审法院认为，法博公司提供的（2008）东证内字第 7294 号《公证书》证明，东莞市公证处于 2008 年 7 月 25 日在蓝海网吧任选的计算机内，打开"蓝海影院"，搜索观看到《终极一班》影片并对整个过程予以录像和公证，充分证明蓝海公司未经涉案作品著作权人同意，向其经营的网吧的上网用户传播涉案作品《终极一班》，侵犯了法博公司的网络信息传播权……至于蓝海公司宣称法博公司在诉讼前并未对其提出过侵权警告，实质上是默认其传播行为一节，因蓝海公司是在未经合法权利人法博公司许可的情况下，通过内部信息网络直接向其网吧用户传播涉案作品《终极一班》，对于此类直接故意侵权行为，法律并未规定著作权人在诉讼前有必须提出警告的义务，蓝海公司认为法博公司不警告即默认许可其被控侵权行为的上诉理由没有法律依据，本院不予支持。

判决结果：驳回上诉，维持原判。

4. 北京北大方正电子有限公司与广州宝洁有限公司、北京家乐福商业有限公司侵犯著作权纠纷案

审理法院：北京市第一中级人民法院

案号：（2011）一中民终字第 5969 号二审民事判决书

当事人：

上诉人（原审原告）：北京北大方正电子有限公司（以下简称"方正公司"）

被上诉人（原审被告）：广州宝洁有限公司（以下简称"宝洁公司"）、背景家乐福商业有限公司（以下简称"家乐福公司"）

裁判要点：

1998 年 9 月，方正公司与字体设计师齐立签订协议，约定方正公司独家取得齐立创作的倩体字稿的著作权。后依据齐立的设计风格，经过大量的创造性劳动，完成了倩体字体的数字化和字库化转换，命名为方正倩体系列字库字体。该字体具有幽雅、柔美和华丽的特点，如少女亭亭玉立的倩影，故命名为倩体。2000 年 8 月 31 日，该字库字体首次发表，后申请了著作权登记。

2008 年 4 月 22 日，方正公司以演绎作品著作权人的身份针对方正倩体系列（粗倩、中倩、细倩）在中国版权保护中心申请著作权登记，登记作品为美术作品，该登记证上记载的完成时间为 2000 年 7 月 7 日，首次发表时间为 2000 年 8 月 31 日。2000 年 8 月，方正公司开始制作销售兰亭字库软件光盘，其中收录了包含粗中细三种倩体的 123 款中文字体，销售价格为 168 元。字库光盘包装注明字库可运行于多种系统，并满足用户办公、排版、视频字幕、雕刻、网页设计、平面设计等处理软件对中文字库的要求。

NICE 公司是宝洁公司委托的设计公司之一，飘柔系列等被控侵权产品的包装由该公司设计。设计公司在传真的文件中明确表示使用了方正兰亭字库的正版软件，其中的许可协议注明未经方正公司许可，软件产品的全部或部分不得仿制、再发布等，这里所称再发布，应指软件的再发布，而非针对最终用户的使用。

方正公司认为，宝洁公司的行为侵犯了其公司倩体字库和单字的美术作品著作权，具体涉及署名权、复制权、发行权和展览权，其在主观上存在过错。家乐福公司销售使用侵权字体的产品，亦应承担侵权责任。据此，请求判令宝

洁公司停止使用并销毁所有带有倩体"飘柔"二字的包装、标识、商标和广告宣传产品，赔偿经济损失 50 万元，承担诉讼合理支出 119082 元（包括鉴定费 3 万元、律师费 8 万元、公证费 2000 元、产品购买费用 1982 元、翻译费5100 元）；家乐福公司停止销售上述侵权产品；二被告公开致歉、消除影响。

原审法院认为，首先，方正公司对倩体字库字体内容享有著作权。但是，无论达到何种审美意义的高度，字库字体始终带有工业产品的属性，是执行既定设计规则的结果，受到保护的应当是其整体性的独特风格和数字化表现形式。如果认定字库中的每一个单字构成美术作品，使用的单字与某个稍有特点的字库中的单字相近，就可能因为实质性相似构成侵权，必然影响汉字作为语言符号的功能性，不符合著作权法保护作品独创性的初衷。因此，方正倩体字库字体具有一定的独创性，符合我国著作权法规定的美术作品的要求，可以进行整体性保护；但对于字库中的单字，不能作为美术作品给予权利保护。

二审法院认为，两被上诉人的行为是经过上诉人许可的行为，不构成侵权。因为当知识产权载体的购买者有权以合理期待的方式行使该载体上承载的知识产权时，上述使用行为应视为经过权利人的默示许可。如果购买者基于购买行为而对该知识产权客体的特定的权利行使方式产生合理期待，如不实施这一合理期待的行为，将会导致这一购买行为对于购买者不具有任何价值或不具有实质价值，则此种情况下，对该载体的购买行为即可视为购买者同时取得了以合理期待的方式行使该知识产权的默示许可，购买者不需在购买行为之外另行获得许可。具体到汉字字库产品这类知识产权载体，基于其具有的本质使用功能，二审法院合理认定调用其中具体单字在电脑屏幕中显示的行为属于购买者合理期待的使用行为，应视为经过权利人的默示许可。在产品权利人无明确、合理且有效限制的情况下，购买者对屏幕上显示的具体单字进行后续使用的行为属于购买者合理期待的使用行为，应视为经过权利人的默示许可。

因此，NICE 公司有权将其利用涉案倩体字库产品中的具体单字"飘柔"设计的成果提供给被上诉人宝洁公司进行后续复制、发行，NICE 公司的该行为属于其对涉案倩体字库产品合理期待的使用行为，应视为已获得上诉人许可的行为。

判决结果：驳回上诉，维持原判。

5. 陈文福与商标评审委员会等商标争议行政纠纷案

审理法院：北京市高级人民法院

案号：（2011）高行终字第 350 号二审行政判决书

当事人：

上诉人（原审原告）：陈文福

被上诉人（原审被告）：国家工商行政管理总局商标评审委员会（以下简称"商标评审委员会"）

原审第三人：重庆诗仙太白酒业（集团）有限公司（以下简称"诗仙太白公司"）

裁判要点：

针对诗仙太白公司拥有的第 1792537 号"诗仙太白"商标（以下简称"争议商标"），陈文福向商标评审委员会提出撤销申请。商标评审委员会于 2010 年 3 月 22 日作出商评字（2010）第 6194 号《关于第 1792537 号"诗仙太白"商标争议裁定书》（以下简称"第 6194 号裁定"），列明"被申请人：重庆诗仙太白酒业（集团）有限公司（原被申请人：重庆市太白酒厂）"，认定：根据查明的事实，争议商标文字"诗仙太白"系陈文福所写，诗仙太白公司对此亦未予以否认。陈文福为其所在单位申请商标注册事宜而创作书法作品并非其本职工作，因此陈文福的创作行为可视为受万县太白酒厂委托而进行，在双方没有明确约定的情况下，作品的著作权应属于受托人，即陈文福。但如双方当事人所述，陈文福在书写"诗仙太白"时明知其用途是为万县太白酒厂申请商标注册，其并未明确提出反对意见，且书写了多份供万县太白酒厂挑选，由此可视为争议商标的注册得到了陈文福经约定的默示许可。因此，并无充分理由可以认定争议商标的注册属于未经著作权人的许可，将他人享有著作权的作品申请注册商标的行为，陈文福认为争议商标的注册损害了其著作权的理由不予支持。综上，依据《商标法》第 41 条第 2 款和第 43 条的规定，商标评审委员会裁定争议商标予以维持。

一审法院北京市第一中级人民法院判决如下：维持第 6194 号裁定。

二审法院认为，根据陈文福在商标评审阶段提交的材料，1985 年万县太白酒厂为申请注册"诗仙太白"商标，安排厂里的相关人员找到时任厂工会宣传干事的陈文福，陈文福为此书写完成数幅"诗仙太白"书法作品。由此可见陈文福与万县太白酒厂在事实上存在委托创作涉案书法作品的合同关系，委托创作的目的在于申请注册"诗仙太白"商标。根据相关法律和司法解释，委托作品著作权属于受托人的情形，委托人在约定的使用范围内享有使用作品的权利，双方没有约定使用作品的范围的，委托人可以在委托创作的特定目的范围内免费使用该作品。虽然陈文福与万县太白酒厂未就涉案书法作品的使用范围作出明确约定，但是在案证据表明涉案书法作品的创作目的在于申请注册商标，且陈文福在创作时知晓上述目的，因此万县太白酒厂可以在前述目的范围内使用涉案书法作品。

二审法院判决：驳回上诉，维持原判。

6. 磊若软件公司与重庆华美整形美容医院有限公司著作权侵权纠纷案

审理法院：重庆市第五中级人民法院

案号：（2013）渝五中法民终字第 01886 号二审民事判决书

当事人：

上诉人（原审原告）：磊若软件公司（以下简称"磊若公司"）

被上诉人（原审被告）：重庆华美整形美容医院有限公司（以下简称"华美整形医院"）

裁判要点：

上诉人系注册在美国的一家专业软件公司，是 Serv－UFTP 服务器软件全部版本的著作权人。通过计算机登录美国版权局网页，在搜索栏输入"Serv－U"并搜索，搜索到"Serv－U Computer Software Version 6"（即 Serv－U 计算机软件第 6 版），点击查看详情，显示该软件的版权申请人为"RhinoSoftware, Inc."。软件的创作时间为 2004 年，出版时间为 2004 年 12 月 7 日。

2012 年 9 月 12 日，磊若公司的委托代理人夏杰在重庆市公证处计算机上进行了以下操作：登录"中国互联网络信息中心"网站，在"技术支持"栏目中选择"可信网站"，并输入"www. cqhuamei. com. cn"查询，查得"可信网站权威数据库档案信息"显示：申请单位名称为重庆华美整形美容医院有限公司，网站名称为重庆华美整形美容医院，域名为"cqhuamei. com. cn"。在"开始"程序中点击"运行"，在"打开"栏内输入"telnetwww. cqhuamei. com. cn21"后点"确定"，计算机弹出 DOS 命令对话框，显示为"220 Serv－UFTPServerv 6. 4 for Winsockready…"。

庭审中，华美整形医院申请当庭演示。安装并配置完成后，打开软件，查看许可证信息，显示为："这是一个全功能测试版本，你还剩下 30 天企业版试用期。"通过调整系统时间到当前时间，并重新启动电脑，打开软件的许可证信息显示为："测试期已过，该软件转成个人版。"这时通过 telnet 命令可以得到公证书上显示的结果，即"220 Serv－uftpserverv 6. 4 for Winsockready……"如果不点自动运行复选框，telnet 命令无法连接。双方当事人均认可以上操作，磊若公司当庭认可华美整形医院服务器上的涉案软件为 v6. 4 版的试用版。磊若公司在其官方网站向公众免费提供30天Serv－U软件的全功能试用版。

磊若公司请求判令华美整形医院：1．立即停止侵犯其软件著作权的侵权行为，删除未经过许可复制涉案软件；2．在其侵权网站首页显著位置公开赔礼道歉；3．赔偿经济损失50万元及为制止侵权行为支付的合理费用3.1万元（律师费3万元、公证费1000元）。

一审法院认为，根据已查明事实，华美整形医院服务器上的涉案软件Serv－U 6.4版为试用版，且磊若公司官方网站免费向公众提供30天的全功能试用版。因此，华美整形医院服务器上的涉案软件有合法来源，华美整形医院在30天试用期内享有对涉案软件的使用权。

至于华美整形医院在超过30天试用期后仍在其服务器上运行涉案软件是否构成侵权，一审法院认为，磊若公司作为涉案软件的研发者和权利人有能力控制涉案软件超过试用期后能否继续运行。但是，磊若公司并未采取有效措施控制涉案软件的运行。在一审庭审演示中，涉案软件过期后，其许可证信息显示为："测试期已过，该软件转成个人版。"该许可证信息显示的内容表明磊若公司对超过试用期的软件采取的措施只是让其转变为"个人版"，并未停止该软件的正常功能，即该软件过期后仍可以运行。磊若公司采取的该措施事实上是默许公众超过试用期后可以继续"运行"其"个人版"软件，即磊若公司默许华美整形医院在超过试用期后仍可以继续运行涉案软件。因此，华美整形医院在超过试用期后仍在其服务器上运行涉案软件不构成侵权。

二审法院认为，涉案软件《许可协议》中载明，一旦使用Serv－U，即表明接受其许可协议和保证条款。《许可协议》的评估与注册条款约定，用户可以免费评估试用涉案Serv－U软件30天，Serv－U个人版可以在不注册的情况下无限期使用。《许可协议》的分发传播条款还约定，授予用户复制和分发涉案程序的权限，可以将原始试用版的额外复制件分发给任何人，也能够通过电子方式以未作任何修改的形式分发涉案软件的试用版及其文档，上述一切不能收取任何费用。以上约定表明，磊若公司已经明确表示允许任何非特定用户在不注册的情况下无限期地使用Serv－U软件的个人版，并且许可非特定用户以非营利的方式复制和分发涉案软件和程序。因此，根据《许可协议》的分发传播条款，华美整形医院可以从第三方处取得涉案Serv－U6.4版软件。根据《许可协议》的评估注册条款，华美整形医院可以免费评估试用涉案Serv－U软件30天，并在不注册的情况下无限期地使用其Serv－U6.4版个人版，且《许可协议》中并没有磊若公司所称的个人版是面向个人用户，为学习性质使用的约定或提示。因此，磊若公司关于华美整形医院未获得著作权人的许可复制并运行涉案软件，涉案软件来源于第三方网站，且第三方网站没有上诉人授权许可证明文件的上诉理由不能成立，不予支持。

判决结果：驳回上诉，维持原判。

7. 博仕华（北京）教育科技有限公司与北京达润世纪国际教育科技股份有限公司计算机软件著作权许可使用合同纠纷案

审理法院：北京市海淀区人民法院

案号：（2013）海民初字第 16364 号民事判决书

当事人：

原告（反诉被告）：博仕华（北京）教育科技有限公司（以下简称"博仕华公司"）

被告（反诉原告）：北京达润世纪国际教育科技股份有限公司（以下简称"达润世纪公司"）

裁判要点：

博仕华公司与达润世纪公司于 2011 年 9 月 6 日签订"思维阅读"多媒体课件合作协议书（以下简称"合作协议"）。协议约定，博仕华公司授权许可达润世纪公司在中国大陆范围内使用"思维阅读"多媒体课件，包括对"思维阅读"多媒体课件进行汉化和本地化工作，并进行市场推广和销售，达润世纪公司承担所有相关费用。博仕华公司主张达润世纪公司无视合同约定，多方面严重违约，包括达润世纪公司擅自改变协议约定的销售价格、擅自扩大使用范围，出版书面教材并盈利销售。博仕华公司认为，达润世纪公司已构成根本违约，遂提起起诉。

法院认为，关于达润世纪公司是否扩大"思维阅读"多媒体课件的使用范围一节，合作协议约定达润世纪公司在进行与"思维阅读"多媒体课件相关的在线教学、印刷物等开发前应当事先取得博仕华公司许可，结合博仕华公司提交的《关于请博仕华公司提供相关文件的函》，可以确认达润世纪公司已书面告知博仕华公司需向客户提供教学配套相关教材、字卡、指导书等，且不再额外收费，博仕华公司对此并未提出异议，现有证据亦不能证明博仕华公司就此已向达润世纪公司作出催告，可以视为博仕华公司已予以默示许可。

8. 屠立毅与广州市动景计算机科技有限公司、北京微梦创科网络技术有限公司著作权权属、侵权纠纷案

审理法院：北京市海淀区人民法院

案号：（2015）海民（知）初字第 15830 号民事判决书

当事人：

原告：屠立毅

被告：广州市动景计算机科技有限公司（以下简称"动景公司"）

被告：北京微梦创科网络技术有限公司

裁判要点：

原告屠立毅发现动景公司未经许可使用其 1 幅作品（以下简称"涉案漫画"，此前在其名为"贝贝龙－朱幸福"的微博上发表）制作商业微博，并在新浪微博"UC 浏览器"官方微博大肆传播，未为署名，并进行了修改，遂诉动景公司等侵犯了其享有的署名权、修改权、信息网络传播权和获得报酬权等。

被告动景公司答辩称：即使屠立毅是涉案漫画著作权人，涉案漫画在新浪微博中被他人大量使用，且标注了不同的署名，我公司在使用涉案漫画时标注了"图片来自网络"，也表明了并无侵害屠立毅署名权的故意。新浪微博是一个分享传播网站，具有免费传播的特性，用户在使用新浪微博发布信息或图片时，其目的就是为了让发布的信息或图片得到更广泛的传播，由此可以认定他人的传播行为是得到了该用户默认许可的，根据新浪微博免费传播的特性，可以认为屠立毅在默认许可他人传播的同时也是不要求传播者向其支付报酬的，由此，我公司并未侵犯屠立毅的署名权、修改权、信息网络传播权和获得报酬权。

法院认为，关于动景公司主张其微博中使用的漫画已标注来自网络，且涉案漫画被广泛传播因此不构成侵权的意见，动景公司并未提交其使用涉案漫画取得合法授权的证据，即使涉案微博中标注了"作品来自网络"字样，也不能构成动景公司微博中所用漫画不侵权的抗辩事由。

9. 刘珍珍与高宝化妆品（中国）有限公司、浙江淘宝网络有限公司著作权侵权纠纷案

审理法院：杭州市余杭区人民法院

案号：（2015）杭余知初字第 227 号民事判决书

当事人：

原告：刘珍珍

被告：高宝化妆品（中国）有限公司（以下简称"高宝公司"）

被告：浙江淘宝网络有限公司（以下简称"淘宝网"）

裁判要点：

原告刘珍珍起诉称，高宝公司未经许可使用了刘珍珍创作的作品制作成商

品广告链接，标注"买一送一泡沫洁面白皙嫩滑"等广告语，在淘宝网进行发布传播，点击侵权广告即进入高宝公司的店铺和商品宣传网页，该网页再次出现大幅的广告页面。高宝公司侵权使用刘珍珍作品未署名、未支付费用，并对作品进行歪曲使用，严重侵犯了刘珍珍依法享有的署名权、保护作品完整权、复制权、发行权、信息网络传播权、获得报酬权等多项权益。

被告高宝公司提交书面答辩状称：假若认定侵权成立，刘珍珍诉称的巨额赔偿也缺乏事实和法律依据。首先，刘珍珍的作品发表于新浪微博，众所周知微博是一个追求传播效应、供公众交流共享信息的平台，其鼓励用户及时转发以促进信息广泛的传播。微博的公共和共享属性决定了信息发布存在侵权的可能性，但其特有属性也同样决定了信息内容提供者对其著作权中信息网络传播权和复制权的默认许可使用，甚至放弃。

法院认为，刘珍珍系涉案人物头像画的作者，依法享有著作权。高宝公司使用淘宝直通车软件服务在淘宝网页及其淘宝店铺"曼诗贝丹旗舰店"展示的相关商品交易快照上使用了被控侵权图案，该图案使用的人物头像与刘珍珍涉案作品相比较，除截去头像右侧部分头发及刘珍珍作品中的署名水印，添加人物手中所持物品外，其余部分内容与刘珍珍涉案作品内容相一致，构成实质性相似。高宝公司未提供证据证明其使用涉案作品经过了刘珍珍的许可，因此，高宝公司的上述行为侵犯了刘珍珍对涉案作品所享有的信息网络传播权。高宝公司未经刘珍珍许可对涉案作品作部分修改，侵犯了刘珍珍对涉案作品所享有的保护作品完整权。高宝公司将其使用的刘珍珍的涉案作品擅自去除署名水印，侵犯了刘珍珍对涉案作品所享有的署名权。

10. 重庆青年报社与光明网传媒有限公司著作权权属、侵权纠纷案

审理法院：北京市东城区人民法院

案号：（2015）东民（知）初字第 02575 号民事判决书

当事人：

原告：重庆青年报社

被告：光明网传媒有限公司（以下简称"光明网公司"）

裁判要点：

原告重庆青年报社诉称：原告是《重庆青年报》（国内统一刊号：CN50 - 0010）的出版单位，亦是《市委书记空缺 55 天》（以下简称"涉案文章"）一文的著作权人。被告未经许可，在其经营的光明网（域名为 gmw. cn）不同栏目内两次使用涉案文章，并将其标题更改为《市委书记空缺 55 天　平度土地

"造城财政"停滞》（共计 3919 字）。被告的上述行为侵犯了原告对涉案文字作品享有的修改权、信息网络传播权以及获酬权。

被告光明网公司辩称，被告转载涉案文章符合新闻行业惯例，不具有主观过错。党媒与地方媒体间一直以来具有稿件默示许可相互转载、以促进地方间新闻传播的行业惯例，被告转载涉案文章完全符合该惯例，属于正常使用行为。事实上，原告在其所办的重青网上也在按该惯例使用光明网、光明日报的稿件，我方采取了默示许可，并未采取任何禁止措施。此外，鉴于互联网信息载荷量巨大，被告网站首页明确附有"如本网所刊载稿件涉及版权问题，请版权人来电、来函与本网联系"的版权声明及联系方式，被告在接到原告的公函后已删除涉案文章，尽到了网站管理者的合理义务，不构成侵权。

法院认为，被告未经许可，在其所有并经营管理的光明网（域名为 gmw.cn）中两次使用了涉案文章，且对体现该文章中心思想的标题进行了修改，未向原告支付报酬，侵犯了原告依法享有的修改权、信息网络传播权及获得报酬权，应承担停止侵权、赔偿损失的法律责任。被告关于其使用行为不构成侵权的辩称，于法无据，本院不予采纳。

（三）商标案例

1. 贵州巨工电器有限责任公司与贵阳东巨电器厂商标使用权纠纷案

审理法院：贵州省贵阳市中级人民法院

案号：（2007）筑民三初字第 55 号民事判决书

当事人：

原告：贵州巨工电器有限责任公司（以下简称"巨工公司"）

被告：贵阳东巨电器厂（以下简称"东巨电器厂"）

裁判要点：

原告巨工公司拥有注册商标"JOGL"的商标专用权，核定使用范围为第九类，有效限期是 2005 年 2 月 7 日至 2015 年 2 月 6 日。2004 年 7 月 12 日，原告巨工公司与贵阳市东山农工商联合公司订立了协作联营合同书，双方约定共同成立东巨电器厂，巨工公司提供技术，负责原材料、零部件的选购及产品销售，贵阳市东山农工商联合公司负责提供资金及厂房水电等基础设施。合同订立后，东山村委会成立了东巨电器厂，性质为集体企业，出资人为东山村委会。贵阳市东山农工商联合公司亦为东山村委会组建的公司。东巨电器厂成立后生产了原告巨工公司拥有专利权的产品，并在网络上对其生产的"JOGL"

牌（系巨工公司的商标）专利产品进行宣传（网址为 http：//www. ya-
hoosme. com/gzdjdq），征召各地区销售代理商。

原告认为，被告东巨电器厂未经原告许可，在网上发布销售信息，并在相
关产品上标注原告的注册商标，广为宣传并征召加盟商，被告的行为侵犯了原
告的商标专用权，应依法承担相应的侵权责任。故原告诉请判令被告立即停止
侵权行为，赔偿原告经济损失 30 万元，并负担本案诉讼费用。

法院认为，虽然根据协作联营合同的约定由巨工公司及贵阳市东山农工商
联合公司共同成立东巨电器厂，但在实际设立过程中，巨工公司并没有参与，
实际上东巨电器厂由东山村委会独家成立，其以实际行为承担了联营协议中贵
阳市东山农工商联合公司的权利义务。根据联营协议的约定，东巨电器厂生产
了原告巨工公司拥有专利权的产品，并在产品上使用了"JOGL"商标，巨工
公司知晓此情况，并没有提出反对意见，故应当认定巨工公司默示同意东巨电
器厂在专利产品上标注其注册商标。

至于宣传行为，巨工公司提供的委托销售协议书上虽盖有巨工公司的印
章，但此证据不能证明其广告宣传行为获得了巨工公司的许可。本院认为
《中华人民共和国商标法》《中华人民共和国商标法实施条例》及商标法的相
关司法解释均没有规定仅有宣传而没有实际销售的行为构成商标侵权行为。从
商标制度的宗旨分析，商标的功能在于标识商品或服务，区分不同的生产经营
者或服务提供者，本案中东巨电器厂宣传的产品就是其与巨工公司合作生产的
产品，东巨电器厂主观上没有混淆不同产品、造成消费者误认的故意，客观上
也没有产生消费者误认的实际后果，故本院认为东巨电器厂的宣传行为不构成
侵权行为。

判决结果：驳回原告巨工公司的诉讼请求。

2. 上海能控自动化科技有限公司与徐瑞新商标侵权纠纷案

审理法院：上海市高级人民法院

案号：（2007）沪高民三（知）终字第 4 号二审民事判决书

当事人：

上诉人（原审被告、反诉原告）：上海能控自动化科技有限公司：贵州巨
工电器有限责任公司（以下简称"能控公司"）

被上诉人（原审原告、反诉被告）：徐瑞新

裁判要点：

2002 年 8 月 29 日，徐瑞新向国家商标局申请注册"AEC"商标。国家商

标局于 2004 年 4 月 7 日核准注册，注册号为 3289797，核定使用商品为第 9 类。2003 年 5 月 20 日，沈学东、徐瑞新等四人签订组建公司协议书。同年 7 月 23 日，能控公司注册成立，公司注册资本为人民币 200 万元。沈学东、徐瑞新等四人为公司股东，徐瑞新出资人民币 28 万元，占注册资本的 14%。公司成立后，沈学东担任执行董事，徐瑞新任总经理之职。能控公司自成立之日起在销售的产品、印刷的用户手册、设计手册、安装指南、报价传真纸及公司网站上使用"AEC"商标。2006 年 3 月 9 日，能控公司股东会决议免去徐瑞新总经理职务。同月 13 日，徐瑞新委托北京市卓代律师事务所向能控公司发出律师函，该函主要内容为："AEC"商标系徐瑞新所有，自即日起能控公司未经其许可不得在任何产品上使用该注册商标。

原审原告认为，能控公司在收到律师函后继续使用"AEC"商标并非为履行合同，其使用行为侵犯其注册商标专用权。故原告诉请能控公司停止侵犯其注册商标专用权、赔偿其经济损失人民币 50 万元并赔礼道歉、消除影响。

上诉人能控公司认为，被上诉人系接受上诉人的委托注册系争商标，本案双方当事人并非平等主体，不能达成商标默示许可合同，本案不存在被上诉人默示许可上诉人使用商标的情况，故请求撤销原审判决。

原审法院认为，徐瑞新作为"AEC"商标注册证记载的注册人，依法享有该注册商标的专用权。徐瑞新作为能控公司的股东，在公司成立后就一直默许能控公司使用"AEC"商标，而能控公司正是基于这种默许而在经营活动中使用"AEC"商标，并对外签订合同的。因此，能控公司基于徐瑞新的许可在合同约定的期限内为履行该十二份合同而使用"AEC"商标的行为不构成侵权。

二审法院认为，根据系争商标的注册申请受理通知书及注册证，被上诉人徐瑞新是系争"AEC"商标的合法注册人，其享有的商标专用权应依法受到保护。但被上诉人在上诉人公司任职期间，对于上诉人使用系争商标的相关行为从未提出异议，故应视为其对上诉人的上述商标使用行为的默示许可，因此上诉人在履行被上诉人在其公司任职期间签署的有关合同的过程中使用系争商标的行为，并未侵犯被上诉人系争商标专用权。

判决结果：驳回上诉，维持原判。

3. 北京奥婷环燕美容化妆品有限公司与北京盈魅怡人美容化妆品有限公司侵犯商标权纠纷案

审理法院：北京市海淀区人民法院

案号：（2007）海民初字第 25703 号民事判决书

当事人：

原告：北京奥婷环燕美容化妆品有限公司（以下简称"奥婷公司"）

被告：北京盈魅怡人美容化妆品有限公司（以下简称"盈魅公司"）

裁判要点：

原告奥婷公司诉称，2006年1月11日原告与被告双方的《连锁加盟合同》期满后，被告盈魅公司在未经原告许可的情况下继续使用"奥婷"注册商标，并继续以奥婷美容美体连锁机构的名义对外营业，原告认为被告侵犯商标权，诉至法院，请求判令被告赔偿原告经济损失216万元。

被告盈魅公司辩称，双方合同并未约定续约需要重新签署书面协议以及缴纳续约费用。签订合同后，原告一直不能履行合同约定，且按照加盟时原告对被告的承诺以及原告其他加盟店的一贯做法，如加盟店已交纳了前两年的加盟费，从续约的第三年开始，不再交纳续约费，但仍需从原告处订购产品。虽然双方的加盟合同期限已到，但原告并未向被告提出任何关于奥婷品牌使用上的限制，相反在合同到期后，还主动邀请被告参加客户答谢活动，一直给被告供货，应属默认许可被告可以继续使用奥婷的牌子，双方仍为事实上的加盟关系。基于加盟使用原告的商标系合理使用，不是商标侵权。被告大力推广原告品牌，提升原告品牌知名度，有益于原告而没有给原告造成任何损害。原告的巨额损失赔偿要求没有依据，请求法院驳回原告的全部诉讼请求。

法院认为，双方合同有效期自2004年1月10日起至2006年1月11日止。协议在协议期满乙方未按协议规定提出续约等条件下自行终止。盈魅公司在2006年1月11日合同期满前在经营中使用"奥婷美容美体中心"和"奥婷"注册商标的行为是合法的，但2006年1月11日《连锁加盟合同》期满后，盈魅公司与奥婷公司未再续约，此后盈魅公司无权再使用"奥婷"注册商标，否则会使相关消费者产生混淆，以为盈魅公司仍是奥婷公司的加盟连锁店，其行为具有侵权故意，构成商标侵权。

被告盈魅公司辩称，加盟时奥婷公司曾对其作出过如加盟店已交纳前两年加盟费，从第三年开始不再交纳续约费，但仍需从奥婷公司处订购产品的承诺，其他加盟店也没有再交加盟费，但并未向本院提交相应的证据对此加以证明，本院对此不予支持。被告盈魅公司还辩称，2006年1月22日奥婷公司邀请其员工参与联谊会，并在之后仍向其供货，可见奥婷公司默认盈魅公司可继续使用"奥婷"商标进行经营，不构成商标侵权，但本院认为，双方的连锁加盟合同约定了合同的有效期，并明确约定在协议期满盈魅公司未按协议规定提出续约等条件下协议自行终止。从奥婷公司邀请盈魅公司参与联谊会并在 2006 年 9 月前曾陆续供货的行为中并不能得出奥婷公司同意盈魅公司继续使用"奥婷"商标、以"奥婷美容美体中心"名义对外经营的结论，且 2006 年 9 月之后奥婷公司也未再给盈魅公司供货，而盈魅公司直至 2007 年 9 月仍在使用"奥婷"商标进行经营。故对盈魅公司有关奥婷公司默示许可其使用"奥婷"商标不构成侵权的辩称，本院不予支持。

判决结果：被告盈魅公司赔偿原告奥婷公司经济损失 5 万元。

4. 浙江伦特机电有限公司与乐清市伦特电子仪表有限公司侵犯商标专用权纠纷、商标专用权权属纠纷案

审理法院：温州市中级人民法院

案号：（2010）浙温知终字第 3 号二审民事判决书

当事人：

上诉人（原审原告）：浙江伦特机电有限公司（以下简称"浙江伦特"）

上诉人（原审被告）乐清市伦特电子仪表有限公司（以下简称"乐清伦特"）

裁判要点：

原审法院认定：1984 年间，吴加伦、吴加特及其父亲吴树法创办了乐清县新星电子仪表厂。1994 年，该厂申请注册了"特星＋TX＋图形"组合商标，注册号第 685591 号，核定使用商品第 9 类热电阻、热电偶。同年，乐清县新星电子仪表厂经乐清市工商行政管理局核准变更为乐清伦特，法定代表人吴加伦。至 2001 年 3 月，乐清伦特变更后的工商登记股东为吴树法，出资 80 万元，占 16％；吴加特，出资 170 万元，占 34％；吴加伦，出资 170 万元，占 34％；王阿眉（吴加特妻），出资 40 万元，占 8％；张雪香（吴加伦妻），出资 40 万元，占 8％，并扩大经营范围，法定代表人为吴加特。2002 年 9 月份开始，吴树法、吴加特、吴加伦酝酿分开独立经营，并依当地民间习惯，由吴加特、吴加伦的舅舅倪可成、倪建国参与讨论分立方案，由吴树法执笔书写《分书》并打印，吴加特、吴加伦同意后最终于 2003 年 2 月 20 日在《分书》上签字。倪可成作为见证人、吴树法作为《分书》主持人也在《分书》上签字。

《分书》主要内容为：乐清伦特创办于 1984 年，由吴加伦发起征得其兄吴加特及父母同意，共同办厂，形成家办企业……现因其父年迈，该应退休，安度晚年，故将所创产业一分为二，各自经营，现通过协商，制订分厂条例；

厂房，老厂房（乐清伦特厂房）归吴加特，吴加特偿还吴加伦建造新厂房费250万元；乐清伦特牌号分给吴加特，吴加特付给吴加伦另立新厂牌号25万元；自2003年元月起（协议推迟到2月20日签署），二厂在经济上单独核算，在老厂内独立生产；新厂建成后，分开生产；模具公用，修理费分担；技术档案复印、文秘档案留在老厂，新厂可借用；专利，所有已申请专利两厂共用；上海伦特电子仪表有限公司牌号归吴加伦。此外，《分书》还对设备、材料、上海伦特电子仪表有限公司的厂房等事物的分割作出了详细约定。《分书》体现了财产平均分配、不宜分割则共用的原则。《分书》中未提及商标。

2002年12月17日，吴加伦作为主投资人（其他投资人也是家庭成员）经工商注册成立了《分书》中所指的正在审批筹建中的新厂浙江伦特，法定代表人吴加伦。《分书》签署后吴加特和吴加伦按《分书》分割的财产和共用一些生产、技术资料，各自在乐清伦特厂房内组织生产。以吴加伦为法人代表的浙江伦特在产品中使用第685591号注册商标，吴加特和乐清伦特均没有异议。

2003年12月8日，国家工商总局商标局核准第685591号商标变更注册人名义，变更后注册人名义为乐清伦特（原注册人名义为乐清县新星电子仪表厂）。2009年，乐清伦特对浙江伦特使用第685591号商标提出异议。为此，浙江伦特诉至原审法院，请求判令确认商标注册证第685591号"特星＋TX＋图形"注册商标属浙江伦特与乐清伦特共有共用。

原审法院认为：浙江伦特是否同乐清伦特一样有商标注册人的专用权，关键是浙江伦特与乐清伦特之间关系的性质，浙江伦特是否从乐清伦特分立而成立，就成为其是否享有该商标专用权的前提。浙江伦特所称的分立、《分书》上所写的分厂只是民间的一种习惯说法、做法，是一种不规范的操作。浙江伦特的一些资产虽是根据《分书》从乐清伦特分得，但不能认定浙江伦特是在公司法意义上从乐清伦特中分立而设，其不能依法享有乐清伦特包括注册商标专用权在内的权利。故浙江伦特诉称对诉争商标的共有，理由不足，不予支持。

浙江伦特诉称其对诉争商标的共用，即也有诉争商标的使用权问题。虽然《分书》对商标使用问题未明确提及，但《分书》中体现的财产平分、不宜分割则共用的原则，档案共用（各自业务除外），及《分书》中约定模具共用、修理费共担，由于模具上刻有商标模，压出来的配件、产品就有商标，说明浙江伦特是按习惯在使用诉争商标。同时浙江伦特已实际使用诉争商标相当长时间，乐清伦特也是明知而没有异议。因此可以认定乐清伦特默许浙江伦特有使用该诉争商标的权利，其使用性质属于许可使用范围，作为许可人的乐清伦特有监督的权利。

由于浙江伦特、乐清伦特的法定代表人在分厂的时候，浙江伦特尚没有商标，现已注册了商标，浙江伦特也已没有继续使用的必需。乐清伦特对浙江伦特使用商标现已提出异议，不同意浙江伦特使用诉争商标，故浙江伦特今后不宜继续使用诉争商标。

原审法院于 2010 年 5 月 31 日判决：1. 浙江伦特对乐清伦特第 685591 号文字加图形注册商标有使用权，使用期限至本判决生效之日止。2. 驳回浙江伦特要求确认对乐清伦特第 685591 号文字加图形注册商标共有等其他诉讼请求。

二审法院认为，《分书》总则第 1 条阐明"将上海伦特电子仪表有限公司和乐清伦特产业平均搭配，一分为二"，从这一点来看，存在着"合同遗漏而未列明者一律平分"的合同补充方法。而《分书》第 1 条之 3 约定"乐清伦特牌号归吴加特"、第 8 条之 1 约定"'上海伦特电子仪表有限公司'牌号归吴加伦所有，'乐清市伦特电子仪表有限公司'牌号归吴加特所有"，纵观《分书》全文可以发现吴加伦、吴加特对传真机、复印机等价值相对较小的财产都进行了分割搭配，故《分书》还存在着"合同遗漏而未列明者谁占有或登记在谁名下归谁所有，除非其后果明显不公平"的合同补充方法。以上两种合同补充方法都不能说必定符合双方的真实意思，二者之间相比较而言任何一个都没有天然的优先适用理由，本院将通过对二者适用的后果进行利益衡量这一方法来作出选择。若采取前一合同补充方法，因注册商标专用权不可分割，则乐清伦特只能与浙江伦特共同享有"特星＋TX＋图形"注册商标专用权；如果采取后一合同补充方法，则由于《分书》约定了"模具公用"，而部分模具上刻有"特星＋TX＋图形"商标，该部分模具公用必然导致商标共同使用之后果，也就是说浙江伦特存在使用"特星＋TX＋图形"商标的可能性。另外，考虑到浙江伦特没有为 2004 年 4 月办理"特星＋TX＋图形"注册商标续展手续支付费用之事实，本院认为采纳后一合同补充方法更能兼顾双方之间的利益。在合同补充方法依双方利益平衡之原则予以确定的情况下，本院认为原审法院以《分书》上"（刻有'特星＋TX＋图形'注册商标的）模具公用"之积极约定与乐清伦特明知浙江伦特在使用刻有"特星＋TX＋图形"注册商标的模具而长期没有予以制止之消极行为为基础，得出乐清伦特默示许可浙江伦特使用其"特星＋TX＋图形"注册商标的结论也并无不妥。《中华人民共和国合同法》规定合同可以书面形式、口头形式和其他形式订立，当然包括得以默示方式订立。商标法属于民法的特别法，而我国与商标相关的法律、行政法规并未规定商标许可使用合同非采用书面形式不生效力，故乐清伦特提出的我国商标法不允许注册商标使用权"默示许可"、其与浙江伦特之间不存在"特星＋TX＋图形"注册商标使用许可合同关系的上诉理由不成立。

二审法院判决：驳回上诉，维持原判。

5. 大班面包西饼有限公司与北京恒瑞泰丰科技发展有限公司商标权权属、侵权纠纷案

审理法院：北京市高级人民法院

案号：（2013）高民终字第 3998 号二审民事判决书

当事人：

上诉人（原审原告）：大班面包西饼有限公司（以下简称"大班公司"）

被上诉人（原审被告）：北京恒瑞泰丰科技发展有限公司（以下简称"恒瑞泰丰公司"）

裁判要点：

二审法院认为，在未经商标注册人的许可下，若被控侵权的商标在同一种商品上进行使用，且与已经注册商标标识相同的情况下，并不以是否易使相关公众对商品的来源产生误认为构成对注册商标侵权的判断要素。同时在认定近似商标与注册域名是否构成对注册商标侵权时，应以是否易使相关公众造成误认为考量因素。然而，若被控侵权人能够证明其被控侵权商品来源于注册商标权利人，且被控侵权人对已注册商标的使用系基于为进行商品销售所采取的正当营销手段，符合基本的市场规则，并未对注册商标权利人的合法权益造成侵害的情况下，注册商标权利人无权对由自身出品的相关商品的宣传行为进行阻却。在市场经济正常流转的体系中，作为经销商、分销商或者其他销售主体，为了能在商品交换、流通、运营体系中获得利润，必然要对其销售产品进行市场推广与营销，若禁止在此种基本商业运行手段中对已注册商标进行正当性的合理使用，显然违背了市场的基本运营规律，对已经付出相应交换价值的市场主体也显失公平，因此注册商标权利人对已经流入市场的正牌商品无权禁止他人的正当商业化使用。

大班公司对涉案第 1983648 号"大班 DA BAN"、第 1983645 号"TAIPAN 大班"、第

1626752 号 "大班"、第 1261496 号 "TAIPAN"、第 1639077 号 "大班冰皮"、第 1626751 号 "DABAN" 注册商标享有的注册商标专用权受我国商标法的保护。本案中,恒瑞泰丰公司虽在涉案 "大班月饼网" 上使用了大班公司的相关注册商标,且与大班公司注册商标标识相同,但是通过恒瑞泰丰公司的网站记载内容可知,恒瑞泰丰公司系基于对大班公司出品的月饼进行团购销售宣传而进行注册商标的引用,同时在网站记载内容中也明确说明了销售商品出自大班公司,结合大班公司认可按照恒瑞泰丰公司购买的大班月饼礼券所对应为大班公司生产的正牌商品的事实,足以证明恒瑞泰丰公司所销售的商品来自于大班公司,结合北京方卓精诚贸易有限责任公司的《证明》,亦能证明恒瑞泰丰公司作为分销 "大班" 月饼的市场地位,由此可见恒瑞泰丰公司对其销售商品进行合理的商业宣传与推广,并未损害大班公司的合法权益,而且大班公司亦未举证证明恒瑞泰丰公司在网站上的宣传行为违背了基本市场运营规则,存在不正当性。由此大班公司对于其出品的商品,在符合基本市场营销方式的情况下,无权禁止他人进行合理性宣传、推广,同时该市场营销手段应视为商标注册人的许可,即关于权利用尽的默示许可。因此,一审判决关于恒瑞泰丰公司在其经营的网站上使用大班公司注册商标的行为不构成侵权的认定正确,但是一审判决评述的理由存在瑕疵,本院予以指正。

二审裁判结果:驳回上诉,维持原判。

6. **中和泉润(北京)商贸有限公司与广东骆驼服饰有限公司等商标权权属、侵权纠纷案**

审理法院:北京知识产权法院

案号:(2015)京知民终字第 622 号二审民事判决书

当事人:

上诉人(一审被告):中和泉润(北京)商贸有限公司(以下简称 "中和泉润公司")

被上诉人(一审原告):广东骆驼服饰有限公司(以下简称 "广东骆驼公司")

一审被告:北京城乡华懋商厦有限公司(以下简称 "城乡华懋公司")

裁判要点:

广东骆驼公司为第 3655852 号注册商标、第 3470904 号骆驼文字注册商标的普通使用被许可人,经商标注册人万金刚的明确授权,可以以自己名义提起诉讼。

　　城乡华懋公司、中和泉润公司主张其所销售的涉案腰包系来源于福建骆驼公司。一审法院经审理，确认涉案商品来源于福建骆驼公司，为城乡华懋公司、中和泉润公司合法取得。城乡华懋公司、中和泉润公司在销售腰包的同时，在其柜台一并销售鞋类、服装类商品，因广东骆驼公司与福建骆驼公司曾就骆驼商标在鞋类、服装类商品的使用上存在过合作关系，故城乡华懋公司、中和泉润公司作为销售者，较难知晓或分辨涉案腰包是否为侵犯商标权的商品，城乡华懋公司、中和泉润公司提供了涉案商品合法来源，并说明了提供者，主观上并不存在过错，故仅应承担停止侵权的责任，不应承担赔偿责任。故，一审法院判决：自判决生效之日起，城乡华懋公司、中和泉润公司立即停止销售涉案腰包。

　　中和泉润公司不服一审判决，提起上诉，上诉理由之一为："广东骆驼公司知道福建骆驼公司将第4919880号商标使用在全系列产品上，包括背包、腰包等产品，但在长达十年的合作期间并未阻止福建骆驼公司使用该商标，因此该腰包系福建骆驼公司合法生产的商品，不存在侵犯广东骆驼公司商标权的问题。"

　　二审法院认为，城乡华懋公司、中和泉润公司销售的涉案腰包上所使用的骆驼文字及标识，与广东骆驼公司被许可使用的第3470904号骆驼商标及第3655852号图形商标相比，骆驼文字完全一致，骆驼图形在设计要素、视觉效果、整体外观上均较为近似，已构成近似标识。腰包商品与第3470904号及第3655852号商标核定使用的钱包、书包等商品已构成类似商品。上述使用行为未获得相关商标权利人的许可，且易使相关公众误认为涉案腰包来源于广东骆驼公司或者与第3470904号及第3655852号商标存在特定关联，故已构成《商标法》所指的销售侵犯注册商标专用权的商品的行为。一审法院据此认定城乡华懋公司、中和泉润公司应停止侵权并无不当，本院予以支持。

　　中和泉润公司主张广东骆驼公司知道福建骆驼公司在腰包商品上使用第4919880号商标标识，但并未主张权利。对此本院认为，广东骆驼公司作为权利人，有权决定何时行使其诉权，不能以此认定其已默认许可福建骆驼公司使用该商标标识，更不能以此认定涉案腰包上使用的骆驼文字及标识获得了第3470904号及第3655852号商标权人的授权，中和泉润公司的该项主张缺乏依据，本院不予支持。

　　二审法院最终判决：驳回上诉，维持原判。

7. 成都锦尚贸易有限公司与昆明市五华区宏焘日用百货经营部、施海明侵害商标权纠纷案

审理法院：昆明市中级人民法院

案号：（2015）昆知民初字第 469 号民事判决书

当事人：

原告：成都锦尚贸易有限公司

被告：昆明市五华区宏焘日用百货经营部

被告：施海明

裁判要点：

原告成都锦尚贸易有限公司享有第 10998361 号"REEMOOR"英文商标，核定使用在第 35 类的为零售目的在通讯媒体上展示商品、特许经营的商业管理、进出口代理、替他人推销、人员招收、商业企业迁移、计算机数据库信息系统化、会计、寻找赞助、市场营销上。将被告被诉侵权性使用的"REE-MOOR"标识与原告第 10998361 号注册商标进行比对可以看出：两者非常相似，并且两者均是服务性使用，属于同一种服务上使用相似的标识。被告未经许可在其经营场所的门头、店招、货柜、货架上使用"REEMOOR"标识的行为系侵害原告第 10998361 号注册商标专用权的行为。被告抗辩称其店铺带有原告注册商标标识的装潢以及道具均来自于原告，被告已获得相应的授权，依法不构成侵权，原告则认为向被告出售道具等行为并不视为向被告授权，被告如果需要使用原告的商标，应当与原告签订书面的授权合同。在本案中，原告未与被告签订过书面的授权合同，也未向被告出具过书面的授权书。

法院认为，原告虽然与被告没有签订书面的授权许可合同，但是原、被告双方以实际行为建立了一种授权许可使用的关系。装潢和道具不同于其他商品，原告在提供带有其注册商标标识的装潢和道具的时候，应当非常清楚地知道，被告购买使用这些道具等是用来展示销售商品的，所以原告对被告在其店铺内使用这些带有原告注册商标标识的道具等进行展示销售鞋子的行为应当是一种默示许可，并且原、被告双方往来的电子邮件内容也表示，原告对被告在昆明经营的几家店铺内使用原告商标标识的行为是认可的。原、被告双方未就停止使用原告享有的注册商标权达成一致意见，原告也没有证据证明曾要求过被告停止使用其注册商标标识，故原告向工商行政管理机关举报时，应当视为原告拒绝被告再使用其享有的注册商标专用权。

商标是一种使用在商业上的标识，是用来区分商品或者服务的，其最基本

的特性是标识性，原、被告虽然建立了一种授权许可使用的关系，但是原告授权被告使用其注册商标进行展示销售的鞋子，应当是带有原告注册商标标识的鞋子，即原告对被告的授权实际是一种"附条件"的授权，被告用带有原告注册商标标识的装潢道具只能销售原告生产的鞋子，而不能用带有原告注册商标标识的装潢道具去销售其他厂家的鞋子。商标是具有识别功能的，是区分此商品与彼商品之间重要的标识，被告使用带有原告的注册商标标识的装潢道具销售其他厂家的商品，就会导致消费者对商品来源等的误认，是对原告享有的注册商标权的侵犯。故被告关于其装潢道具均来自于原告，其没有构成侵权的抗辩主张，本院依法不予支持。

后　记

时间回溯到 2012 年，当时申报的课题《知识产权默示许可制度比较与司法实践》，有幸获得了国家社会科学基金青年项目（项目编号：12CFX085）的资助。然而，可能是有些频繁的社会活动挤压了研究时间，更由于自己的拖延，导致到 2017 年 6 月才提交结题。尽管研究成果获得了"良好"的评价，但显然和自己的预期尚有差距。

知识产权默示许可看似一个狭窄的领域，但几年研究下来，感觉其别有一番天地。近年来，默示许可在知识产权领域讨论最为热烈的话题，主要集中在字体版权和标准专利的默示许可方面，尤其是随着《专利法》第四次修订，关于标准专利的默示许可问题热度急剧上升。事实上，默示许可在知识产权领域的适用空间还是相当广阔的，即使不能直接援引默示许可的规则，其法律逻辑或思维方式对于处理诸多纠纷也颇有启发或借鉴。本研究系统地梳理了网上可以检索到的涉及默示许可的中国知识产权案例，并结合国外知识产权默示许可的案例，对知识产权默示许可的理论基础、法律性质、发生情形、构成要件、许可内容等方面进行了比较细致的分析。兹对项目研究成果进行修订后予以出版，期待能够对读者，尤其是后来的研究者有所助益。

在本项目的申请及研究过程中，得到了袁秀挺、张玉蓉、徐飞、吕炳斌、林华、傅钢等人的大力支持。本人指导的 2011 级研究生高国雅、沈艳，2012 级研究生毛思婧，2013 级研究生沈美丽、朱华，以及上海大学研究生邓家骎、彭格、戎晓溪、窦步宇、蒋洁如、徐凯云、朱睿琪、朱惠虹、李丹薇、幸银俏、袁明波、谢文武等协助了英文案例或论文的翻译与整理。2016 级研究生杨敬涵、黄芳、陈佳洁、何亚雄承担了本研究成果的文字校对及注释格式整理。尤其是高国雅和沈艳同学还以本研究主题作为硕士毕业论文选题进行了相对系统的研究，沈美丽同学协助了中文案例摘要整理，从而对本研究的最终完成提供了有益的帮助。

同时，也感谢《知识产权》杂志编辑部主任李芬莲女士的支持，得以将本研究的阶段性成果《标准涉及的专利默示许可问题研究》公开发表（《知识产权》2016 年第 9 期）。本书的出版也得到了学院陶鑫良教授、许春明教授以及出版社卢海鹰女士的鼎力支持，在此一并致谢。

作者

2018 年 6 月 18 日